Alexandra Krone

Leistungsemotionen:
Ärger und Freude bei Leistungsrückmeldungen

Alexandra Krone

LEISTUNGSEMOTIONEN:
ÄRGER UND FREUDE BEI LEISTUNGSRÜCKMELDUNGEN

ibidem-Verlag
Stuttgart

Bibliografische Information Der Deutschen Bibliothek

Die Deutsche Bibliothek verzeichnet diese Publikation in der Deutschen Nationalbibliografie; detaillierte bibliografische Daten sind im Internet über <http://dnb.ddb.de> abrufbar.

∞

Gedruckt auf alterungsbeständigem, säurefreien Papier
Printed on acid-free paper

ISBN: 3-89821-489-3

© *ibidem*-Verlag
Stuttgart 2005
Alle Rechte vorbehalten

Printed in Germany

Inhaltsverzeichnis

Abbildungsverzeichnis

Tabellenverzeichnis

Vorwort

Zu Beginn dieser Arbeit möchte ich all den Menschen ganz herzlich danken, die durch ihre fachliche und persönliche Unterstützung zum Gelingen dieser Arbeit maßgeblich beigetragen haben.

Zunächst gilt mein Dank Herrn Prof. Dr. Siegfried Greif und Herrn PD Dr. Kai-Christoph Hamborg, die diese Arbeit betreut und mich in vielen Gesprächen durch wertvolle Anregungen und Diskussionsbeiträge unterstützt und motiviert haben. Für ihre Hilfe bei der Klärung methodischer Probleme danke ich darüber hinaus Herrn PD Dr. Reinhard Suck, Herrn Dipl.-Psych. Karl von Kannen sowie Herrn Dr. Bernd Runde.

Der Lehreinheit Psychologie des Fachbereichs Psychologie sei gedankt für die Bewilligung von Versuchspersonengeldern in Höhe von 500 €. Ohne diese materiellen Ressourcen und die Mitwirkung der Probanden, die sich zur Teilnahme an einem anstrengenden Experiment zur Verfügung gestellt haben, wäre die Erstellung dieser Arbeit nicht möglich gewesen.

Darüber hinaus danke ich Frau Lioba Mellmann, die mir als Forschungspraktikantin bei der Durchführung der Versuchssitzungen zur Seite gestanden hat, sowie Frau Dipl.-Psych. Karin Peuckmann und Frau Dipl.-Psych. Julia Schulte im Walde für ihre Hilfe bei der Kategorisierung der Freude- und Ärgerbeschreibungen. Frau Uta Endsin gilt mein Dank für ihre Mühe und große Sorgfalt bei der sprachlichen Korrektur dieser Arbeit.

Das Ziel der vorliegenden Arbeit ist die Analyse von Ärger und Freude in Leistungssituationen. Die Fertigstellung dieser Arbeit war auch für mich mit wechselnden Emotionen verbunden. Für ihre unermüdliche Unterstützung und Freundschaft in vielen Situationen danke ich Uta Endsin, Susanne Meinert, Martina Offermanns, Karin Peuckmann, Julia Schulte im Walde und Ilka Seeberg sowie meiner Familie.

1

1. Einleitung

1.1. Zielsetzung der Arbeit

Lern- und Leistungsprozesse am Arbeitsplatz rufen bei den betroffenen Mitarbeitern[1] eine Vielzahl sowohl positiver als auch negativer Emotionen hervor: Die Leistungsbeurteilung durch den Vorgesetzten kann Freude und Stolz über die erzielten Ergebnisse, Ärger über eine als ungerecht empfundene Bewertung oder aber Angst vor zukünftigen Bewertungssituationen auslösen.

Die psychologische Forschung hat sich bisher sehr ausführlich mit einer ausgewählten leistungsbezogenen Emotion – der Prüfungsangst – beschäftigt (vgl. Hembrée, 1988; Spielberger & Vagg, 1995, Zeidner, 1998). Darüber hinaus analysierte die allgemeinpsychologische Stimmungsforschung (vgl. Abele, 1995, 1996, 1999) die Wirkungen *unspezifischer* positiver und negativer Stimmungen auf kognitive Folgeleistungen. Auch in der arbeits- und organisationspsychologischen Forschung ist die Untersuchung von Determinanten und Wirkungen *spezifischer* Emotionen im Leistungskontext bis in die 1990er-Jahre weitgehend vernachlässigt worden. Man ging davon aus, dass globale Konstrukte wie Arbeitszufriedenheit und Stress das emotionale Erleben von Menschen am Arbeitsplatz hinreichend abbilden. Arbeitszufriedenheit und Stress weisen aber nur geringe und inkonsistente Zusammenhänge mit individuellen und organisationalen Leistungsvariablen auf (vgl. Briner, 1999; Wegge, 2003) und sind insgesamt nur schlecht geeignet, Emotionen bei der Arbeit in ihrer Vielfalt differenziert abzubilden.

Befragungen von Personen im Ausbildungs- und Berufskontext belegen jedoch, dass in Leistungssituationen eine große Anzahl unterschiedlicher spezifischer Emotionen erlebt wird. In einigen kleineren explorativen Studien wurde das Vorkommen von Lern- und Leistungsemotionen bei Schülern und Studenten untersucht (Pekrun, 1992a, Kramer, 1995; Pekrun, Hochstadt &

---

[1] In dieser Arbeit wird zur Bezeichnung von Personengruppen zur Vereinfachung jeweils die männliche Form verwendet. Es sei an dieser Stelle darauf hingewiesen, dass die gewählte männliche Form die weibliche Form einschließt.

Kramer, 1996). Hierbei zeigte sich, dass Angst in Verbindung mit Leistungssituationen in der Regel zwar am häufigsten genannt wird, aber insgesamt höchstens 20 % der emotionalen Erlebnisse abdeckt. Relativ häufig genannt wurden hier sowohl Ärger (zumeist als zweithäufigste Leistungsemotion) als auch Freude (s. auch Pekrun & Hofmann, 1999). Temme (vgl. Temme & Tränkle, 1996) befragte in qualitativen Einzelfallstudien zehn Personen hinsichtlich ihres emotionalen Erlebens von Arbeit. Die Befragten verwendeten in ihren Antworten eine große Vielfalt von insgesamt 35 unterschiedlichen Emotionsbegriffen. Keenan und Newton (1985) befragten Ingenieure nach arbeitsbezogenen Stressoren und Ereignissen sowie den damit verbundenen Emotionen; hierbei erwies sich Ärger (nicht Angst) als die am häufigsten erlebte Emotion.

Zielsetzung der vorliegenden Arbeit ist es daher, mit den spezifischen Emotionen Ärger und Freude zwei weitere in Leistungssituationen häufig auftretende Emotionen hinsichtlich ihrer Erscheinungsformen und leistungsbezogenen Wirkungen einer differenzierten Analyse zu unterziehen, die sich am Vorbild der Prüfungsangstforschung orientiert.

Zur Konkretisierung dieser Zielsetzung eignet sich als Rahmenmodell die noch recht neue „Affective Events Theory" von Weiss und Cropanzano (1996). Nach dieser Theorie bestimmen Arbeitsplatzmerkmale (z.B. Komplexität von Aufgaben) über Art und Häufigkeit emotionsauslösender Ereignisse („work events"), wobei angenommen wird, dass einzelne Ereigniskategorien systematisch mit dem Erleben spezifischer Emotionen (z.B. Freude, Stolz, Scham, Stolz, Ärger) verbunden sind. Die affektiven Erlebnisse bei der Arbeit nehmen dann Einfluss auf die Arbeitszufriedenheit sowie auf unterschiedliche Formen arbeitsplatzbezogenen Verhaltens, wie z.B. Leistungsveränderungen. Die folgende Abbildung zeigt die Annahmen der „Affective Events Theory" im Überblick:

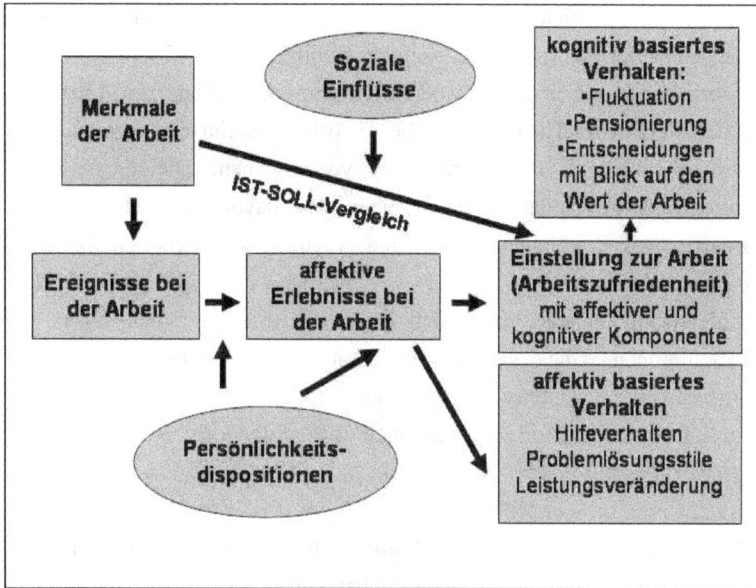

Abbildung 1: „Affective Events Theory" (Weiss & Cropanzano, 1996)

Wie in Abbildung 1 dargestellt, wird nach Weiss und Cropanzano sowohl die Wahrnehmung und Bewertung der Arbeitsereignisse als auch das affektive Erleben selbst durch Persönlichkeitsdispositionen beeinflusst. Darüber hinaus wirken sich Arbeitsplatzmerkmale nicht nur vermittelt über das emotionale Erleben, sondern auch direkt auf die Arbeitszufriedenheit aus (z.B. bei einem sozialen Vergleich mit Kollegen hinsichtlich des Gehalts). Hinsichtlich der verhaltensbezogenen Wirkungen von Emotionen am Arbeitsplatz differenzieren die Autoren zwischen kognitiv basierten und affektiv basierten Verhaltensweisen. Während kognitiv basiertes Verhalten (durch bewusste Entscheidungen herbeigeführt: z.B. Fluktuation, Absentismus) nur vermittelt über die Arbeitszufriedenheit von arbeitsbezogenen Emotionen beeinflusst wird, besteht eine *direkte* Beziehung affektiver Erlebnisse zu affektiv basiertem Verhalten (z.B. Leistungsveränderungen). Der „Affective Events Theory" kommt in der arbeits- und organisationspsychologischen Forschung deswegen eine Vorreiterposition zu, weil sie *spezifische* Emotionen (an Stelle globaler

Konstrukte) als Mediatoren von Einstellungen und Verhalten erstmals systematisch in eine theoretische Konzeption einbindet.

Die vorliegende Arbeit stellt keine empirische Überprüfung der Annahmen der „Affective Events Theory" dar. Die Theorie erscheint aber geeignet, die Forschungsperspektive dieser Arbeit zu verdeutlichen: Die theoretischen Vorüberlegungen in Kapitel 2 werden zeigen, dass davon auszugehen ist, dass die spezifischen Emotionen Ärger und Freude besonders häufig nach *Leistungsrückmeldungen* erlebt werden. Erfolgs- und Misserfolgsrückmeldungen lassen sich damit als affektive Ereignisse in der Arbeit einordnen, die systematisch mit dem Erleben spezifischer leistungsbezogener Emotionen wie Ärger und Freude verbunden sind. Auf dem Hintergrund dieser Theorie lassen sich die folgenden Kernfragen der vorliegenden Arbeit isolieren:

- Sind Ärger und Freude tatsächlich als spezifische Emotionen zu betrachten, die nach Erfolgs- und Misserfolgsrückmeldungen besonders häufig auftreten?
- Lassen sich dabei qualitativ unterscheidbare Arten der Ärgerreaktion nach Misserfolgsrückmeldungen identifizieren?
- Wie wirkt sich das Erleben von Ärger und Freude nach Leistungsrückmeldungen auf die Bewältigung von Folgeleistungen aus?
- Gibt es Persönlichkeitsmerkmale, die die möglichen Wirkungen von Ärger und Freude auf Folgeleistungen moderieren?

Innerhalb des empirischen Teils der vorliegenden Arbeit (vgl. Kap. 4-6) werden diese Fragen mit Hilfe eines Experiments unter Einsatz von fingierten Erfolgs- und Misserfolgsrückmeldungen untersucht.

1.2. Überblick über die einzelnen Kapitel

Um dem Leser einen Überblick über den Aufbau der Arbeit zu vermitteln, sei zu Beginn zunächst der Inhalt der einzelnen Kapitel kurz umrissen:

Im *theoretischen Hintergrund* der Arbeit *(Kap. 2)* werden zunächst notwendige grundlegende Begriffsklärungen vorgenommen (vgl. Kap. 2.1.). Hierbei ist zu definieren, welche Emotionen nach dem Begriffsverständnis dieser Arbeit überhaupt als *Leistungsemotionen* bezeichnet werden können und welches Emotionsverständnis insgesamt zugrunde liegt. Bisherige Konzepte und Theorien zur Leistungsemotionalität (Pekrun & Frese, 1992; Weiner, 1986, 1995) stehen im Mittelpunkt des Kapitels 2.2. Der Schwerpunkt der Darstellung liegt dabei in der kritischen Würdigung der Theorien und Befunde zu den Leistungsemotionen Ärger und Freude. In den Kapiteln 2.3. und 2.4. werden die in Kap 2.2. vorgestellten Ansätze um emotionspsychologische Theorien zur Entstehung, Phänomenologie und Funktion von Ärger und Freude ergänzt. Dabei werden die Aussagen der „Sequenztheorie emotionaler Differenzierung" (Scherer 1984, 1993) zur Ärgerentstehung mit einer Klassifikation potentiell Ärger auslösender Situationen von Weber (1994) verbunden, um im Vergleich zu bisherigen Konzepten ein differenzierteres Verständnis des leistungsbezogenen Ärgers zu entwickeln. Abschließend werden mögliche Wirkungen von Ärger und Freude auf kognitive Folgeleistungen unter Einbezug relevanter Persönlichkeitsvariablen diskutiert (vgl. Kap. 2.5). Darüber hinaus wird die Frage exploriert, ob und wie sich die emotionale Befindlichkeit nach Leistungsrückmeldungen auf das Langzeitgedächtnis für Informationen aus Rückmeldesituationen auswirkt (vgl. Kap. 2.6.).

In *Kapitel 3* werden aus den im zweiten Kapitel angestellten theoretischen Vorüberlegungen Hypothesen und explorative Fragestellungen abgeleitet. Zunächst werden Annahmen zur Intensität und Qualität von Freude- und Ärgerreaktionen nach Erfolgs- und Misserfolgsrückmeldungen formuliert. Darauf aufbauend werden weitere Hypothesen zu Leistungsunterschieden zwischen Personen nach Freude auslösenden Erfolgsrückmeldungen und Personen nach Ärger auslösenden Misserfolgsrückmeldungen vorgestellt.

Die Entwicklung und Durchführung des Experiments zur Überprüfung der in Kapitel 3 formulierten Annahmen wird im *vierten Kapitel* detailliert beschrieben.

Anschließend widmet sich *Kapitel 5* der Darstellung der zur hypothesenbezogenen Auswertung der experimentellen Daten herangezogenen quantitativen und qualitativen Methoden sowie den daraus resultierenden Ergebnissen.

Das gewählte methodische Vorgehen wird neben den in Kapitel 5 dargestellten Ergebnissen dann im *sechsten Kapitel* einer kritischen Betrachtung unterzogen und diskutiert. Im Mittelpunkt steht hierbei die Frage, inwieweit die Ergebnisse die in dieser Arbeit formulierten Hypothesen stützen.

Abschließend werden die aus den Ergebnissen dieser Arbeit ableitbaren Implikationen für Forschung und Praxis in *Kapitel 7* diskutiert.

2. Theoretischer Hintergrund

2.1. Begriffsklärungen

2.1.1. Leistungsemotionen

Eine Definition der *Leistung* aus psychologischer Perspektive findet sich im Psychologischen Wörterbuch von Dorsch (Häcker & Stapf, 2004). Hier wird Leistung beschrieben als

> „...der Einsatz der dem Menschen (bzw. einem Organismus) verfügbaren Fähigkeiten wie auch dessen Ergebnis [engl. *achievement*]." (Häcker & Stapf, 2004, S. 542, Hervorh. i.Orig.)

Leistungen als Resultate eingesetzter Fähigkeiten werden insbesondere in Schule und Beruf auf dem Hintergrund ausgewählter Kriterien bewertet. Dementsprechend beschreiben Pekrun und Jerusalem (1996, S. 3) Leistungen im engeren Sinne als Verhaltensweisen oder Verhaltensergebnisse, die einer Bewertung nach einem Gütemaßstab unterzogen werden. Emotionen, die sich auf Situationen der Leistungserbringung beziehen, werden von den Autoren als *Leistungsemotionen* bezeichnet.

Pekrun und Frese (1992) sichteten im Rahmen der Überblicksarbeit „Emotions in work and achievement" alle im Zeitraum von 1974 bis 1990 publizierten Studien, die sich mit leistungsbezogenen Emotionen befassen. In diesem Zusammenhang geben Pekrun und Frese (1992, S. 185) mit Hilfe der folgenden Taxonomie einen Überblick über die große Bandbreite der im Leistungskontext relevanten Emotionen:

		Positiv	Negativ
Aufgabenbezogen	**Prospektiv**	Hoffnung, Vorfreude, Neugier	(Prüfungs-) Angst, Hoffnungslosigkeit
	Prozessbezogen	Lern - und Arbeitsfreude, Interesse, Überraschung Flusserleben	Monotonie, Ermüdung, Sättigung
	Retrospektiv	Ergebnisfreude, Erleichterung, Stolz	Traurigkeit, Enttäuschung, Scham, Schuld
Auf den sozialen Kontext bezogen		Dankbarkeit, Vertrauen, Bewunderung, Sympathie/Liebe	Ärger, Neid, Verachtung, Antipathie/Hass

Tabelle 1: Taxonomie der Leistungsemotionen (Pekrun & Frese, 1992; Pekrun & Jerusalem, 1996)

Wie in Tabelle 1 dargestellt, bedienen sich die Autoren zur Klassifizierung leistungsbezogener Emotionen einer zweidimensionalen Ordnungsstruktur, bestehend aus den Dimensionen Valenz (positive vs. negative Emotionen) und Situationsbezug (auf Arbeitsaufgaben bezogene vs. auf den sozialen Kontext bezogene Emotionen). Die aufgabenbezogenen Emotionen werden dabei weiter nach ihrem Zeitbezug in prospektive, prozessbezogene und retrospektive Emotionen ausdifferenziert. Prospektive Leistungsemotionen (z.B. Prüfungsangst) treten in Erwartung einer zu erbringenden Leistung auf. Prozessbezogene Leistungsemotionen (z.B. Langeweile) werden während der Erstellung von Leistungen erlebt. Retrospektive Leistungsemotionen beziehen sich auf bereits erbrachte Leistungen. Emotionen, die nach einer Leistungsrückmeldung - also nach der Erstellung und Bewertung der Leistung - auftreten, lassen sich dementsprechend als *retrospektive Leistungsemotionen* einordnen.

In dieser Arbeit ist die Klassifikation der Leistungsemotionen Ärger und Freude von besonderem Interesse. Die Taxonomie differenziert als unterscheidbare Freudearten je nach Zeitbezug die Vorfreude, die Lern- und Arbeitsfreude sowie die Ergebnisfreude. Nach einer positiven Leistungsrückmeldung im Sinne eines Erfolgserlebnisses ist zu erwarten, dass Freude zumeist in Form von Ergebnisfreude auftritt.

10

Ärger hingegen wird innerhalb der Taxonomie ausschließlich als eine negative, auf den *sozialen Kontext* bezogene Emotion kategorisiert und nicht weiter ausdifferenziert. Pekrun und Frese (1992, S. 190) weisen im Zuge der Erläuterungen der oben dargestellten Taxonomie allerdings darauf hin, dass in Misserfolgssituationen auch selbst- und objektbezogene Ärgerarten auftreten können: Objektbezogener Ärger („object-related anger") kann sich auf externe Barrieren bei der Zielerreichung (z.b. Aufgabenschwierigkeit) beziehen, die nicht aus der eigenen oder fremden Person(en) resultieren; selbstbezogener Ärger („self-related anger") ist mit einer *internen Attribution eines Misserfolgs* verbunden und stellt damit eine retrospektive Alternative zum Empfinden von Scham dar. Die Autoren binden den selbst- und objektbezogenen Ärger jedoch nicht systematisch in ihre Taxonomie ein (s. Tabelle 1). Letztlich beschränkt sich leistungsbezogener Ärger damit in der Konzeption von Pekrun und Frese auf den Ärger über andere Personen.

Folgt man der Taxonomie, treten Ärger und Freude nach Leistungsrückmeldungen also hauptsächlich in Form ergebnisbezogener Freude oder sozialen Ärgers auf. Im Rahmen der noch folgenden Ausführungen soll diese Klassifikation kritisch diskutiert und ein differenziertes Verständnis für das Auftreten von Ärger und Freude nach Leistungsrückmeldungen entwickelt werden.

Aufgrund der konzeptionellen Vielfalt des Emotionsbegriffs in der Psychologie muss der intensiven Auseinandersetzung mit den retrospektiven Leistungsemotionen Ärger und Freude jedoch zunächst eine Darstellung des in dieser Arbeit zugrunde gelegten Emotionsbegriffs vorausgehen.

2.1.2. Zugrunde liegender Emotionsbegriff

Die Formulierung einer innerhalb der Psychologie verbindlichen Definition des Konstrukts Emotion stellt eine bislang noch ungelöste Aufgabe dar. Im Psychologischen Wörterbuch von Dorsch (Häcker & Stapf, 2004, S. 345) findet sich unter dem Stichwort „Gefühl" bzw. „Emotion" folgender Hinweis:

„...der Begriff Gefühl oder Emotion lässt sich nicht definieren, sondern nur umschreiben, da sich Gefühle auf nichts anderes zurückführen lassen."

Die emotionspsychologische Literatur verweist darüber hinaus immer wieder auf die mittlerweile unüberschaubare Vielzahl von Emotionsdefinitionen (Kleinginna & Kleinginna, 1981; Van Brakel, 1994). Die folgende Tabelle (entwickelt in Anlehnung an Otto et al., 2000) gibt einen Überblick über emotionstheoretische Ansätze, ihre jeweiligen Protagonisten sowie ihre inhaltlichen Schwerpunkte und Grundannahmen bei der Betrachtung von Emotionen:

Emotionstheoretischer Ansatz	Protagonisten	Inhaltliche Schwerpunkte/ Grundannahmen
Evolutionstheoretischer Ansatz	Darwin (1872/1998); Ekman (1972, 1973, 1982); Izard (1971, 1977, 1991); McDougall (1960); Plutchik (1962, 1980, 1994); Tomkins (1962, 1963)	- phylogenetische Funktion von Emotionen: Anpassungswert und Reproduktionsvorteile - Kulturuniversalität von so genannten „Basisemotionen" bezüglich Erleben, physiologischer Reaktion und mimischem Ausdruck
Psychoanalytischer Ansatz	Bowlby (1973); Freud (vgl. Mitscherlich et al., 1989), Kernberg (1985, 1996); Spitz (1967)	- Affekte als Entladungen von Sexual- und Aggressionstrieb; später: Reformulierung dieser Beziehung: Affekte als Grundbausteine der Triebe - Bedeutung ontogenetisch früher Erfahrungen für die emotionale Entwicklung - zentrale Rolle der Emotionen bei der Entwicklung und Überwindung psychischer Störungen
Behavioristisch- lerntheoretischer Ansatz	Watson (1930)	- Emotionen als angeborene Reaktionsmuster/Reflexe: Konzentration auf beobachtbares Verhalten - im Laufe der Entwicklung werden angeborene Reflexe durch Lernprozesse um bedingte Reaktionen erweitert

Emotionstheoretischer Ansatz	Protagonisten	Inhaltliche Schwerpunkte/ Grundannahmen
Psychophysiologischer Ansatz	Bard (1929); Birbaumer & Öhman (1993); Cannon (1927); James (1890); LeDoux, 1996; Panksepp (1982); Schachter & Singer (1962)	- Emotionen als „Reaktionstrias" des Organismus auf positive oder aversive Reize: Reaktionsebene des subjektiven Erlebens, motorische und physiologische Reaktionsebene sowie ihre Wechselwirkungen untereinander - Messung psychophysiologischer Indikatoren emotionaler Reaktionen: z.B. neurophysiologische Emotionskorrelate (Gehirnaktivität)
Ausdruckstheoretischer Ansatz	Darwin (1998); Ekman (1993); Izard (1991); Kirchhoff (1965); Klages (1950); Leonhard (1968); Lersch (1943); Tomkins (1982)	- Manifestation von Emotionen im Verhalten: Gestik, Mimik, Körperhaltung, Stimme - Kulturuniversalität mimischen Verhaltens bzw. dessen Kopplung an bestimmte Emotionen - Wechselseitiger Einfluss von Verhalten und Emotion
Kognitionstheoretischer Ansatz	Dörner & Stäudel (1990); Lazarus (1991); Lazarus & Folkman (1984); Mandler (1979)	- kognitive Analysen als Vorläufer von Emotionen - kognitive Prozesse (Wahrnehmen, Erinnern, Denken) bei der Auseinandersetzung mit der Umwelt und ihr Einfluss auf emotionale Reaktionen
Attributionstheoretischer Ansatz	Heider (1958); Schachter & Singer (1962); Weiner (1986, 1995)	- Ursachenzuschreibungen gehen emotionalen Reaktionen voraus
Einschätzungstheoretischer Ansatz/ „appraisal theories"	Arnold (1960, 1970); Mees (1991); Roseman (1984); Ortony, Clore & Collins (1988)	- Emotionen werden durch die Bewertung von Ereignissen hinsichtlich ihrer Motiv- und Zieldienlichkeit ausgelöst

13

Emotionstheoretischer Ansatz	Protagonisten	Inhaltliche Schwerpunkte/ Grundannahmen
Sozial-Konstruktivistischer Ansatz	Averill (1980, 1982); Harré (1986); Harré & Parrot (1996); Oatley (1993)	- Emotionen als im sozialen Kontext definierte Erlebens- und Verhaltensmuster - „emotionale Rolle" als verbindlich vereinbarte prototypische Reaktion oder Verhaltensvorschrift - Funktion der Emotionen: Regulation und Kontrolle sozialer Beziehungen
Dimensionale Ansätze	Duffy (1941); Schlosberg (1952); Wundt (1902)	- Emotionsbeschreibung anhand einer oder mehrerer Emotionsdimensionen, z.B. Aktivation (Erregung vs. Beruhigung) oder Valenz (Lust vs. Unlust) - Konzentration vorwiegend auf die Emotionskomponente des subjektiven Erlebens
Integrative Ansätze	Frijda (1986, 1987); Lazarus (1991); Scherer (1984, 1990; 1993); Smith (1989); Smith & Ellsworth (1985)	- Emotion als multi-komponentielle Anpassungsreaktion auf Ereignisse, die der Organismus als wichtig für sein Wohlbefinden einschätzt - Emotionskomponenten: zentrale und periphere neurophysiologische Veränderungen, motorischer Ausdruck, subjektives Erleben - je nach Autor zusätzliche Emotionskomponenten: emotionsspezifische Kognitionen, Motivationslagen und Handlungstendenzen

Tabelle 2: Überblick über emotionstheoretische Ansätze (entwickelt in Anlehnung an Otto et al., 2000)

Der Vergleich der in Tabelle 2 dargestellten Ansätze verdeutlicht, dass diese sich je nach theoretischer Orientierung größtenteils nur auf ausgewählte Teilaspekte bzw. Einzelkomponenten des Emotionskonstrukts konzentrieren: Während ausdruckstheoretische Ansätze sich vorwiegend mit der Untersuchung des mimischen *Emotionsausdrucks* beschäftigen, fokussieren kognitions-, attributions- und einschätzungstheoretische Ansätze emotionsauslösende *kognitive* Prozesse. Psychophysiologische Ansätze thematisieren demgegenüber die Wechselwirkungen der Erlebenskomponente, der motorischen und *physiologischen* Komponente.

Die isolierte Betrachtung einzelner Emotionskomponenten in den genannten Emotionstheorien vernachlässigt jeweils wesentliche Elemente des gesamten emotionalen Prozessgeschehens. So herrscht gegenwärtig zumindest weitgehender Konsens darüber, dass Emotionen als ein Gefüge *mehrerer* Reaktionskomponenten betrachtet werden können (Otto et al., 2000), wenngleich die Frage nach der Anzahl und den jeweiligen Funktionen einzubeziehender Komponenten weiterhin kontrovers behandelt wird. In diesem Zusammenhang stellen die in Tabelle 2 aufgeführten *integrativen* Emotionsmodelle einen theoretischen Fortschritt innerhalb der Emotionspsychologie dar, da diese sich im Gegensatz zu den übrigen Ansätzen um eine Verknüpfung der einzelnen Emotionskomponenten bemühen.

Die Komponenten-Prozess-Theorie von Scherer (1984, 1990) soll hier als ein solcher integrativer Ansatz vorgestellt werden. Scherer (1990) betrachtet Emotionen als Prozesse, bei denen sich eine kognitive, eine neurophysiologische und eine motivationale sowie eine Ausdrucks- und Gefühlskomponente als fünf „organismische Subsysteme" infolge der Bewertung eines Reizes als ziel- bzw. bedürfnisrelevant kurzfristig in koordinierter Form verändern. Den einzelnen Reaktionskomponenten werden dabei spezifische Funktionen zugeschrieben: Während die kognitive Komponente für die Wahrnehmung und Bewertung interner und externer Reize verantwortlich ist, wird der Organismus über die neurophysiologische Komponente (neuroendokrines System und ANS) mit der zur Handlungsbereitschaft notwendigen Energie versorgt. Die motivationale Komponente steuert die Planung und Vorbereitung von Handlungen, deren Ausführung neben der Kommunikation von Reaktionen (z.B. Gestik und Mimik) als Funktion der Ausdruckskomponente zu betrachten ist. Eine besondere Bedeutung kommt schließlich der Gefühlskomponente zu, die als „Monitor-Subsystem" den aktuellen Zustand aller Komponenten in Form eines charakteristischen emotionalen Erlebens reflektiert. So kann sich z.B. Freude nach der Rückmeldung eines positiven Leistungsergebnisses in Gedanken über die Konsequenzen des positiven Ergebnisses für die weitere berufliche Laufbahn, in einer physiologischen Erregung des Organismus, in einer aktivierenden Wirkung auf zukünftiges Leistungsverhalten, in einem Lächeln sowie einem charakteristisch freudigen oder glücklichen Erleben manifestieren.

Scherer (1990) geht insgesamt davon aus, dass die Veränderungen in den genannten emotionalen Reaktionskomponenten als Konsequenz von Informationsverarbeitungsprozessen (Wahrnehmung und Bewertung von Situationsveränderungen) auftreten. Die ı Grundannahme einer Emotionsauslösung durch vorausgehende kognitive Reizbewertungen stellt ein zentrales Charakteristikum kognitiv orientierter Emotionsbegriffe und –theorien (wie z.B. Lazarus, 1991; Lazarus, 1993; Lazarus & Folkman, 1984) dar und wurde im Rahmen der Kognitions-Emotions-Debatte vielfach mit dem Hinweis auf die Existenz kognitionsunabhängiger Emotionsphänomene (z.B. Emotionsinduktion durch Reizung subkortikaler Gehirnregionen) kritisiert (Lazarus, 1982, 1984; Lazarus, 1999; Zajonc, 1980, 1984). Diesbezüglich bestätigen neurobiologische Befunde (LeDoux, 1996), dass neben indirekten, über den Kortex vermittelten Verbindungen auch direkte Verbindungen sensorischer Organe zu subkortikalen emotionsrelevanten Gehirnregionen (Limbisches System, insbes. Amygdala) existieren, sodass neben einer komplexen Reizbewertung im Kortex auch schnelle und unbewusste Formen der Informationsverarbeitung zu einer Auslösung von Emotionen beitragen können. Kuhl (2001) differenziert in diesem Zusammenhang begrifflich zwischen „Affekten" und „Emotionen":

„Mit dem Begriff *Affekt* wird ein nicht bewußtseinspflichtiger, nicht-repräsentationaler (d.h. subkognitiver), von höheren kognitiven Bewertungsprozessen nicht notwendigerweise beeinflußter Prozeß bezeichnet, der bei Auftreten bestimmter Auslösebedingungen Annäherungsverhalten (vermittelt durch positiven Affekt) oder Meidungsverhalten bahnt (vermittelt durch negativen Affekt). Der Begriff der Emotion bezeichnet dagegen Gefühle, die auf einer hochinferenten (impliziten) Ebene repräsentiert sind und von mehr oder weniger komplexen impliziten oder expliziten kognitiven Interpretationsprozessen beeinflußt sind." (Kuhl, 2001, S. 110, Hervorh. i. Orig.)

Nach Kuhl sind Emotionen im Unterschied zu Affekten stets mit begleitenden kognitiven Prozessen verbunden. Diese Arbeit wird zeigen, dass Kognitionen unterschiedlicher Art (z.b. Erwartungen, Kausalattributionen usw.) gerade bei der Betrachtung von *Emotionen in Leistungssituationen* eine zentrale Rolle spielen.

2.2. Retrospektive Leistungsemotionen in der psychologischen Forschung

Der großen Vielfalt und Bedeutung von Leistungsemotionen im Alltag ist die psychologische Forschung bisher nicht gerecht geworden. Sie hat sich vorwiegend mit *einer* ausgewählten Leistungsemotion – der Prüfungsangst als *prospektive* Leistungsemotion – beschäftigt (Hembree, 1988; Spielberger & Vagg, 1995; Zeidner, 1998). Die vorliegende Arbeit hat sich zum Ziel gesetzt, die retrospektiven Leistungsemotionen Ärger und Freude hinsichtlich ihrer Erscheinungsformen und Wirkungen einer differenzierten Analyse zu unterziehen, die sich am Vorbild der Prüfungsangstforschung orientiert. Daher sollen zunächst die sehr differenzierten Befunde zu den Determinanten und Wirkungen der Leistungsemotion Prüfungsangst in einem kurzen Exkurs überblicksartig vorgestellt werden.

Für den Bereich der retrospektiven Leistungsemotionen liegen hauptsächlich Befunde aus der Attributionsforschung vor. So thematisiert Weiner (1986, 1995) innerhalb seines attributionstheoretischen Ansatzes das Auftreten leistungsbezogener Emotionen infolge subjektiver Ursachenzuschreibungen für Erfolgs- und Misserfolgserlebnisse. Darüber hinaus entwickelt sich aktuell mit der „Affective Educational Psychology" (vgl. Pekrun et al., 2002) ein neuer Forschungszweig innerhalb der Pädagogischen Psychologie, der sich mit der Untersuchung von Auftretenshäufigkeit, Determinanten, Korrelaten und Wirkungen spezifischer Emotionen in akademischen Leistungssituationen befasst. Die zu den retrospektiven Leistungsemotionen Ärger und Freude vorliegenden Ergebnisse beider Forschungsrichtungen werden in diesem Kapitel vorgestellt. Im Mittelpunkt der Ausführungen wird dabei die Frage stehen, ob die in der oben beschriebenen Taxonomie der Leistungsemotionen (Pekrun & Frese, 1992) vorgenommene Klassifikation der retrospektiven Leistungsemotionen Ärger und Freude tatsächlich als ausreichend differenziert betrachtet werden kann.

2.2.1. Exkurs: Prüfungsangstforschung

Prüfungs- bzw. Testangst (engl.: „test anxiety") kann als die bisher am intensivsten untersuchte spezifische Leistungsemotion betrachtet werden (s. auch Pekrun & Hofmann, 1999). Nach Spielberger et al. (1976) zeigen Prüfungsängstliche in Prüfungs- oder ähnlichen Bewertungssituationen ein spezifisches Muster aus kognitiven, physiologischen und verhaltensbezogenen Reaktionen. Schwarzer (1993, S.105) definiert Testangst als „die Besorgtheit und Aufgeregtheit angesichts von Leistungsanforderungen, die als selbstwertbedrohlich eingeschätzt werden." Prüfungsängstlichkeit stellt damit die dispositionelle Neigung dar, evaluative Situationen als bedrohlich zu empfinden. Zeidner (1998, S. 6/7) beziffert die Prävalenz von Prüfungsangst bei Schülern bzw. Studenten unter Verweis auf Schätzungen von Hill (1984), Hill und Wigfield (1984) sowie Eysenck und Rachman (1965) auf etwa 20-30 Prozent.

Die Forschung zu Ursachen, Determinanten, Effekten, Diagnostik und Therapie von Prüfungsangst blickt mittlerweile auf eine über fünfzigjährige Geschichte mit einer nur schwer zu überblickenden Fülle von Veröffentlichungen zurück. Die folgenden Ausführungen beziehen sich daher auf die einschlägige Überblicksliteratur von Spielberger und Vagg (1995) sowie Zeidner (1998) und die Meta-Analyse zur Testangst von Hembrée (1988).

Das Konstrukt der Testangst wurde in den 1950er-Jahren von Mandler und Sarason (1952) eingeführt und validiert: Sie betrachten Testangst aus motivationspsychologischer Perspektive als erlernten leistungsbezogenen (also situationsspezifischen) Antrieb. Mandler und Sarason (1952) gehen im Rahmen der „interfering response hypothesis" davon aus, dass Bewertungssituationen neben so genannten „task-directed drives" auch „anxiety drives" auslösen können. Die „task-directed drives" motivieren aufgabenbezogene

Anstrengungen, die auf eine Angstreduktion durch die faktische Bewältigung der Aufgabe abzielen, wohingegen die „anxiety drives" aufgabenirrelevante, selbstbezogene Gedanken und Gefühle (Selbstzweifel, Hilflosigkeit, Angst vor den Konsequenzen eines Misserfolgs) sowie Vermeidungsverhalten anregen. Bei hoch prüfungsängstlichen Personen – so Mandler und Sarason – sind die „anxiety drives" anders als bei niedrig Prüfungsängstlichen in Bewertungssituationen so stark ausgeprägt, dass die resultierenden aufgabenirrelevanten Kognitionen und insbesondere die erhöhte autonome Erregung die Prüfungsleistung beeinträchtigen. Aufbauend auf dieser theoretischen Konzeption entwickelten die Autoren mit dem TAQ („Test Anxiety Questionnaire", Mandler & Sarason, 1952) das erste Instrument zur Selbsteinschätzung der Testangst.

In den 1960er-Jahren folgten weitere theoretische Differenzierungen des Konstrukts Testangst. Zunächst entwickelte Spielberger (1966, 1972) die zur begrifflichen Klärung überaus zentrale Differenzierung zwischen Zustandsangst („state anxiety") als vorübergehendem emotionalen Zustand und Eigenschaftsangst („trait anxiety") als stabiler Neigung bzw. Disposition, in bedrohlichen Situationen mit Zustandsangst zu reagieren. In diesem Zusammenhang definieren Spielberger et al. (1976) Testangst als situationsspezifische Eigenschaftsangst, also als Persönlichkeitsdisposition und entwickelten das „Test Anxiety Inventory" (TAI, Spielberger, 1980) zur Messung der dispositionellen Prüfungsängstlichkeit.

Darüber hinaus unterschieden Alpert und Haber (1960) anknüpfend an die theoretische Konzeption von Mandler und Sarason (s.o) mit der „facilitating test anxiety" und der „debilitating test anxiety" zwei Komponenten der Testangst. „Facilitating test anxiety" ähnelt den „task-directed drives" und regt laut Alpert und Haber solches Verhalten an, dass der Aufgabenbewältigung förderlich ist; „debilitating test anxiety" behindert in Analogie zu den „anxiety drives" die Leistung bei der Aufgabenbewältigung. Im Unterschied zu Mandler und Sarason betrachten Alpert und Haber beide Komponenten der Testangst allerdings als unabhängig.

Liebert und Morris (1967) differenzierten die leistungsbeeinträchtigende „debilitating test anxiety" weiter in ein zweidimensionales Konstrukt mit den Komponenten „emotionality" und „worry" aus. Unter „Emotionality"

(Aufgeregtheit) verstehen die Autoren die in Bewertungssituationen durch die betroffene Person wahrgenommenen autonomen Reaktionen (z.B. erhöhte Herzrate). Die „worry"-Komponente (Besorgnis) bezeichnet demgegenüber aufgabenirrelevante, selbstbezogene Kognitionen (z.B. Selbstzweifel, antizipierte Konsequenzen eines Misserfolgs etc.). Liebert und Morris konnten zeigen, dass beide Aspekte der Testangst zwar miteinander korrelieren, aber dass nur für die „worry"-Komponente konsistente negative Zusammenhänge zu Leistungsmaßen identifizierbar sind. Leistungsbeeinträchtigungen durch Testangst sind nach Liebert und Morris also auf aufgabenirrelevante, selbstbezogene Kognitionen zurückzuführen. Dieser Befund ist im Hinblick auf die möglichen Wirkungen anderer negativer Leistungsemotionen zu berücksichtigen und wird daher in Kapitel 2.5. dieser Arbeit, das sich mit den Wirkungen leistungsbezogenen Ärgers befasst, wieder aufgegriffen.

Die geschilderten Ergebnisse bildeten den Ausgangspunkt einer zunehmenden Konzentration auf kognitive Aspekte der Prüfungsangst und ebneten der so genannten Aufmerksamkeitshypothese von Wine (1971) den Weg („cognitive-attentional model"). Wine (1971) geht davon aus, dass Leistungsbeeinträchtigungen bei Prüfungsängstlichen nicht durch motivationale Faktoren bzw. eine hohe physiologische Erregung (s.o.: „drives" von Mandler und Sarason, 1952), sondern durch eine Selbstzentrierung der Aufmerksamkeit verursacht werden: Prüfungsängstliche tendieren in Testsituationen zu Selbstzweifeln und Selbstkritik, was die zur Aufgabenlösung benötigten kognitiven Ressourcen bindet und Zeit kostet. Angeregt durch diese theoretische Neuorientierung des Forschungszweigs wurden die bis dahin in der Therapie der Testangst favorisierten verhaltenstherapeutischen Methoden zur Verminderung der emotionalen Erregung (systematische Desensibilisierung, Entspannungstrainings etc.) um kognitive Methoden (Aufmerksamkeitstrainings, kognitive Umstrukturierung, „stress inoculation training" nach Meichenbaum (1985)) ergänzt.

In den 1970er- und 1980er-Jahren geriet das „cognitive-attentional model" durch den Ansatz des „study skills deficit" (Benjamin, McKeachie, Lin & Holinger, 1981; Culler & Holahan, 1980; Kirkland & Hollandsworth, 1980) in die Kritik, welches die mit der Testangst einhergehenden Leistungsbeeinträchtigungen durch Defizite in den Lern- und

Arbeitsgewohnheiten der Betroffenen - also durch eine mangelhafte intellektuelle Vorbereitung auf die Prüfungssituation und *nicht* durch eine Interferenz mit selbstbezogenen Kognitionen - erklärte. Das Defizitmodell entwickelte sich aus der Beobachtung, dass die therapeutische Behandlung von Prüfungsangst mit Hilfe verhaltenstherapeutischer und kognitiver Methoden in der Regel zwar zu einer Reduzierung des Angsterlebens, nicht aber zu einer Leistungsverbesserung bei den Betroffenen führte.

Infolge dieser Kontroverse zwischen Interferenz- und Defizitmodell legten Hembrée (1988) und Seipp (1991) Meta-Analysen zur Integration der bisherigen empirischen Befunde zur Testangst (Korrelate der Testangst, Beziehungen zwischen Testangst und Leistung, Effekte therapeutischer Interventionen bei Testangst) vor. Hembrée fand 562 nordamerikanische Studien aus den Jahren 1950 – 1986; Seipps Meta-Analyse greift auf 126 Studien der Jahre 1975 – 1988 aus verschiedenen Ländern zurück. Bei der Analyse aller Studien, die den Zusammenhang zwischen Testangst und Leistung untersuchten, identifizierten beide Meta-Analysen einen negativen Zusammenhang mittlerer Höhe (r = -.21, vgl. Schwarzer, 1993) zwischen beiden Variablen: Erhöhte Testangst geht also mit einer verminderten Leistung einher. Die kognitive Komponente der Testangst (s.o.: „worry" bzw. Besorgnis) zeigte in beiden Meta-Analysen erwartungsgemäß einen stärker leistungsmindernden Einfluss als die emotionale Komponente (s.o. „emotionality" bzw. Aufgeregtheit). Hembrée fand darüber hinaus Zusammenhänge von Testangst mit einer allgemeinen Abneigung gegenüber Testsituationen, Angst vor schlechter Bewertung und weniger effektiven Arbeitstechniken. Hoch Prüfungsängstliche verfügen im Vergleich zu niedrig Prüfungsängstlichen über ein geringeres Selbstwertgefühl, neigen auch im allgemeinen zu einer höheren Ängstlichkeit und zeigen geringere Kontrollüberzeugungen bzw. geringere Erwartungen an eigene Einflussmöglichkeiten („external locus of control").

Sowohl verhaltensbezogene als auch kognitiv orientierte therapeutische Interventionen tragen nach Hembrée (1988) zu einer deutlichen Reduzierung von Testangst bei, die bei den Behandelten auch mit Leistungssteigerungen in Testsituationen einhergeht. Dabei zogen verhaltensbezogene Methoden eine Reduzierung der Eigenschafts- *und* der Zustandsangst in Testsituationen nach sich; nach einer Behandlung mit kognitiven Methoden lassen sich nur Effekte auf die Zustandsangst in Testsituationen nachweisen. Demgegenüber erwiesen sich Trainings zur Verbesserung von Lern- und Arbeitstechniken hinsichtlich der Reduzierung von Testangst und bezogen auf Leistungsverbesserungen als unwirksam. Damit lassen sich mit der Meta-Analyse von Hembrée die Leistungsdefizite hoch Prüfungsängstlicher *nicht* durch mangelhafte intellektuelle Kompetenzen erklären. Vielmehr sprechen die Ergebnisse zur Wirksamkeit verhaltensbezogener und kognitiver Behandlungsformen insgesamt für das Interferenzmodell, das Leistungsdefizite hoch Prüfungsängstlicher auf aufgabenirrelevante selbstbezogene Kognitionen in der Testsituation zurückführt.

Nach Zeidner (1998) hat das Forschungsinteresse an der Testangst in den 90er-Jahren deutlich abgenommen, was insbesondere an der Zahl der Publikationen zur Thematik ablesbar ist. Insgesamt sind die bisherigen Ergebnisse zu den Entstehungsbedingungen, Ursachen, leistungsbezogenen Folgen und zur Behandlung der Testangst aber beachtlich. Die Prüfungsangstforschung nimmt damit eine Vorbildstellung für die Erforschung anderer negativer (z.B. Ärger) und positiver (z.B. Freude) Leistungsemotionen ein.

2.2.2. Retrospektive Leistungsemotionen in der attributionalen Emotions- theorie von Weiner

Im Kontext der vorliegenden Arbeit ist die attributionale Emotionstheorie Weiners aufgrund ihrer Aussagen zur Entstehung spezifischer retrospektiver Leistungsemotionen – darunter auch Ärger und Freude – nach Erfolg und Misserfolg von Interesse. Weiner (1979, 1986) hat eine attributionale Emotionstheorie entwickelt, die Emotionen als Folge eines mehrstufigen kognitiven Interpretationsprozesses darstellt.

Nach Weiner bewerten Personen ein Leistungsergebnis zunächst im Hinblick auf seinen Beitrag zur Zielerreichung. In Abhängigkeit davon, ob das Ergebnis als Erfolg oder Misserfolg wahrgenommen wird, aber unabhängig von der Ursache des Erfolgs oder Misserfolgs, entstehen zunächst allgemeine positive und negative emotionale Reaktionen wie *Freude* und Zufriedenheit oder

Bedrücktheit und Unzufriedenheit. Weiner (1986, S.121) spricht in diesem Zusammenhang von „primitiven" ereignisabhängigen Reaktionen. Nur in den Fällen, in denen das Ergebnis negativ, unerwartet und/oder von persönlicher Wichtigkeit ist, sucht das Individuum in einem zweiten Schritt nach einer Begründung für das Ergebnis und führt dieses auf spezifische Ursachen zurück. Erst infolge der Einordnung des Ergebnisses auf den Ursachendimensionen Lokation (Ursache liegt innerhalb oder außerhalb des Individuums), Zeitstabilität und Kontrollierbarkeit entstehen komplexe dimensionsabhängige Emotionen wie Stolz, Scham, Schuld, *Ärger*, Mitleid, Dankbarkeit und Hoffnungslosigkeit (s. Tabelle 3). Dabei ist zu beachten, dass es sich bei der Einordnung von Ereignisursachen auf den Dimensionen Lokation, Zeitstabilität und Kontrollierbarkeit/Verantwortlichkeit nicht um eine allgemeingültige, sondern um eine subjektive Zuordnung der betroffenen Person handelt. So kann z.B. die eigene Fähigkeit in einem Anforderungsbereich subjektiv als stabile Ursache (vererbtes Talent) oder als variable Ursache (durch Lernen modifizierbar) betrachtet werden.

Dimension	Dimensionsabhängige Emotionen
Personabhängigkeit/Lokation	Stolz, selbstwertbezogene Gefühle
Stabilität über Zeit	Hilflosigkeit, Resignation
Kontrollierbarkeit/Verantwortlichkeit **durch eigene Person** **durch andere Person**	Schuld, Scham Ärger, Mitleid, Dankbarkeit

Tabelle 3: Dimensionsabhängige Emotionen nach Weiner (1986, 1995)

Wie in Tabelle 3 deutlich wird, hängen die drei genannten Ursachendimensionen nach Weiner jeweils mit der Entstehung ausgewählter spezifischer Emotionen zusammen. Stolz entsteht, wenn ein Erfolg (als positiv bewertetes Ereignis) auf internale Ursachen zurückgeführt wird. Wird hingegen ein Misserfolg (als negativ bewertetes Ereignis) der eigenen Person zugeschrieben, führt dies zu einem verminderten Selbstwertgefühl. Stolz und vermindertes Selbstwertgefühl entstehen dabei unabhängig von der Einschätzung hinsichtlich der Kontrollierbarkeit des Ereignisses. Die

Beurteilung der Zeitstabilität der Ereignisursachen beeinflusst die Entstehung von Hilflosigkeit und Resignation, dies gilt z.b. für die Erklärung eines Misserfolgs durch den zeitstabilen Faktor der mangelnden persönlichen Fähigkeit. Schließlich setzt das Erleben von Schuld, Scham, Ärger, Mitleid und Dankbarkeit eine Einschätzung der Ereignisursachen auf der Kontrollierbarkeitsdimension voraus. So entsteht z.b. Ärger nach Weiner immer dann, wenn ein negativ bewertetes Ereignis durch Ursachen bedingt ist, die für eine *andere Person* kontrollierbar sind, also dieser Person eine *persönliche Verantwortlichkeit* für das negative Ereignis zugeschrieben wird. Diesbezüglich differenziert Weiner (1995) in neueren Arbeiten die Begriffe der Kontrollierbarkeit und der Verantwortlichkeit: Die Kontrollierbarkeitszuschreibung ist danach eine notwendige aber nicht hinreichende Voraussetzung der Zuschreibung von persönlicher Verantwortlichkeit, da es sich bei Verantwortlichkeitsurteilen um normative Bewertungen bzw. Urteile hinsichtlich der sozialen oder moralischen Qualität von Verhalten handelt. Zur Illustration dieser begrifflichen Differenzierung sei ein konkretes Beispiel aus Reisenzein, Meyer und Schützwohl (2003) zitiert:

„Zum Beispiel hat Peter aufgrund mangelnder Vorbereitung bei einer Klassenarbeit versagt. Er hat sich jedoch nur deshalb nicht vorbereitet, weil er sich verpflichtet fühlte, seine kranke Mutter zu pflegen. In diesem Fall dürfte Peters Lehrer trotz der Kontrollierbarkeit der Ursache des Misserfolgs (mangelnde Anstrengung) von einer Verantwortlichkeitszuschreibung und der darin enthaltenen normativen Bewertung Abstand nehmen." (Reisenzein et al., 2003, S.114/115)

In der neueren Version der Theorie Weiners ist daher nicht mehr die Einschätzung der Kontrollierbarkeit, sondern die Einschätzung der eigenen oder fremden Verantwortlichkeit maßgeblich für die Entstehung von Schuld, Scham, Ärger, Mitleid und Dankbarkeit. Die infolge der Kausalattributionen entstandenen Emotionen gehen nach Weiner (1995) mit emotionsspezifischen Handlungstendenzen einher. Ärger motiviert aggressives Verhalten, Schuld löst eine Tendenz zur Wiedergutmachung und Mitleid eine Tendenz zur Hilfeleistung aus.

Die attributionale Emotionstheorie Weiners ist einer außergewöhnlich umfangreichen empirischen Überprüfung unterzogen und dabei in ihren zentralen Annahmen weitgehend bestätigt worden (vgl. Reisenzein et al., 2003, Kap. 3.3). Wie oben bereits erwähnt, konzentriert sich Weiners Theorie ausschließlich auf die Erklärung der kognitiven Entstehungsbedingungen *retrospektiver* Leistungsemotionen, also solcher Emotionen, die infolge der Bewertung eines Leistungsergebnisses auftreten. Aussagen zu Emotionen, die der Ergebnisbewertung vorausgehen oder den Leistungsprozess begleiten, finden sich innerhalb dieses Ansatzes nicht, sodass nicht das gesamte Spektrum spezifischer Leistungsemotionen erschöpfend behandelt wird. Da die vorliegende Arbeit aber die spezifischen Emotionen Ärger und Freude als retrospektive Leistungsemotionen (nach einer Leistungsrückmeldung) untersucht, bietet die attributionale Theorie einen geeigneten Ausgangspunkt, um sich den Entstehungsbedingungen beider Emotionen im Leistungskontext über eine kritische Diskussion der diesbezüglich relevanten Annahmen zu nähern.

Bereits an dieser Stelle wird deutlich, dass die Aussage Weiners, Ärger nach einem Misserfolg trete nur dann auf, wenn anderen Personen die Verantwortlichkeit für das Leistungsergebnis zugeschrieben wird, der von Pekrun und Frese (1992) vorgenommenen Beschränkung des leistungsbezogenen Ärgers auf die Form des „sozialen Ärgers" gleicht. Diese Annahme Weiners zu den kognitiven Determinanten des Ärgers soll im Folgenden einer kritischen Betrachtung unterzogen werden.

2.2.2.1. Kritische Betrachtung: Ärger in der Theorie Weiners

Wie erklärt Weiner nun die Entstehung von Ärger und Freude nach Erfolg bzw. Misserfolg?

In der Konzeption Weiners stellt Ärger eine kognitiv wesentlich komplexere Emotion dar als Freude. Zur Auslösung von Freude reichen zwei Bedingungen aus: Das Eintreten eines Ereignisses (z.B. Erfolg) wird zunächst wahrgenommen und dann der individuellen Zielerreichung als zuträglich bewertet. Weitere kognitive Bewertungs- oder Einschätzungsprozesse sind zur Entstehung von

Freude als „primitive", rein ergebnisabhängige Emotion nicht notwendig. Ärger hingegen wird erst dann erlebt, wenn ein negatives, die eigene Person betreffendes Handlungsergebnis auf Faktoren attribuiert wird, die durch *andere* Personen kontrollierbar sind bzw. für die andere Personen verantwortlich gemacht werden (externale und kontrollierbare Ursachen). Dem Erleben von Ärger geht nach Weiner also immer eine normative Bewertung fremden Verhaltens voraus. Damit wird Ärger ausschließlich als eine negative, auf den *sozialen Kontext* bezogene Emotion kategorisiert. Dies entspricht der von kognitiven und attributionstheoretischen Ärgertheorien favorisierten Sichtweise, dass Ärger dann ausgelöst wird, wenn die betroffene Person von anderen Personen in der Zielerreichung oder Bedürfnisbefriedigung (absichtlich) behindert wird (s. Kap 2.3.1.5: Roseman, 1984; Ortony, Clore & Collins, 1988; Lazarus & Smith, 1988, 1990).

Diese Beschränkung der Ärgeremotion auf soziale Episoden greift allerdings bereits beim Rückgriff auf Alltagserfahrungen zu kurz: Während meiner Arbeit an diesem Kapitel kommt es zu einem unerwarteten Rechnerabsturz, oder ich vergesse, die Textdatei vor der Beendigung des Programms abzuspeichern. In beiden Fällen gehen die gerade verfassten Zeilen verloren: Im ersten Fall ärgere ich mich über den Rechner (als Objekt), im zweiten Fall wohl eher über mich selbst bzw. meine Vergesslichkeit.

Offensichtlich ist Ärger im Leistungskontext also nicht zwingend an die externale Zuschreibung von Misserfolgsursachen gebunden. Sogar in Weiners eigenen Forschungsergebnissen lassen sich Belege für diese Annahme finden. So forderten Weiner, Russell und Lerman (1979) 79 Personen auf, sich an kritische Situationen zu erinnern, in denen sie selbst eine Prüfung aufgrund einer von sechs vorgegebenen Ursachen (Fähigkeit, Anstrengung als stabiler Faktor, Anstrengung als variabler Faktor, Persönlichkeit, andere Personen, Zufall) erfolglos oder erfolgreich abgeschlossen hatten. Anschließend sollten die Befragten angeben, welche drei Emotionen in der jeweiligen Situation am deutlichsten ausgeprägt waren. Die diesbezüglichen Ergebnisse zeigen die Tabellen 4 und 5.

Affect	Ability	Unstable effort	Stable effort	Personality	Others	Luck
Competence	30*	12	20	19	5	2
Confidence	20	19	18	19	14	4
Contentment	4	4	12*	0	7	2
Excitement	3	9	8	11	16*	6
Gratitude	9	1	4	8	43*	14
Guilt	1	3	0	3	2	18*
Happiness	44	43	43	38	46	48
Pride	39*	28	39	43*	21	8
Relief	4	28*	16	11	13	26*
Satisfaction	19	24*	16	14	9	0
Surprise	7	16	4	14	4	52*
Thankfulness	0	1	0	0	18*	4

Tabelle 4: Prozentsatz der Befragten, die die aufgeführten Emotionen in Verbindung mit einer *Erfolgssituation* erinnerten (in Abhängigkeit von der Kausalattribution, * $p < .01$, vgl. Weiner et al., 1979, S. 1214)

Tatsächlich bestätigen die Ergebnisse, dass durchschnittlich 44% der Befragten unabhängig von der Ursachenzuschreibung angeben, in einer Erfolgssituation Freude („happiness") zu erleben. Dies stützt die Annahme, dass Freude eine ergebnisabhängige, aber attributionsunabhängige Emotion darstellt. Freude ist darüber hinaus über alle Attributionsbedingungen hinweg die in Verbindung mit einem Erfolgserlebnis am häufigsten genannte Emotion. Im Gegensatz zu Freude scheint Ärger nach einem Misserfolg von der jeweiligen Misserfolgsattribution abhängig zu sein, da zwischen den sechs Attributionsbedingungen signifikante Unterschiede in der Häufigkeit der Ärgernennung bestehen (vgl. Tabelle 5).

Affect	Ability	Unstable effort	Stable effort	Personality	Others	Luck
Anger	16	38	33	25	53*	36
Depression	22	20	21	34	10	29
Disappointment	12	17	17	13	20	12
Disgust	2	10	4	3	8	5
Fear	7	25*	21	13	18	12
Frustration	22	18	4	13	20	19
Guilt	9	15	29*	9	3	5
Incompetence	14*	7	8	0	10	0
Mad	7	3	0	3	10	7
Resignation	16*	0	4	9	2	0
Sadness	9	10	0	6	0	14*
Stupidity	14	10	13	9	0	19*
Surprise	2	3	4	0	7	14*
Unhappiness	14*	3	4	9	2	14
Upset	9	10	8	0	8	10

Tabelle 5: Prozentsatz der Befragten, die die aufgeführten Emotionen in Verbindung mit einer *Misserfolgssituation* erinnerten (in Abhängigkeit von der Kausalattribution, * p < .01, vgl. Weiner et al., 1979, S. 1215)

53% der Misserfolgssituationen, in denen die Misserfolgsursachen anderen Personen zugeschrieben wurden, gingen mit dem Erleben von Ärger einher. Dieser Befund legt zwar nahe, dass der *Ärger über andere* Personen die in Misserfolgssituationen *prototypische* Form des Ärgers ist, dennoch zeigen die Ergebnisse in Tabelle 4, dass Ärger im Leistungskontext sogar recht häufig mit internalen Attributionen verbunden ist. So wurden 16% der auf die mangelnde eigene Fähigkeit attribuierten Misserfolge, 38% (Anstrengung als variabler Faktor) bzw. 33% (Anstrengung als stabiler Faktor) der auf die mangelnde eigene Anstrengung attribuierten Misserfolge und 25% der auf eigene Persönlichkeitsmerkmale attribuierten Misserfolge mit dem Erleben von Ärger in Verbindung gebracht. Vergleicht man die Häufigkeiten der Emotionsnennungen innerhalb der jeweiligen Attributionsbedingungen, fällt darüber hinaus auf, dass Ärger in der Bedingung „Attribution auf mangelnde eigene Anstrengung" die am häufigsten und in den Bedingungen „Attribution auf Fähigkeit" und „Attribution auf eigene Persönlichkeit" die am zweithäufigsten genannte negative Emotion darstellt. Über alle Attributionsbedingungen hinweg zählt Ärger damit in der Untersuchung von Weiner et al. neben Depression, Frustration und Angst zu den am häufigsten genannten emotionalen Folgen eines Misserfolgs.

Die genaue Analyse der Forschungsbefunde Weiners zeigt also, dass dieser in seiner theoretischen Konzeption jeweils nur die *prototypischen* attributionalen Bedingungen spezifischer Emotionen darstellt. Wie oben dargelegt, wird die Ärgeremotion durch diese theoretische Eingrenzung auf die Form des *Ärgers über andere Personen* beschränkt. Gerade im Leistungskontext entsteht Ärger aber offenkundig auch als Ärger über die eigene Person (z.b. mangelnde eigene Anstrengung oder Fähigkeit). Demnach kann die Entstehung leistungsbezogenen Ärgers mit Hilfe der attributionalen Emotionstheorie Weiners nicht umfassend und differenziert genug abgebildet werden.

Auf der Grundlage dieser kritischen Argumente soll im Folgenden überprüft werden, inwieweit aktuelle Forschungsbefunde zur Entstehung von Leistungsemotionen aus der „Affective Educational Psychology" (vgl. Pekrun et al., 2002) eine differenziertere Betrachtung des leistungsbezogenen Ärgers ermöglichen.

2.2.3. Retrospektive Leistungsemotionen: Befunde aus der „Affective Educational Psychology"

Dem oben beschriebenen Defizit in der Erforschung der Leistungsemotionen sind Pekrun und Mitarbeiter (Pekrun, 1992a; Pekrun, 1992b; Pekrun, Hochstadt & Kramer, 1996; Titz, 2001; Pekrun et al., 2002) mit einer Forschungslinie begegnet, die Pekrun selbst als „Affective Educational Psychology" bezeichnet (vgl. Pekrun et al., 2002, S.103). In diesem Forschungsprogramm werden mit Hilfe sowohl qualitativer als auch quantitativer Studien Fragen zu Auftretenshäufigkeit, Determinanten, Korrelaten und Wirkungen spezifischer Emotionen in akademischen Leistungssituationen bei Schülern und Studenten untersucht.

Im Folgenden werden die aus dieser Forschung resultierenden Befunde zur Auftretenshäufigkeit und zu kognitiven Korrelaten der spezifischen Leistungsemotionen Ärger und Freude überblicksartig vorgestellt. Dabei soll insbesondere geprüft werden, ob die Ergebnisse der Forschungsgruppe um Pekrun Anhaltspunkte für die oben formulierte Vermutung liefern, dass im Leistungskontext neben dem sozialen Ärger auch andere Ärgerarten (selbst- und objektbezogener Ärger) auftreten können. Auf die Ergebnisse zu den leistungsbezogenen Wirkungen von Ärger und Freude wird später in Kapitel 2.5. dieser Arbeit eingegangen.

2.2.3.1. Häufigkeit von Ärger und Freude in akademischen Leistungssituationen

In explorativen Interviewstudien wurden 50 Studierende (Pekrun, 1992a) bzw. 56 Gymnasiasten (Holzwarth, 1997; Rapp, 1997) gebeten, jeweils eine Lern- (individuelles Lernen), eine Veranstaltungs- sowie eine Prüfungssituation zu erinnern. Mit Hilfe eines halbstrukturierten Interviewleitfadens wurden die Probanden anschließend zu ihrem affektiven und kognitiven Erleben in den genannten Situationen befragt. Die in Verbindung mit Lern- und Leistungssituationen genannten Emotionen wurden anschließend klassifiziert. Tabelle 6 zeigt die Häufigkeiten der Emotionsnennungen für beide Studien:

	Schule	Studium		Schule	Studium
Ärger	9.4	6.7	Freude	15.1	13.7
Angst	16.1	18.8	Hoffnung	3.5	5.0
Hoffnungslosigkeit	1.0	0.9	Neugier/Interesse	3.1	4.1
Langeweile	3.9	0.9	Erleichterung	14.4	8.6
Unlust/Unzufriedenheit	6.6	6.2	Zufriedenheit	2.3	6.0
Enttäuschung	4.2	1.9	Stolz	4.0	3.1
Scham/Schuld	1.2	0.9			
			Andere Emotionen	15.1	21.6

Tabelle 6: Prozentuale Häufigkeiten von Emotionen in Lern- und Leistungssituationen (vgl. Pekrun & Hofmann, 1999)

Die Ergebnisse der beiden Interviewstudien weisen darauf hin, dass sowohl Freude als auch Ärger in Leistungssituationen im Vergleich zu anderen diskreten Emotionen recht häufig erlebt werden: Freude stellt die in Verbindung mit Lern- und Leistungssituationen in Schule und Studium am häufigsten genannte positive Emotion dar; Ärger ist nach Angst in beiden Studien die am zweithäufigsten genannte Emotion. Die in Tabelle 6 dargestellten Häufigkeiten beziehen sich auf alle drei Situationsklassen (Lern-, Veranstaltungs- und Prüfungsemotionen) und können sich auf Zeitpunkte vor, während und nach der jeweiligen Situation beziehen. Daher wird z.B. Freude – abweichend von der von Pekrun und Frese (1992) vorgelegten Taxonomie der Leistungemotionen (s.o.) – nicht nach dem Zeitbezug in Vorfreude, Lern- und Arbeitsfreude und Ergebnisfreude ausdifferenziert. Pekrun (1991) weist in diesem Zusammenhang darauf hin, dass die Emotionshäufigkeiten zwischen den drei Situationsklassen tatsächlich variieren, sodass in Lernsituationen eher prozessbezogene Emotionen (z.B. Lernfreude, Unlust) und in Veranstaltungs- und Prüfungssituationen eher prospektive (z.B. Angst, Hoffnung) und retrospektive Emotionen (z.B. Erleichterung) berichtet werden. Als überraschenden Befund wertet Pekrun (1991, S.380) die relativ große Häufigkeit von Ärgernennungen nicht nur nach, sondern auch vor und während Prüfungssituationen.

Wie bereits im Zuge der Begriffsklärungen präzisiert wurde (vgl. Kap. 2.1.), konzentriert sich die vorliegende Arbeit auf Emotionen infolge einer Leistungsrückmeldung. Folgerichtung stehen Ärger und Freude als retrospektive (nicht als prospektive oder tätigkeitsbegleitende) Leistungsemotionen im

Mittelpunkt des Interesses. Pekrun (1998) legt für die Ergebnisse der zweiten Interviewstudie (1035 Emotionsnennungen aus der Gymnasiasten-Stichprobe, vgl. Holzwarth, 1997; Rapp, 1997) eine Differenzierung der Emotionshäufigkeiten nach Situationsklassen (Schulunterricht, häusliches Lernen, schulische Prüfungen, Leistungsrückmeldung nach schriftlichen Prüfungen) vor, die es ermöglicht, die Auftretenshäufigkeit von Ärger und Freude nach Leistungsrückmeldungen abzuschätzen (vgl. Tabelle 7):

	Unterricht	Lernen	Prüfung	Rückmeldung	Gesamt
Freude	18.4	15.6	10.0	16.0	15.1
Hoffnung	1.6	1.2	4.8	5.6	5.6
Interesse/Neugier	4.9	2.7	2.8	2.2	3.2
Zufriedenheit	0.8	3.9	1.4	3.0	2.3
Erleichterung	16.3	15.6	15.5	9.0	14.4
Stolz	0.4	5.9	3.5	5.2	3.9
Ärger	6.5	5.9	9.0	15.3	9.5
Angst	9.4	5.5	30.0	16.0	16.1
Hoffnungslosigkeit	0.0	0.8	0.7	2.2	1.0
Enttäuschung	2.0	1.2	2.4	10.8	4.2
Unzufriedenheit/Unlust	5.3	19.5	1.4	0.3	6.7
Langeweile	13.5	2.7	0.3	0.0	4.0
Scham/Schuld	1.2	2.3	0.0	1.1	1.2
Negative Emotionen	44.5	46.4	49.3	47.0	47,5
Positive Emotionen	46.5	51.2	44.1	44.8	47.5

Tabelle 7: Prozentuale Häufigkeiten von Leistungsemotionen bei Schülern differenziert nach Situationsklassen (vgl. Pekrun, 1998)

Nach Leistungsrückmeldungen erleben die befragten Schüler im Bereich positiver Emotionen Freude am häufigsten. Ärger wird im Zusammenhang mit Leistungsrückmeldungen wesentlich häufiger erlebt als in anderen Leistungssituationen, sodass in dieser Situationsklasse Ärger und Angst mit nahezu gleichen Häufigkeitswerten die wichtigsten negativen Leistungsemotionen darstellen. Zu ähnlichen Ergebnissen kam auch die oben bereits genannte Untersuchung von Weiner et al. (1979, s. Kap. 2.2.2.1), in der gezeigt werden konnte, dass Ärger und Freude in Verbindung mit Erfolgs- und Misserfolgssituationen im Vergleich zu anderen Emotionen sehr häufig erlebt werden. Smith und Ellsworth (1987) untersuchten das emotionale Befinden von Studenten vor einer Zwischenprüfung und nach der Bekanntgabe der Prüfungsnoten. Auch in dieser Studie zeigten sich die größten Befindlichkeitsveränderungen bei den Emotionen Freude, Ärger, Angst, Hoffnung und Schuld.

Die berichteten Ergebnisse deuten insgesamt darauf hin, dass Ärger und Freude unabhängig von der Situationsklasse zu den am häufigsten erlebten Emotionen in Leistungssituationen gehören und darüber hinaus zu den wichtigsten retrospektiven Emotionen nach Leistungsrückmeldungen zählen. Damit kommt Ärger und Freude in Leistungssituationen zumindest hinsichtlich ihrer Häufigkeit ein ähnlich hoher Stellenwert zu wie der Prüfungsangst (s. Kap 2.2.1.). Wie oben bereits erwähnt, ist es ein zentrales Anliegen dieser Arbeit, neben dem sozialen Ärger mit dem selbst- und objektbezogenen Ärger auch andere Ärgerarten im Leistungskontext zu analysieren. Diesbezüglich erscheint ein Blick auf die von Schülern und Studenten in den Interviewstudien berichteten kognitiven Korrelate der jeweiligen Leistungsemotionen aufschlussreich.

2.2.3.2. Kognitive Korrelate der Leistungsemotionen Ärger und Freude

Zu Anfang dieser Arbeit wurde bereits darauf hingewiesen, dass Emotionen in Leistungssituationen an kognitive Prozesse unterschiedlicher Art gebunden sind. Dies spiegelt sich bereits in den oben beschriebenen traditionellen Forschungsansätzen zur Leistungsemotionalität wieder (vgl. Kap. 2.2.1. und 2.2.2.): Die Prüfungsangstforschung betrachtet die kognitive „worry"-Komponente (aufgabenirrelevante, selbstbezogene Kognitionen, vgl. Liebert & Morris, 1967; Wine, 1971) als Ursache der bei Prüfungsängstlichen beobachtbaren Leistungsbeeinträchtigungen. In der Emotionstheorie von Weiner (1986, 1995) spielen Kognitionen in Form von Kausalattributionen nach Erfolg und Misserfolg eine zentrale Rolle. So entsteht Freude laut Weiner als rein ergebnisabhängige Emotion bereits dann, wenn ein Ereignis als Erfolg bewertet wird, wohingegen Ärger als attributionsabhängige Emotion daran gebunden ist, dass die Ursachen eines als negativ bewerteten Ereignisses zusätzlich anderen

Personen zugeschrieben werden (Unkontrollierbarkeit des Ereignisses). In der kritischen Betrachtung der Theorie Weiners wurde anhand der Daten von Weiner et al. (1979) jedoch gezeigt, dass Ärger durchaus auch mit einer Zuschreibung von Misserfolgsursachen an die eigene Person einhergehen kann. Auch Pekrun und Frese (1992) weisen zwar prinzipiell auf die Möglichkeit selbst- und objektbezogener Ärgerreaktionen hin, beschränken sich innerhalb ihrer Taxonomie der Leistungsemotionen jedoch auf den Einbezug der prototypischen Form des sozialen Ärgers.

Es ist zu vermuten, dass Ärger über andere Personen sich hinsichtlich der ihn begleitenden Kognitionen von einem Ärger über die eigene Person oder einem Ärger über Objekte - gemeint sind damit leblose Objekte und Situationen, wie z.B. Aufgaben (vgl. Pekrun und Frese, 1992, S. 190) - unterscheidet. So nehmen Pekrun und Frese an, dass „self-related anger" mit der internen Attribution eines Misserfolgs auf solche Ursachen einhergeht, die von der Person als kontrollierbar wahrgenommen werden (z.B. eigene Anstrengung). „Object-related anger" kann dementsprechend aus Barrieren bei der Aufgabenbewältigung resultieren, die weder durch die eigene noch durch andere Personen verursacht wurden (z.B. Absturz eines EDV-Systems kurz vor Abschluss einer Aufgabe).

Pekrun (1992a) hat in der oben genannten Interviewstudie mit N = 50 Studenten auch die mit den jeweiligen Leistungsemotionen einhergehenden Kognitionen erfragt. Die genannten Kognitionen wurden zunächst anhand eines Kategoriensystems jeweils einer von 10 Hauptkategorien zugeordnet; folgende Kognitionskategorien wurden hierbei ermittelt (vgl. Pekrun, 1992a, S. 314/315):

- **Stoff:** aufgabenrelevante Kognitionen zu Lern- und Prüfungsstoff
- **Aufgabe/Schwierigkeit:** Einschätzungen zur Klarheit der Aufgabenstellung und Schwierigkeit der Aufgabe sowie zu Behinderungen bei der Aufgabenbearbeitung
- **Kompetenz/Erwartung:** Selbsteinschätzung eigener Fähigkeit als Leistungserwartung
- **Valenz:** Einschätzung des subjektiven Werts von Erfolg und Misserfolg
- **Aufgabenmotivation:** Wünsche und Absichten zu Lern- und Leistungshandeln

- **Bewältigung/Leistung:** Einschätzung erfolgter Aufgabenbewältigung bzw. erzielter Leistungsresultate als Erfolg bzw. Misserfolg
- **Kausalattribution:** Ursachenerklärung von Bewältigung und Leistung
- **Gerechtigkeit:** Einschätzung der normativen Gerechtigkeit von Aufgabenstellungen und Leistungsbewertungen
- **Transfermöglichkeit:** Kognitionen zu Möglichkeiten der Verwendung gelernten Materials innerhalb und außerhalb des Studiums
- **Soziale Interaktion:** interaktionsbezogene Sozialkognitionen
- **Zweifel:** Kognitionen des Zweifels bezüglich der Kategorien „Aufgabe/Schwierigkeit", „Kompetenz/Erwartung", „Aufgabenmotivation" und „Bewältigung/Leistung"
- **Sonstiges:** situations- und aufgabenirrelevante Kognitionen, die weder der jeweiligen Lern- und Leistungsthematik noch der aktuellen Interaktionssituation zuzuordnen sind

Im Anschluss an die Kategorisierung der Kognitionen wurde nach systematischen Zusammenhängen spezifischer Leistungsemotionen mit den genannten Kognitionskategorien gesucht. Die Zusammenhänge von Ärger und Freude mit den einzelnen Kognitionskategorien zeigt Tabelle 8.

Kognition	Freude	Ärger
Stoff	19.4	
Schwierigkeit		
- niedrig		
- hoch	5.6	12.9
Kompetenz		
- niedrig		
- hoch		6.5
Valenz		
Motivation		
- niedrig		
- hoch	6.9	
Leistung		
- Erfolg	27.8	
- Misserfolg		8.1
Zweifel		8.1
Attribution		
Transfer	8.3	
Interaktion	13.9	29.0
Sonstiges	5.6	8.1

Tabelle 8: Prozentuale Häufigkeiten einzelner Verknüpfungen zwischen Kognitionen und den Leistungsemotionen Ärger und Freude in der Interviewstudie von Pekrun (1992a)[2]

Sowohl für Freude als auch Ärger lassen sich in der Interviewstudie von Pekrun (1992a) emotionsspezifische Kognitionsprofile identifizieren (vgl. Tabelle 8).

Freude in Leistungssituationen geht am häufigsten mit Gedanken zu einem erzielten Erfolg bzw. einer erfolgreichen Aufgabenbewältigung (27.8%), direkt aufgabenrelevanten und stoffbezogenen Kognitionen (19.4%) sowie interaktionsbezogenen Kognitionen (13.9%) einher.

Ärger ist am häufigsten mit interaktionsbezogenen Kognitionen (29%) verbunden, was zunächst für die Dominanz sozialen Ärgers im Leistungskontext spricht. Darüber hinaus zeigen sich aber auch systematische Verknüpfungen leistungsbezogenen Ärgers mit misserfolgsbezogenen Kognitionen ohne

---

[2]Pekrun (1992a, S. 318) berücksichtigt in der Ergebnisdarstellung nur Häufigkeiten > 5 %.

Interaktionsbezug (8.1%). Zusätzlich werden in Verbindung mit Ärger Aufgabenschwierigkeit und eigene Kompetenz als hoch eingeschätzt - diese Einschätzungen sind allerdings häufig mit Zweifeln (8.1%) behaftet, was eine Unsicherheit der Betroffenen hinsichtlich der Schwierigkeits- und Kompetenzeinschätzungen signalisiert. Bezüglich einer Ausdifferenzierung des leistungsbezogenen Ärgers in unterschiedliche Ärgerarten geben die beschriebenen Ergebnisse demnach zumindest Anlass zu der Vermutung, dass die Emotion Ärger in Leistungssituationen nicht ausnahmslos von sozialen Kognitionen, sondern auch von einer misserfolgsinduzierten Verunsicherung in der Einschätzung der eigenen Kompetenz – möglicherweise im Sinne eines selbstbezogenen Ärgers - begleitet sein kann. Darüber hinaus zeigt sich, dass Ärger *äußerst selten* (in weniger als 5% der genannten Fälle) mit direkt aufgabenrelevanten, stoffbezogenen Kognitionen einhergeht. Dieser Befund deutet darauf hin, dass Ärger im Gegensatz zur Freude mit einer Minderung der Konzentration auf aufgabenrelevante Aspekte verbunden ist. Dieser Hinweis wird in Kapitel 2.5. dieser Arbeit, das sich mit den möglichen Wirkungen von Ärger und Freude auf kognitive Folgeleistungen befasst, wieder aufgegriffen.

Abschließend sei darauf hingewiesen, dass die dargestellten Ergebnisse zu den emotionsbegleitenden Kognitionen sehr vorsichtig interpretiert werden müssen, weil die einzelnen Kognitionskategorien z.T. sehr weit gefasst sind – dies gilt z.B. für die Kategorie „Zweifel" (s.o.) – und des weiteren nur eine kleine Stichprobe von 50 Studierenden befragt wurde. Dennoch konnten in der Befragung immerhin 820 Emotions-Kognitions-Paare aus Leistungssituationen erhoben und einer ersten *explorativen* Analyse zugänglich gemacht werden. Besonders auffällig ist in diesem Zusammenhang, dass das offene, nicht hypothesengeleitete Vorgehen die Ergebnisse der Attributionstheorie Weiners insofern relativiert, dass Attributionen nach den Ergebnissen von Pekrun (1992a) im Vergleich zu anderen Kognitionen im Leistungskontext sogar relativ selten vorkommen. Leistungsemotionen wie Ärger und Freude sind also offensichtlich von einer großen Vielfalt weiterer Kognitionen begleitet.

In Kapitel 2.3. der vorliegenden Arbeit sollen Theorien und Befunde zur Ärgeremotion herangezogen werden, die sich nicht ausschließlich auf Leistungssituationen beschränken, um die Annahme differenzierbarer Ärgerarten weiter zu erhärten.

2.2.4. Zusammenfassung

Im Zuge des vorangegangenen Kapitels wurden die Emotionen Ärger und Freude als retrospektive Leistungsemotionen begrifflich eingeführt. Darauf aufbauend wurden traditionelle und aktuelle Forschungsansätze zur Leistungsemotionalität auf ihren Beitrag zur Untersuchung der Entstehungsbedingungen von Ärger und Freude nach Leistungsrückmeldungen hin überprüft.

Als zentrale traditionelle Ansätze zur Leistungsemotionalität wurden die Prüfungsangstforschung sowie die attributionale Emotionstheorie von Weiner (1986, 1995) einbezogen. Insgesamt wurde hierbei deutlich, dass die psychologische Grundlagenforschung sich bisher nur sehr unzureichend der eigenständigen Analyse *spezifischer* Leistungsemotionen gewidmet hat. Die einzige Ausnahme stellt in diesem Zusammenhang die bis in die 1950er-Jahre zurückreichende Forschung zu Ursachen, Determinanten, Effekten, Diagnostik und Therapie der Prüfungsangst dar (vgl. Hembrée, 1988). Der Prüfungsangstforschung kommt damit eine Vorbildstellung für die Erforschung anderer Leistungsemotionen wie Ärger und Freude zu.

Einen ersten theoretischen Ausgangspunkt zur Erklärung der Entstehung von Ärger und Freude nach Leistungsrückmeldungen bietet die attributionale Emotionstheorie von Weiner (1986, 1995). Weiner betrachtet Emotionen nach Erfolgs- und Misserfolgserlebnissen als Resultate eines mehrstufigen kognitiven Interpretationsprozesses: Freude entsteht als rein ergebnisabhängige Emotion, wenn ein Ereignis als der Zielerreichung zuträglich bzw. als Erfolg bewertet wird. Das Erleben von Ärger als komplexe, attributionsabhängige Emotion ist hingegen stets daran gebunden, dass ein Misserfolg auf Faktoren attribuiert wird, für die andere Personen verantwortlich gemacht werden. Damit beschränkt sich Weiners Theorie prototypisch auf die Erklärung von misserfolgsbezogenem Ärger als soziales Phänomen. Eine kritische Betrachtung empirischer Befunde Weiners (Weiner et al., 1979) konnte aber zeigen, dass Ärger nach Misserfolg auch in Verbindung mit einer internalen Ursachenzuschreibung (mangelnde eigene Anstrengung und Fähigkeit) auftritt. In diesem Zusammenhang wurde die Annahme formuliert, dass neben dem sozialen Ärger weitere Ärgerarten im Leistungskontext zu differenzieren sind, die im Rahmen psychologischer

Ansätze bisher nicht systematisch berücksichtigt wurden. Analog zur Konzeption Weiners stellen auch Pekrun und Frese (1992) innerhalb einer Taxonomie der Leistungsemotionen Ärger ausschließlich als soziale Emotion dar, weisen aber in ihren begleitenden Erläuterungen zumindest darauf hin, dass im Leistungskontext auch selbst- und objektbezogene Ärgerarten auftreten können.

Darauf aufbauend wurden die traditionellen Forschungsansätze um aktuelle Forschungsbefunde erweitert. Im Mittelpunkt der Darstellung standen hierbei die bisherigen Ergebnisse der noch sehr jungen „Affective Educational Psychology" zu Auftretenshäufigkeit und kognitiven Korrelaten der Emotionen Ärger und Freude in akademischen Leistungssituationen (vgl. Pekrun, 1992a). Die dargestellten Ergebnisse zeigen, dass Ärger und Freude über alle Leistungssituationen hinweg und insbesondere nach Leistungsrückmeldungen zu den am häufigsten berichteten Emotionen zählen. Darüber hinaus ergaben sich Hinweise darauf, dass Ärger in Leistungssituationen zwar sehr häufig mit sozialen Kognitionen, aber auch mit misserfolgsbezogenen Kognitionen ohne Interaktionsbezug (Einschätzungen der eigenen Kompetenz und der Aufgabenschwierigkeit sowie Zweifel bezüglich dieser Einschätzungen) einhergeht. Schließlich zeigten die Befunde, dass Freude im Unterschied zu Ärger recht häufig von aufgabenrelevanten Kognitionen begleitet ist, was Implikationen für mögliche Wirkungen der beiden Leistungsemotionen auf kognitive Folgeleistungen beinhaltet, die in Kapitel 2.5. dieser Arbeit ausführlich diskutiert werden sollen.

Auf der Grundlage der bisher dargestellten Theorien und Befunde soll an dieser Stelle vermutet werden, dass...

---

1. ...nach einer positiven Leistungsrückmeldung im Sinne eines Erfolgserlebnisses besonders häufig Freude erlebt wird.

2. ...nach einer negativen Leistungsrückmeldung im Sinne eines Misserfolgserlebnisses besonders häufig Ärger erlebt wird.

3. ...leistungsbezogener Ärger nicht nur als Ärger über andere Personen (sozialer Ärger), sondern auch in Form anderer Ärgerarten (z.B. selbst- und objektbezogener Ärger) auftreten kann.

Im folgenden Kapitel soll nun in allgemeinen emotionspsychologischen (also nicht auf Leistungssituationen begrenzten) Theorien, Konzepten und Befunden zur Ärgeremotion nach weiteren Hinweisen auf eine mögliche Differenzierung von Ärgerarten gesucht werden.

2.3. Leistungsemotion Ärger: Nur eine soziale Emotion?

Eine differenzierte Betrachtung von Ärgerreaktionen nach einer Leistungsrückmeldung erfordert zunächst eine Auseinandersetzung mit allgemeinen emotionspsychologischen Theorien und Befunden zur Entstehung, Phänomenologie und Funktion des Ärgers. Nach Schwenkmezger und Hodapp (1993) gliedert sich der Ärgerprozess in die Phasen *Ärgerauslösung*, *Ärgererscheinung*, *Ärgerverarbeitung* und *Ärgerstabilisierung* als Chronifizierung von Ärgerverarbeitungsstilen. In dieser Arbeit sind die Phasen der Ärgerauslösung, -erscheinung und –verarbeitung von besonderem Interesse.

Die Darstellung beginnt daher mit der Beschreibung von *Ärgererscheinungsformen* als für den Ärger charakteristischen physiologischen, expressiven, motivationalen, subjektiv-erlebensbezogenen und kognitiven Reaktionen. Hierbei soll insbesondere der Frage nachgegangen werden, ob die für den Ärger spezifischen Reaktionen dafür sprechen, dass Ärger ausschließlich als soziale Emotion zu verstehen ist, oder zumindest unter spezifischen situationalen Bedingungen (hier: Bewertungssituationen) von der Existenz differenzierbarer Ärgerarten ausgegangen werden kann.

Darauf aufbauend wird dann eine integrativ entwickelte Klassifikation potenziell Ärger auslösender Situationen von Weber (1994) vorgestellt, welche innerhalb dieser Arbeit als Rahmengerüst für die Diskussion unterschiedlicher Ärgerarten zugrunde gelegt werden soll. Das Kapitel widmet sich abschließend dem Konzept der personspezifischen Ärgerdisposition sowie differenzierbaren *Ärgerausdrucks- bzw. Ärgerverarbeitungsstilen.*

2.3.1. Ärgererscheinung

Im Zuge der grundlegenden Begriffsklärungen wurde bereits darauf hingewiesen, dass Emotionen nach Scherer (1990) als Prozesse aufgefasst werden können, bei denen sich eine kognitive, eine neurophysiologische und eine motivationale Komponente sowie eine Ausdrucks- und Gefühlskomponente als fünf „organismische Subsysteme" infolge der Bewertung eines Reizes als ziel- bzw. bedürfnisrelevant kurzfristig in koordinierter Form verändern (vgl. Kap. 2.1.2.). Für einzelne Emotionen lassen sich nun jeweils charakteristische Veränderungen in den genannten fünf Reaktionskomponenten identifizieren. Ein besonderer Schwerpunkt in der folgenden Darstellung der ärgerspezifischen Reaktionen liegt bei der kognitiven Reaktionskomponente, da Ärger als *leistungsbezogene* Emotion nach dem Verständnis der vorliegenden Arbeit an komplexe kognitive Prozesse (Wahrnehmung und insbesondere Bewertung der Leistungsrückmeldung) gebunden ist, die sich je nach Art des Ärgers möglicherweise deutlich unterscheiden können. So wurde im vorangegangenen Kapitel gezeigt, dass die Ergebnisse zu den kognitiven Korrelaten des leistungsbezogenen Ärgers (vgl. Pekrun, 1992a; Weiner et al., 1979) Hinweise darauf liefern, dass Ärger neben einer externalen Zuschreibung von Verantwortlichkeit auch mit einer internalen Attribution sowie misserfolgsbezogenen Kognitionen ohne Interaktionsbezug einhergehen kann.

Bevor auf die emotionspsychologischen Theorien zu ärgerspezifischen Kognitionen genauer eingegangen wird, sollen aber zunächst kurz die mit Ärger einhergehenden Veränderungen in den übrigen vier Reaktionskomponenten erläutert werden.

2.3.1.1. Physiologische Komponente

Die Frage nach emotionsspezifischen Reaktionen des neuroendokrinen Systems sowie des autonomen Nervensystems wurde bereits Ende des 19. Jahrhunderts durch William James (1890) gestellt. James ging als Vertreter eines peripheralistischen Ansatzes davon aus, dass die Wahrnehmung eines Reizes zu viszeralen und muskulären Veränderungen führt. Die Rückmeldung dieser peripheren Veränderungen an das zentrale Nervensystem prägt dann das spezifische Erleben – das Gefühl im engeren Sinne; letztlich heißt dies: Ein Gefühl ist gleichzusetzen mit der wahrgenommenen körperlichen Veränderung. Folgerichtig liegen einzelnen Emotionen damit laut James spezifische physiologische Reaktionsmuster zugrunde, die er allerdings nicht weiter untersucht hat.

Cannon (1927) formulierte diesbezüglich eine zentralistische Gegenposition: Emotional getönte Reize lösen eine zentralnervöse *unspezifische* Erregung (kortikale Hemmung auf den Thalamus schwächt sich ab) aus, die eine erhöhte Ausschüttung von Adrenalin im Nebennierenmark bewirkt und ein physiologisches Reaktionsmuster in Gang setzt (z.b. verbesserte Durchblutung der Muskulatur, Beschleunigung kardiovaskulärer Prozesse), das den Organismus zu Kampf oder Flucht befähigt („fight-flight"-Reaktion). Damit sind Angst und Ärger von *identischen* physiologischen Prozessen begleitet. Das spezifische Emotionserleben ist also nicht von den physiologischen Reaktionen abhängig, sondern entwickelt sich über die Rückmeldung der Thalamusaktivierung an den Kortex (emotionsspezifische thalamische Aktivierungsmuster). Aussagen zu ärgerspezifischen physiologischen Reaktionen finden sich also weder bei James noch bei Cannon.

Demgegenüber existieren einige psychophysiologische Untersuchungen, die sich mit dem Vergleich der physiologischen Reaktionsmuster von Angst und Ärger beschäftigen. Ax (1953) induzierte bei Probanden Angst und Ärger und zeichnete dabei insgesamt 14 physiologische Parameter auf. Während Ärger von einer Erhöhung des diastolischen Blutdrucks sowie der Anzahl der Hautleitwertsreaktionen und der Muskelspannung bei abnehmender Herzrate begleitet war, erhöhte sich unter Angst das Hautleitwertsniveau, die Anzahl der Muskelspannungsspitzen und die Atemfrequenz (vgl. Hodapp et al., 1993). Zu ähnlichen Ergebnissen kamen die Studien von Funkenstein (1955) und Schachter (1957). Die Autoren erklärten die Befunde damit, dass es bei Angst zu einer erhöhten Ausschüttung von Adrenalin und bei Ärger eher zur Ausschüttung von Noradrenalin komme, sich also emotionsspezifische Mischungen der Katecholamine im Blut identifizieren lassen. Andere Studien konnten die Befunde zur Adrenalin-Noradrenalin-Hypothese allerdings nicht replizieren (vgl. Stemmler, 1989). Henry (1986) geht in diesem Zusammenhang davon aus, dass Ärger und Angst sich zwar nicht anhand der Ausschüttung einzelner Hormone, jedoch anhand komplexer neuroendokriner Muster (beteiligte Hormongruppen) differenzieren lassen. Entscheidend ist nach Henry die Bewertung eines Reizes hinsichtlich seiner situationalen Kontrollierbarkeit. Wird ein Reiz als unkontrollierbar eingeschätzt, werden basale Regionen der Amygdala aktiviert. In der Folge wird der Organismus durch eine starke

Adrenalinausschüttung sowie einen leichten Anstieg von Blutdruck, Herzfrequenz und Noradrenalin- sowie Cortisolspiegel auf eine Fluchtreaktion vorbereitet (Angst). Kontrollierbare aber bedrohliche Reize aktivieren zentrale Regionen der Amygdala. Hierbei kommt es dann zur Vorbereitung einer Kampfreaktion durch starke Erhöhung des Blutdrucks, der Herzfrequenz und des Noradrenalin-, Renin- und Testosteronspiegels bei nur leichter Erhöhung des Adrenalins und ohne Auswirkungen auf das Cortisol (Ärger).

Mit Stemmler (2000, S.485) lässt sich insgesamt konstatieren, dass die Mehrzahl der Studien zum Vergleich physiologischer Reaktionsmuster von Angst und Ärger zeigen, dass die Zunahme des diastolischen Blutdrucks, des peripheren Gefäßwiderstands und der Muskelaktivität höchstwahrscheinlich als ärgerspezifische Reaktionen betrachtet werden können.

Neben der Frage nach ärgerspezifischen autonomen Prozessen stellt sich die Frage nach zentralnervösen Strukturen, die für die Steuerung der Ärgeremotion verantwortlich sind. Panksepp (1989) leitet aus den Ergebnissen tierexperimenteller Forschung ab, dass nicht einzelne Gehirnstrukturen, sondern komplexe neuronale Schaltkreise („circuits") im Hypothalamus und im Limbischen System als Emotionssysteme fungieren. Er unterscheidet insgesamt fünf Systeme, die jeweils emotionsspezifisches Verhalten auslösen: Erwartung/Neugierde (Exploration, Annäherungsverhalten), Angst/Furcht (Fluchtverhalten), Kummer/Panik (Agitiertheit, Vokalisation), Spiel/Freude (soziales Spiel) und Ärger/Wut (Aggression, Kampfverhalten). Panksepp (1982, S. 411) betrachtet die Aktivität dieser neuronalen Schaltkreise als im Laufe der Phylogenese entstandene Reaktionsmuster in der Auseinandersetzung mit so genannten „life-challenging circumstances", also zentralen (Über-) Lebensherausforderungen. Der neuronale Schaltkreis „Wut" ist nach Panksepp (1989) in den Gehirnregionen zentrales Grau, medialer Hypothalamus und mediale Amygdala zu lokalisieren und wird hauptsächlich durch Hindernisse und Frustrationen aktiviert. Wichtige Neurotransmitter im Wutsystem sind Acetylcholin und Glutamat (vgl. Panksepp, 1989, S. 10).

Tomkins (1991) hingegen vertritt eine von Panksepp abweichende Theorie zur zentralnervösen Spezifität einzelner Emotionen. Er geht davon aus, dass Menschen über eine begrenzte Anzahl von so genannten „Affektprogrammen" (Emotionen) verfügen, die jeweils mit spezifischen Mustern zentralnervöser

Aktivität einhergehen. Die Emotionsqualität bestimmt sich danach, wie konstant und wie hoch die Reizstimulationsdichte im Zentralnervensystem (ZNS) ausfällt. Im Falle von Ärger ist die neuronale Stimulation durch eine sehr hohe und konstante Reizdichte charakterisiert. Dieses Muster zentralnervöser Erregung löst laut Tomkins dann emotionsspezifische Gesichtsbewegungen aus, deren Rückmeldung an das ZNS in Analogie zu James (1890) das subjektive Gefühl prägen. Mit dem ärgerspezifischen Gesichtsausdruck beschäftigt sich nun der folgende Abschnitt.

2.3.1.2. Ausdruckskomponente

Emotionen sind jeweils von einem spezifischen Ausdrucksverhalten begleitet, das sich in der Gesichtsmimik, der Stimme und den Körperbewegungen äußert. Die Ausdruckspsychologie beschäftigt sich mit der Identifizierung dieses emotionsspezifischen Ausdrucks sowie seiner Determinanten und Funktionen (vgl. Scherer & Wallbott, 1990). Hierbei konzentrierten sich die Forschungsbemühungen insbesondere auf die Frage nach angeborenen emotionsspezifischen Ausdrucksmustern im Gesicht.

Ausgangspunkt der psychologischen Forschung in diesem Gebiet sind die Arbeiten Darwins (1872/1998), der sich mit der phylogenetischen Entwicklung des Ausdrucksverhaltens befasste. Darwin ging davon aus, dass der für die einzelnen Emotionen charakteristische Gesichtsausdruck angeboren ist und sich im Laufe der Evolution deswegen behauptet hat, weil er wichtige Funktionen für das artspezifische Überleben ausfüllte. Hierbei lassen sich in Anlehnung an Scherer und Wallbott (1990) die organismischen Funktionen (Optimierung von Informationsaufnahme und -verarbeitung, Erregungsregulation, Energiebereitstellung und Handlungsvorbereitung, Bahnung adaptiver Verhaltensweisen) von den sozialen Funktionen des Emotionsausdrucks (Kommunikation von Zustand, Reaktion und Verhaltensintention, symbolische Repräsentation, Etablierung und Gestaltung sozialer Beziehungen) unterscheiden. Ärgerausdruck dient nach Darwin in erster Linie dazu, dem Gegner einen bevorstehenden Angriff zu signalisieren.

Ekman (1984, 1988) nahm als Schüler Darwins an, dass eine begrenzte Anzahl von Basisemotionen (Ärger, Ekel, Furcht, Freude, Traurigkeit, Überraschung) existiert, die mit einer spezifischen kulturuniversalen Mimik einhergehen. Ekman zeigte Probanden unterschiedlicher Kulturen in mehreren Untersuchungen (Ekman & Friesen, 1971; Ekman et al., 1987) Fotos des für die sechs Basisemotionen jeweils prototypischen Gesichtsausdrucks. Es zeigte sich, dass die Mehrzahl der Probanden[3] den jeweiligen Gesichtsausdruck der zugehörigen Emotion „korrekt"[4] zuordnen konnte. Eine Beschreibung der für die sechs Emotionen charakteristischen Mimik legen Ekman, Friesen und Tomkins (1971) mit der „Facial Affect Scoring Technique (FAST)" vor. Der für Ärger charakteristische Gesichtsausdruck ist geprägt durch (vgl. Scherer & Wallbott, 1990, S. 382; Weber, 1994, S. 21):

- ein Zusammenziehen der Augenbrauen,
- die „Zornesfalte" (als vertikale Linie zwischen den Brauen),
- angespannte Augenlider,
- einen stechenden Blick oder sogar das Hervortreten der Augen,
- das feste Zusammenpressen der Lippen oder das Öffnen des Mundes in eckiger Form und
- geweitete Nasenflügel.

Die angeborene Tendenz zu diesem charakteristischen Ärgerausdruck kann allerdings willentlich kontrolliert werden, sodass bei Ärger nicht zwangsläufig der korrespondierende Ausdruck beobachtbar ist. Ekman (1972) spricht in diesem Zusammenhang von so genannten Darstellungsregeln („display rules") als kultur- bzw. personenspezifischen Regeln über die Angemessenheit eines Gesichtsausdrucks im jeweiligen situationalen Kontext. Die Aktivität einer Darstellungsregel kann sich in der Verstärkung, Abschwächung, Neutralisierung (gleichgültige, emotionslose Mimik) oder Maskierung (Überdeckung des

---

[3] Bei der Emotion Ärger konnten die Gesichtsausdrücke je nach kultureller Zugehörigkeit von 67-84 % der Probanden korrekt identifiziert werden (vgl. Meyer et al., 1999, S.73).
[4] Das methodische Vorgehen Ekmans sowie die aus seinen Ergebnissen resultierende Schlussfolgerung, der Ausdruck der sechs Basisemotionen sei kulturinvariant, ist sehr umstritten. Ein Überblick zu den diesbezüglich wesentlichen Kritikpunkten findet sich bei Meyer et al. (1999, S. 74ff.).

eigentlichen Ausdrucks durch einen anderen emotionsspezifischen Ausdruck) äußern. Damit ist auch für den Ärgerausdruck in alltäglichen Leistungssituationen anzunehmen, dass er nur selten in prototypischer Form beobachtbar ist.

2.3.1.3. Motivational-aktionale Komponente

Neben spezifischen physiologischen Reaktionen und Ausdrucksformen hängen Emotionen auch mit jeweils typischen Handlungsimpulsen und Reaktionstendenzen zusammen.

Plutchik (1980; 1984) postuliert in seiner evolutionspsychologischen Emotionstheorie, dass Emotionen als Bestandteile *phylogenetisch erworbener Reaktionsprogramme* zur Bewältigung grundlegender Anpassungsaufgaben zu verstehen sind. Er differenziert acht fundamentale Reizklassen, die er mit den entsprechenden Reaktionsprogrammen in Verbindung bringt. Ein Reaktionsprogramm besteht dabei aus einer Kognition, einem Gefühl und einer Verhaltenstendenz sowie ihren Auswirkungen. Ärger wird nach Plutchik durch ein Hindernis ausgelöst, geht mit der Kognition „Feind" einher und löst Angriffsverhalten aus, das darauf abzielt, das Hindernis zu zerstören. Auch und gerade in evolutionstheoretischen Ärgerkonzepten (s. auch oben: Darwin, 1872/1998) findet sich also die Vorstellung wieder, dass Ärger stets mit der biologisch funktionalen Verhaltenstendenz der Zerstörung einer externen Barriere bzw. eines Feindes einhergeht. Die Übertragung dieser Annahme in die Gegenwart ist kritisch zu betrachten (vgl. Weber, 1994, S. 37/38), da zerstörerisches, aggressives Verhalten in heutigen Gesellschaften zumeist unerwünscht ist und sozialen Kontrollmechanismen unterliegt (s.o.: „display rules"), sodass Ärger im Alltag zumeist mit gemäßigteren Verhaltensweisen einhergeht.

Frijda (1986) nimmt eine im Sinne dieser Kritik weniger rigide Sichtweise ein. Er betrachtet *durch kognitive Einschätzungen ausgelöste Handlungsbereitschaften* („action tendencies") als Differenzierungskriterium für Emotionen und unterscheidet insgesamt 17 Handlungsbereitschaften. Die dem Ärger zugehörige Handlungsbereitschaft bezeichnet Frijda als „Antagonismus", die er als „tendency to remove obstacle, hurt, oppose or resist" (Frijda, 1987, S.133) definiert. Frijdas Verständnis der für Ärger typischen antagonistischen Verhaltensweisen unterscheidet sich demnach letztlich wenig von der Sichtweise Plutchiks. Dennoch finden sich bei genauerer Betrachtung der Studien Frijdas eine allgemeine Hyperaktivität („hyperactivation", „excitement") sowie eine Fokussierung der Aufmerksamkeit auf wichtige Situationsaspekte („attending") als weitere mit Ärger verbundene Handlungsbereitschaften (vgl. Frijda et al., 1989, S. 222). Insgesamt ist es sinnvoll, in Anlehnung an Frijda davon auszugehen, dass Ärger nicht fest an Kampf- und Zerstörungsverhalten gebunden ist, sondern dass hier vorsichtiger von einer allgemeinen *Handlungsbereitschaft* zur Beseitigung von Hindernissen auszugehen ist, die sich im Alltag in einer großen Vielfalt konkreter Verhaltensweisen äußern kann.

So wurde weiter oben bereits erläutert, dass Hindernisse bei der Bewältigung von Leistungsanforderungen zwar aus der Umgebung (sozialer Kontext, Objekte) der betroffenen Person resultieren können, dies aber nicht müssen: Mangelnde eigene Anstrengung oder Fähigkeit können ebenso entscheidende Barrieren im Leistungsprozess darstellen. Aus der Perspektive der vorliegenden Arbeit motiviert Ärger in der heutigen Zeit nicht nur archaisches Kampfverhalten, sondern eine Vielzahl von Handlungen, die im weiteren Sinne dazu angelegt sind (interne oder externe) Barrieren zu beseitigen. Die motivationalen Auswirkungen des leistungsbezogenen Ärgers sind nach Pekrun et al. (2002, S. 97) allerdings ambivalent: Einerseits reduziert Ärger die intrinsische Motivation[5] bei der Bewältigung von Aufgaben, andererseits kann er extrinsisch dazu motivieren, Barrieren im Leistungsprozess zu überwinden. Pekrun et al. (2002) untersuchten die Zusammenhänge einzelner Leistungsemotionen mit motivationalen Variablen bei Studenten (studienbezogenes Interesse, Anstrengung) in mehreren Quer- und Längsschnittstudien. Die Befunde sprechen eher für einen negativen

---

[5]Rheinberg (1995) weist darauf hin, dass dem Begriffspaar „intrinsische vs. extrinsische Motivation" in der motivationspsychologischen Literatur kein einheitliches Verständnis zugrunde liegt und beschreibt die Begriffe in Anlehnung an McReynolds (1971) wie folgt: „Intrinsisch motiviert sind nur solche Tätigkeiten, die allein um des Tätigkeitsvollzugs wegen ausgeführt werden. Alle Aktivitäten, die auf den Anreiz von Zielen oder Ereignissen gerichtet sind, sind damit extrinsisch." (Rheinberg, 1995, S.137, Hervorh. i. Orig.)

Zusammenhang leistungsbezogenen Ärgers mit der Motivation (r = -.42 für das Interesse am Studium bzw. r = -.26 für Anstrengung; vgl. Pekrun et al., 2002). Auch Hofmann (1997, S. 257) berichtet aus einer Tagebuchstudie mit Examensstudenten schwach negative Zusammenhänge zwischen dem auf die Examensprüfung bezogenen Ärger und der allgemeinen Lernmotivation.

2.3.1.4. Subjektive Komponente

Die subjektive Komponente beschreibt das spezifische Erleben, das mit einer Emotion einhergeht, also das *Gefühl* im engeren Sinne. Nach Weber (1994, S. 41) gibt es zwei grundlegende Ansätze zur Untersuchung subjektiv-erlebensbezogener Emotionsanteile. Hierzu zählt einerseits die Identifikation von Gefühlsqualitäten im Rahmen dimensionaler Ansätze sowie andererseits die Analyse alltagssprachlicher Emotionsbeschreibungen in Arbeiten der sprachbasierten Phänomenologie.

Dimensionale Ansätze beschreiben Gefühle anhand einer oder mehrerer Erlebnisdimension(en) und nehmen ihren Ursprung in den Arbeiten Wundts. Wundt (1911, S.458) kam mit Hilfe von Introspektionsmethoden zu dem Schluss, dass Gefühle sich nach den drei Dimensionen Lust/Unlust, Erregung/Beruhigung und Spannung/Lösung beschreiben lassen, allerdings nahm er keine Einordnung spezifischer Emotionen innerhalb dieses dreidimensionalen Raums vor. Eine solche dimensionsbezogene Einordnung spezifischer Emotionen findet sich im „Circumplex-Modell" von Russell (1980), das auf der Grundlage von Ähnlichkeitseinschätzungen für Emotionsbegriffe entwickelt wurde. Hier verteilen sich die Emotionen kreisförmig um einen neutralen Mittelpunkt im zweidimensionalen Raum mit den Achsen „unangenehm/angenehm" (Lust/Unlust bei Wundt) und „aktiv/passiv" (Erregung/Beruhigung bei Wundt). Ärger zählt nach diesem Modell zu den Emotionen, die mit dem Erleben von Unlust und Erregung verbunden sind, wobei sowohl Unlust als auch Erregung geringer ausgeprägt sind als z.B. bei Angst. Traxel und Heide (1961) ordnen Emotionen nach den beiden Dimensionen „angenehm/unangenehm" und „Submission/Dominanz": Ärger wird auch hier als ein unangenehmes Gefühl beschrieben, das darüber hinaus durch das Erleben moderat ausgeprägter Dominanz gekennzeichnet ist.

Dimensionalen Ansätzen – insbesondere den zwei- oder dreidimensionalen Ansätzen - mangelt es insgesamt an genauen Aussagen zu den spezifischen Erlebnisqualitäten einzelner Emotionen. Eine differenziertere Beschreibung des Ärgererlebens findet sich bei Bartlett und Izard (1972), die 229 Probanden aufforderten, sich an eine Situation zu erinnern, in der sie eine von acht Emotionen (Ärger, Furcht, Kummer, Schuld, Scheu, Freude, Interesse, Überraschung) erlebt hatten. Anschließend schätzten die Probanden ihr jeweiliges Erleben in den Situationen mit Hilfe der so genannten „Dimensions Rating Scale (DRS)" auf acht Dimensionen ein (vgl. Bartlett & Izard, 1972). Weber (1994, S.43) fasst die diesbezüglichen Befunde für den Ärger folgendermaßen zusammen:

„Im Vergleich zu allen anderen Emotionen erhält Ärger den höchsten Wert für *Impulsivität*, hohe Werte für *Aktiviertheit, Anspannung, Bedachtsamkeit*, jeweils den niedrigsten Wert für *Kontrolliertheit* und *Angenehmheit*; hinzu kommt, daß Ärger im Vergleich zu allen anderen negativen Emotionen den jeweils höchsten Wert für *Selbstvertrauen* und *Extraversion* erhalten hat. Was an den Ergebnissen überrascht, ist der hohe Wert an Bedachtsamkeit oder Vorsätzlichkeit, der die Impulsivität direkt konterkariert" (Weber, 1994, S.43, Hervorh. i. Orig.).

Der Hinweis Webers, Ärgererleben sei einerseits durch Bedachtsamkeit und andererseits durch Impulsivität charakterisiert, deutet darauf hin, dass sich Ärgererleben nicht einheitlich gestaltet, sondern dass sich hier offensichtlich unterschiedliche Erlebensformen abbilden. Diese Beobachtung deckt sich mit Ergebnissen sprachanalytischer Ansätze.

Sprachbasierte Ansätze erschließen emotionsspezifisches Erleben aus der Analyse alltagssprachlicher Emotionsbeschreibungen (vgl. Davitz, 1969; Lakoff & Kövecses, 1987; Mees, 1985, 1992). In dieser Arbeit soll stellvertretend der Ansatz von Mees (1985, 1992) in den Mittelpunkt gerückt werden, da dieser Ansatzpunkte für eine mögliche Differenzierung von Ärgerarten bietet. Mees (1985) hat 56 deutsche Emotionsbegriffe aus einer empirischen Studie von

Schmitz-Atzert und Ströhm (1983) einer Sprachanalyse unterzogen und daraus in Anlehnung an die kognitive Theorie von Ortony, Clore und Collins (1988, s.u.: Kap. 2.3.1.5.) ein Strukturmodell der Emotionen entwickelt. In seinem Strukturmodell unterscheidet Mees so genannte „Emotionstypen", die er folgendermaßen definiert:

„Mit Emotions*typ* ist jeweils eine Gruppe von Emotionen gemeint, denen (mindestens) ein konstitutives Merkmal gemeinsam ist und die sich v.a. im Ausmaß der mit den unterschiedlichen Emotionsbegriffen ausgedrückten Intensität unterscheiden" (Mees, 1992, S.8, Hervorh. i. Orig.).

Welche „konstitutiven Merkmale" sind für Mees nun zur Differenzierung der Emotionstypen entscheidend? In der folgenden Tabelle werden die Konstituenten in Anlehnung an Mees (1992) zunächst benannt, anschließend in der zweiten Spalte erläutert und dann in der dritten Spalte auf die Emotion Ärger angewandt:

Konstituente	Erläuterung der Konstituente	Spezifikation für die Emotion Ärger
Emotionstyp-Identifikation	Bezeichnung des Emotionstyps	Ärger-Emotionen als Verbindung von „Wohlergehen-Emotionen" (Leid) und „Attributions-Emotionen" (Vorwurf an andere)
Typ-Spezifikation	Art der Bewertungsreaktion (z.B. zufrieden/unzufrieden) und intentionales Objekt der Bewertung (z.B. Ereignisse, Tun/Lassen anderer oder Personen/Objekte)	Unzufriedenheit mit einem unerwünschten Ereignis aufgrund des tadelnswerten Tuns oder Lassens eines anderen (Verantwortlichkeit)
Liste von Varianten	lexikalisch differenzierbare Varianten, die sich einem Emotionstyp zuordnen lassen und durch Intensität oder spezifische Bedeutungsfacette unterscheidbar sind	Ärger, Belästigung, beleidigt, frustriert, empört, entrüstet, ergrimmt, gekränkt, sauer, Unmut, verärgert, Wut, Zorn
Typische Handlungen	typische Handlungen, die sich aus dem Erleben einer Emotion ergeben können, aber nicht müssen	drohen, schimpfen, sich beschweren, sich rächen, sich wehren
Intensitätsvariablen	Variablen, die die Intensität der jeweiligen Emotion beeinflussen können	Ausmaß der - Unerwünschtheit des Ereignisses und - Tadelnswürdigkeit des Tuns/Lassens
Prototypisches Beispiel		Mieter ärgern sich über den nächtlichen Lärm ihrer Nachbarn, der sie am Einschlafen hindert.

Tabelle 9: Konstitutive Merkmale von Emotions-Typen und ihre Spezifikation für den Ärger (vgl. Mees, 1992, S.30-32)

Die für Ärger-Emotionen vorgenommene Typ-Spezifikation zeigt, dass auch Mees Ärger grundsätzlich als Reaktion auf ein unerwünschtes Ereignis, für das ein anderer verantwortlich ist – also als soziale oder interpersonale Emotion – charakterisiert. Allerdings weist Mees explizit darauf hin, dass im Alltag so genannte „Sonderfälle" des Ärgers auftreten, die von der interpersonellen Variante abweichen (vgl. Mees, 1992, S.33). Hierzu zählt zunächst die fälschliche Zuschreibung von Verantwortung an Dinge und leblose Objekte, die personifiziert werden: Mees führt in diesem Zusammenhang Ärger über das Wetter, widerspenstiges Material oder den Computer als Beispiele an. Darüber hinaus beschreibt Mees den so genannten „Selbstärger" als weitere Variante, der zwar wie der interpersonelle Ärger mit einer Unzufriedenheit über ein unerwünschtes Ereignis einhergeht, aber abweichend davon mit einer Selbstzuschreibung von Verantwortlichkeit für das Ereignis verbunden ist. Die detaillierte Spezifikation des Selbstärgers durch Mees (1992, S. 57) findet sich in Tabelle 10:

Konstituente	Spezifikation für die Emotion „Selbstärger"
Emotionstyp-Identifikation	Selbstunzufriedenheits-Emotionen als Verbindung von „Wohlergehen-Emotionen" (Leid) und „Attributions-Emotionen" (Selbstvorwurf)
Typ-Spezifikation	Unzufriedenheit mit einem unerwünschten Ereignis aufgrund einer eigenen tadelnswerten Tat
Liste von Varianten	Selbstärger, Peinlichkeit, Scham, Verlegenheit
Typische Handlungen	sich entschuldigen, sich selbst tadeln, wiedergutmachen
Intensitätsvariablen	Ausmaß der - Unerwünschtheit des Ereignisses - beurteilten Tadelnswürdigkeit der eigenen Tat - vorgestellten oder als wirklich aufgefassten sozialen Missbilligung (nur für Peinlichkeit, Scham, Verlegenheit) - kognitiven Einheit mit dem Erzeuger (nur für Peinlichkeit, Scham, Verlegenheit)
Prototypisches Beispiel	Musikliebhaber ärgert sich über sich selbst, dass er sich nicht rechtzeitig um Karten für ein bestimmtes Konzert bemüht hat; nun ist es ausverkauft.

Tabelle 10: Spezifikation des Selbstärgers (vgl. Mees, 1992, S.57)

Das wesentliche Unterscheidungskriterium zwischen interpersonellem Ärger und Selbstärger ist also die Richtung der Verantwortlichkeitszuschreibung hinsichtlich des unerwünschten Ereignisses. Dabei kann der Vorwurf an die eigene Person nach Mees (1992) in drei Ausprägungen auftreten:

- die betroffene Person hat versehentlich einen vermeidbaren Fehler begangen und bezichtigt sich der Gedankenlosigkeit
- die betroffene Person kann einer Versuchung nicht widerstehen (z.B. Misslingen einer Diät)
- die betroffene Person unterlässt eine Handlung, was zwar kurzfristig attraktiv, aber langfristig mit negativen Konsequenzen verbunden ist (z.B. Kinobesuch anstatt Vorbereitung kurz vor einer Prüfung)

Nach Mees kann Selbstärger also sowohl infolge beabsichtigter als auch infolge unbeabsichtigter Taten bzw. Unterlassungen der betroffenen Person auftreten. Charakteristisch ist dabei in allen Fällen des Selbstärgers, dass man sich den Verstoß gegen eine persönliche Zielsetzung oder Norm vorwirft.

Wie oben bereits erwähnt, resultieren die Emotionsspezifikationen von Mees aus sprachlichen Analysen und nicht aus empirischen Studien. Dennoch beschreibt Mees mit dem „Selbstärger" ein Alltagsphänomen, dass in empirischen Studien zum Ärger im Allgemeinen und zum leistungsbezogenen Ärger im Speziellen bisher weitgehend vernachlässigt wurde. Dieses Defizit wurde im Verlauf des vorangegangenen Kapitels 2.2. unter Bezugnahme auf die Arbeiten von Weiner et al. (1979) und Pekrun (1992a) herausgearbeitet. Mit Hilfe des sprachanalytisch entwickelten Modells von Mees kann nun zumindest für die Ebene des Erlebens konkretisiert werden, was unter selbstbezogenem Ärger zu verstehen ist.

2.3.1.5. Kognitive Komponente

Sowohl im oben beschriebenen Modell von Mees (1985, 1992) als auch im empirisch gestützten Ansatz von Weiner (1986, 1995, vgl. Kap. 2.2.2.) werden Verantwortlichkeitszuschreibungen hinsichtlich eines unerwünschten Ereignisses als zentrale kognitive Determinanten des Ärgers betrachtet. Daher soll in einem nächsten Schritt überprüft werden, welche Aussagen kognitive Emotionstheorien zum Wesen des Ärgers machen. Von besonderem Interesse ist dabei die Frage, ob kognitive Ansätze die sprachanalytisch hergeleitete Annahme stützen, dass sich verschiedene Ärgerarten nach ihren jeweiligen Kognitionsinhalten (z.B. interne vs. externe Zuschreibung von Verantwortlichkeit) differenzieren lassen.

Kognitive Ansätze postulieren, dass einzelne Emotionen von spezifischen Einschätzungen oder Bewertungen der Umwelt begleitet sind. Der weiter oben bereits erläuterte attributionstheoretische Ansatz von Weiner (1985, 1996) ist also als besondere Variante kognitiver Theorien einzuordnen, da hier Ursachenzuschreibungen als Determinanten von Emotionsqualitäten betrachtet werden. Im Folgenden sollen die kognitiven Theorien von Smith und Lazarus

(1990), Roseman (1984), Ortony, Clore und Collins (1988) sowie Scherer (1984, 1993) bezüglich der Frage nach ärgerspezifischen Einschätzungs- und Bewertungsprozessen beleuchtet werden.

Lazarus und Smith (vgl. Lazarus & Smith, 1988; Smith & Lazarus, 1990) gehen davon aus, dass spezifische Emotionen auf der Grundlage eines zweistufigen Bewertungsprozesses entstehen. So wird innerhalb der primären Einschätzung („primary appraisal") eines Ereignisses zunächst nach dessen *motivationaler Relevanz* (Ausmaß der Wichtigkeit für die Motive und Bedürfnisse des Organismus) sowie nach dessen *motivationaler Kongruenz* (Ausmaß der Übereinstimmung des Ereignisses mit den Motiven und Bedürfnissen des Organismus) gefragt. Zusätzlich wird das Ereignis in der sekundären Einschätzung („secondary appraisal") auf den Dimensionen *Verantwortlichkeit für das Ereignis* („accountability"), *eigenes Coping-Potenzial zur Lösung mit dem Ereignis verbundener Probleme* („problem-focused coping potential"), *eigenes Potenzial zur Regulation mit dem Ereignis verbundener emotionaler Reaktionen* („emotion-focused coping potential") und *Zukunftsentwicklung* („future expectancy") bewertet. Während die zwei Fragen zur primären Einschätzung für alle Emotionen relevant sind, sind in der sekundären Einschätzung nur ausgewählte Bewertungsdimensionen für die Entstehung der jeweiligen Emotion ausschlaggebend. In diesem Zusammenhang sprechen Lazarus und Smith (1988, S.290) davon, dass einzelne Emotionen jeweils mit so genannten „core relational themes" – also einer charakteristischen Thematik – korrespondieren. Der für Ärger charakteristische Bewertungsprozess sieht nach Lazarus und Smith folgendermaßen aus: In der primären Einschätzung wird das Ereignis als motivrelevant und motivinkongruent bewertet, wobei in der sekundären Einschätzung die Frage nach der Verantwortlichkeit für das Ereignis zentrale Bedeutung erhält. Ärger entsteht demnach, wenn die Verantwortung für ein den persönlichen Motiven zuwider laufendes Ereignis anderen Personen zugeschrieben wird („other-accountability"), während eigene Verantwortlichkeit ein Schuldgefühl auslöst.

Nach Roseman (1984) bestimmen insgesamt vier kognitive Dimensionen über das Auftreten einer spezifischen Emotion. Analog zu der Konzeption von Lazarus und Smith erfolgt zunächst eine Bewertung des Ereignisses hinsichtlich seiner *Konsistenz mit persönlichen Motiven* („motive-consistency"). Darüber hinaus wird die Situation auf den Dimensionen *Gewissheit* („probability"), *Beeinflussung/ Verursachung* („agency") und *Macht* („power") eingeschätzt. Die Einschätzung der Gewissheit betrifft die Frage, ob ein Ereignis bereits aufgetreten ist, oder nur möglicherweise eintreten wird. Darüber hinaus kann auf der Dimension Verursachung differenziert werden, ob das Ereignis durch die eigene Person, andere Personen oder äußere Umstände verursacht ist. Schließlich erfolgt eine Bewertung der Machtverhältnisse in der jeweiligen Situation: Hierbei geht es darum, ob die betroffene Person sich in der stärkeren oder schwächeren Position fühlt. Ärger tritt nach Roseman dann auf, wenn ein bereits eingetretenes, motivkonsistentes Ereignis durch andere verursacht wurde und bei der betroffenen Person mit dem Empfinden eigener Stärke einhergeht. Auch Roseman beschränkt Ärger also auf die Fälle, in denen eine andere Person ein motivhinderliches Ereignis verursacht. Betrachtet sich die Person selbst als Verursacher, entstehen nach Roseman Scham und Schuld, werden hingegen die äußeren Umstände als ursächlich eingeschätzt, resultiert Frustration.

Eine weitere sehr umfangreiche kognitive Emotionstheorie stammt von Ortony, Clore und Collins (1988), die mit den ereignis-, handlungs- und objektfundierten Emotionen drei Gruppen von Emotionen unterscheiden. Ereignis-, handlungs- und objektfundierte Emotionen beziehen sich auf unterschiedliche Gegenstände (Ereignisse, Handlungen, Objekte) und gehen jeweils mit einschlägigen kognitiven Bewertungsprozessen einher. Ereignisfundierte Emotionen beziehen sich auf Ereignisse als Sachverhalte ohne verantwortlichen Urheber und beruhen auf Bewertungen der Erwünschtheit (z.B. Freude über das gute Wetter). Handlungsfundierte Emotionen implizieren eine Bewertung von willentlich beeinflussten Ereignissen hinsichtlich ihrer Lob- bzw. Tadelnswürdigkeit, wobei soziale und moralische Normen das zentrale Bewertungskriterium darstellen (z.B. Stolz über ein Leistungsergebnis). Objektfundierte Emotionen gehen als dritte Hauptgruppe mit einer Bewertung von Objekten (Personen, Tiere, nicht belebte Objekte) hinsichtlich ihrer Attraktivität einher (z.B. Ekel vor einer Spinne). Neben diesen drei großen Gruppen von Emotionen, existieren nach Ortony et al. (1988) insgesamt vier Emotionen – Selbstzufriedenheit, Reue, Dankbarkeit und Ärger – die als „Verbundemotionen" bezeichnet werden. Verbundemotionen stellen

Kombinationen aus ereignis- und handlungsfundierten Emotionen dar, dass heißt, die betroffene Person richtet ihre Aufmerksamkeit gleichzeitig auf die Erwünschtheit eines Ereignisses *und* auf die Lob- oder Tadelnswürdigkeit der Handlung, die das Ereignis verursacht hat. Im Falle des Ärgers wird ein Ereignis als unerwünscht bewertet, das aus der tadelnswürdigen Handlung einer anderen Person resultiert – betrachtet sich die Person selbst als Akteur, folgt hingegen Reue. Die kognitive Theorie von Ortony et. al (1988) sieht also – anders als das durch diese Theorie beeinflusste Strukturmodell der Emotionen von Mees (1985, 1992) – keine „Sonderfälle" der Ärgeremotion vor.

Insgesamt verbinden alle drei bisher genannten kognitiven Theorien Ärger also ausschließlich mit motivinkonsistenten oder unerwünschten Ereignissen, die als fremdverschuldet bewertet werden. Wie bereits dargelegt wurde, reicht diese konzeptionelle Beschränkung auf den sozialen Ärger für eine differenzierte Betrachtung des leistungsbezogenen Ärgers aus der Perspektive der vorliegenden Arbeit nicht aus. Daher soll hier mit der „Sequenztheorie emotionaler Differenzierung" von Scherer (1984, 1993) ein für die Differenzierung leistungsbezogener Ärgerarten besser geeignetes Modell zugrunde gelegt werden.

Scherer (1984, 1993) betrachtet spezifische Emotionen als Resultat einer Sequenz von Reiz- bzw. Ereignisbewertungen, die aus insgesamt 13 Prüfschritten („stimulus evaluation checks") mit fünf übergeordneten Bewertungsdimensionen besteht. Die Bewertungsdimensionen mit den dazugehörigen Prüfschritten sind in Tabelle 11 erläutert; in der dritten Tabellenspalte sind die für den Ärger charakteristischen Bewertungsergebnisse aufgeführt:

Bewertungsdimensionen und dazugehörige Prüfschritte	Zentrale Fragen des Prüfschritts	Ergebnis des Prüfschritts bei Ärger
Neuheit	Ist die Person bereits mit dem Reiz konfrontiert worden oder ist er neuartig?	Der Reiz/das Ereignis ist recht vertraut.
Angenehmheit	Handelt es sich um einen angenehmen oder unangenehmen Reiz?	Offen
Ziel/Bedürfnis-Bezug		
- Relevanz	Ist der Reiz bedeutsam für die Bedürfnisbefriedigung und Zielerreichung?	Das Ereignis ist von mittlerer Bedürfnis-/Zielrelevanz.
- Erwartung	Wurde der Reiz/das Ereignis erwartet bzw. ist es plangemäß?	Das Ereignis ist erwartungs- diskrepant.
- Dienlichkeit	Ist der Reiz für die Bedürfnisbefriedigung und Zielerreichung hinderlich oder förderlich?	Das Ereignis ist der Zielerreichung hinderlich.
- Dringlichkeit	Wie dringend ist eine Verhaltensreaktion auf den Reiz?	Eine Verhaltensreaktion ist von mittlerer Dringlichkeit.
Bewältigungsfähigkeit		
- Verursachung: „Agent"	Wer/Was hat das Ergebnis herbeigeführt (die Person selbst, andere Personen, äußere Umstände)?	Offen
- Verursachung: „Motiv"	Warum wurde das Ereignis herbeigeführt (gute/böse Absicht, Nachlässigkeit, Zufall)?	Offen
- Kontrolle	Wie hoch ist das Ausmaß der Kontrolle der betroffenen Person über das Ereignis und dessen Konsequenzen?	Die Kontrollmöglichkeiten sind hoch ausgeprägt.
- Macht	Erlaubt die Machtposition der betroffenen Person eine Einflussnahme auf die Geschehnisse?	Die Möglichkeit, Einfluss zu nehmen, ist von mittlerer Ausprägung.
- Anpassungsfähigkeit	Falls das Ereignis unkontrollierbar ist, kann sich die betroffene Person an die neue Situation anpassen?	Die Anpassungsfähigkeit ist hoch.
Normvereinbarkeit		
- extern	Ist das Ereignis mit sozialen Normen, kulturellen Konventionen oder Erwartungen persönlich bedeutsamer Personen vereinbar?	Die externe Normverein- barkeit des Ereignisses ist gering.
- intern	Ist das Ereignis mit inneren Verhaltens- standards, dem Selbstkonzept oder Selbstideal vereinbar?	Die interne Normverein- barkeit des Ereignisses ist gering.

Tabelle 11: Bewertungsdimensionen und Prüfschritte im Prozess der Emotionsentstehung, konkretisiert für die Emotion Ärger (in Anlehnung an Scherer, 1984; Scherer, 1993; Schneider & Scherer, 1988)

Wie Tabelle 11 demonstriert, wird Ärger in diesem Modell durch Reize ausgelöst, die recht vertraut aber erwartungsdiskrepant sind, sowie der

Zielerreichung im Wege stehen. Die Bewältigungsfähigkeit der betroffenen Person ist insgesamt als hoch einzuschätzen. Dabei ist das Ereignis sowohl durch eine niedrige externe als auch durch eine niedrige interne Normvereinbarkeit gekennzeichnet.

Anders als die Theorien von Lazarus und Smith (1988, 1990), Roseman (1984) und Ortony et al. (1988) geht Ärger in dieser Theorie *nicht* zwangsläufig mit einer externen Ursachenzuschreibung einher, sondern die Ursachen des Ereignisses können der eigenen Person, anderen Personen und äußeren Umständen zugeschrieben werden. In einer jüngeren Veröffentlichung differenziert Scherer zwischen der Ursachenzuschreibung bei Ärger („irritation/cold anger") und bei der intensiveren Wut („rage/hot anger", vgl. Scherer, 1993, S. 333). Während die Frage nach dem Verursacher bei Ärger offen bleibt - die Person selbst, andere Personen und äußere Umstände kommen als Verursacher in Betracht – hängt Wut immer mit einer Zuschreibung von Ursachen eines zielhinderlichen Ereignisses an andere Personen zusammen. Hinsichtlich der Beweggründe des jeweiligen Verursachers kann das zielhinderliche Ereignis bei Ärger sowohl auf Intentionalität als auch auf Nachlässigkeit zurückgeführt werden, bei Wut wird das Ereignis jedoch stets als absichtlich herbeigeführt bewertet. Damit entspricht das Bewertungsmuster, das Scherer mit Wut verbindet, der prototypischen Variante des sozialen Ärgers in den übrigen kognitiven Theorien.

Mit Scherer (1993) soll hier also davon ausgegangen werden, dass Ärger im Unterschied zur Wut mit einer Ursachenzuschreibung an die eigene Person, andere Personen oder äußere Umstände einhergehen kann. Ärger nach einer Leistungsrückmeldung wird in dieser Arbeit als emotionale Reaktion einer Person auf die Bewertung *ihres Verhaltens bzw. der von ihr erreichten Verhaltensergebnisse* nach einem Gütemaßstab verstanden. Da das eigene Verhalten der betroffenen Person in der Bewertungssituation im Mittelpunkt des Interesses steht, soll angenommen werden, dass Ärger sich gerade in diesem situativen Kontext auch auf das eigene Verhalten beziehen kann. Dabei ist selbstbezogener Ärger als emotionale Reaktion auf ein Leistungsergebnis zu verstehen, das mit einem gesetzten Gütemaßstab nicht vereinbar ist. Dieser Gütemaßstab kann in Anlehnung an Scherer (s.o.: externe und interne Normvereinbarkeit) sowohl eine externe Leistungsnorm (soziale Norm,

Erwartungen des sozialen Umfelds) als auch eine interne Leistungsnorm (interner Leistungsstandard, Selbstkonzept) darstellen. So zeigte sich z.b. in den weiter oben referierten Befunden von Pekrun (1992a, vgl. Kap. 2.2.3.2.) zu den kognitiven Korrelaten spezifischer Leistungsemotionen, dass leistungsbezogener Ärger häufig mit der Einschätzung einhergeht, die eigene Kompetenz sei hoch (als interner Leistungsstandard), wobei diese Einschätzung von Zweifeln begleitet ist (geringe Normvereinbarkeit des Leistungsergebnisses). Es ist also anzunehmen, dass gerade nach Leistungsrückmeldungen, die ein Misserfolgserlebnis für die betroffene Person darstellen, besonders häufig selbstbezogener Ärger erlebt wird.

Nachdem die Ärgeremotion nun anhand der für sie charakteristischen Reaktionen in den fünf Emotionskomponenten vorgestellt und mit Hilfe der kognitiven Theorie Scherers ein differenziertes Verständnis des leistungsbezogenen Ärgers entwickelt wurde, wird sich die Arbeit anschließend der Phase der Ärgerauslösung zuwenden. Dazu wird eine Klassifikation potenziell Ärger auslösender Situationen von Weber (1994) vorgestellt, die mit dem oben erarbeiteten Ärgerkonzept dieser Arbeit korrespondiert.

2.3.2. Ärger auslösende Situationen

Nach Schwenkmezger und Hodapp (1993) umfasst die Ärgerauslösung drei Komponenten: die Ärger auslösende Situation, ihre kognitive Bewertung durch die betroffene Person sowie die personspezifische Ärgerneigung. Die ärgerspezifischen kognitiven Bewertungsprozesse wurden bereits im vorangegangenen Kapitel eingehend erläutert. Mit dem Konzept der Ärgerdisposition wird sich das Kapitel 2.3.3. befassen. Hier soll es nun zunächst um die Frage gehen, ob sich typische Merkmale Ärger auslösender Situationen identifizieren lassen, die auch für Situationen der Leistungsrückmeldung kennzeichnend sind.

Weber (1994) hat aggressions- und emotionstheoretische Befunde, Fragebogenverfahren zum Ärger und Studien, in denen Ärgerepisoden gesammelt und klassifiziert wurden, gesichtet und kommt zu folgendem Ergebnis:

„Frustration, physische und verbale Angriffe, Ärgernisse, Verletzung von sozialen Regeln, fahrlässig herbeigeführter Schaden und eine Unzahl an einzelnen, konkreten Vorfällen: So sehen die Angebote aus, die aus den theoretischen und empirischen Ansätzen vorliegen und allesamt können sie als ärgerinduzierend überzeugen. Ein Ordnungsschema, das diese bunte Mischung befriedigend strukturiert, fehlt" (vgl. Weber, 1994, S.138).

Weber (1994) nimmt dies zum Anlass, ein im Vergleich zu den bisher dargestellten Ärgerkonzepten kognitiver Emotionstheorien erfreulich weit gefasstes Ordnungsschema Ärger auslösender Situationen zu entwickeln. Dazu integriert die Autorin den aggressionstheoretischen Ansatz von Buss (1961) mit emotionstheoretischen Überlegungen Averills (1982). Beide Perspektiven zur Ärgerauslösung sollen zum besseren Verständnis des daraus entwickelten Ordnungsschemas kurz erläutert werden.

Vertreter der Aggressionstheorien befassen sich vorrangig mit den Auslösebedingungen aggressiven *Verhaltens* und nur in zweiter Linie mit der Auslösung so genannter „aggressions-affiner Emotionen" wie Ärger, Wut und Zorn (vgl. Selg et al., 1997, S. 8). Dollard et al. (1939) haben in diesem Zusammenhang die Frustrations-Aggressions-Hypothese formuliert, die in ihrer ursprünglichen Fassung besagt, dass Aggression *immer* Folge von Frustration sei und Frustration *immer* zu Aggression führe. Frustration wird dabei als die Blockierung oder Behinderung zielbezogenen Verhaltens definiert. Berkowitz (1962) revidierte diese Hypothese durch die Argumentation, Aggression sei lediglich eine *mögliche* Folge von Aggression. So wird Aggression nach Berkowitz nur dann ausgelöst, wenn die betroffene Person auf das frustrierende Ereignis mit Ärger und nicht mit Furcht reagiert – dies ist der Fall, wenn die eigenen Ressourcen zur Situationsbewältigung als ausreichend eingeschätzt werden - und zusätzlich situative Hinweisreize mit aggressiver Bedeutung (z.B. Waffen) vorliegen.

Buss (1961) hat über die Frustration hinaus nach weiteren aggressionsauslösenden Bedingungen gesucht. Er geht davon aus, dass aggressives Verhalten in der Mehrzahl der Fälle auch mit dem Erleben von Ärger verbunden ist (vgl. Buss, 1961, S. 1), sodass die von ihm benannten Aggressionsauslöser nach Weber (1994, S.120) gleichzeitig auch als potenzielle

Ärgerauslöser interpretiert werden können. Ärgerauslöser nach Buss sind neben der *Frustration* auch die so genannten „*noxious stimuli*" (schädigende Reize), die er weiter in „*attack*" (Angriffe) und „*annoyers/irritants*" (als „Ärgernisse" übersetzbar, vgl. Weber, 1994, S.120) unterteilt. Unter *Frustration* fasst Buss Hindernisse bei der Ausführung instrumenteller Handlungen, Belohnungsentzug, Störungen der Aufmerksamkeit durch Distraktoren und Konflikte zwischen konkurrierenden Handlungsalternativen. *Angriffe* stellen physische oder verbale Attacken dar. Die „*annoyers*" oder „*Ärgernisse*" definiert Buss als irritierende oder aversive Reize, wie unangenehme Gerüche oder störende Eigenschaften oder Gewohnheiten anderer Personen.

Weber (1994) greift diese aus aggressionstheoretischer Perspektive formulierten Bedingungen von Buss (Frustration, Angriffe und Ärgernisse) als Ausgangspunkt für ihr Ordnungsschema Ärger auslösender Situationen auf und ergänzt sie um die aus emotionstheoretischer Sicht prototypische Auslösebedingung (s. Kap. 2.3.1.5.) der *Regelverstöße*. Unter Bezugnahme auf die Arbeiten von Averill (1982) liegen Ärger auslösende Regelverstöße vor, wenn der betroffenen Person durch andere Personen ein regelwidriger, also ungerechtfertigter und vermeidbarer Schaden zugeführt wird. Insgesamt liegen mit den genannten Bedingungen also zunächst vier mögliche „Tatbestände" der Ärgerauslösung vor.

Weber geht nun davon aus, dass die vier „Tatbestände" in unterschiedlichen „Opfer-Täter-Konstellationen" - der jeweilige Täter kontrolliert die Ärger auslösende Situation - auftreten können und damit *nicht* auf den für die oben genannten kognitiven Ansätze charakteristischen Fall der Auslösung oder Kontrollierbarkeit durch andere begrenzt sind. Als Ergebnis dieser Überlegungen entsteht das folgende Schema potenziell Ärger auslösender Situationen:

Tatbestände	Opfer-Täter-Konstellationen (Opfer jeweils an erster Stelle genannt)				
	Ich/anderer	Ich/Objekt	Ich/Ich	Dritte/anderer	Objekt/Ich-anderer
Frustrationen					
Widerstand	x	x	x	x	
Störungen	x	x	x	x	
Belohnungsentzug	x	x	x	x	
Angriffe					
Körper/Besitz	x	x	x	x	
Selbstwert	x		x	x	
Autonomie	x			x	
Privatsphäre	x			x	
Regelverstöße					
Allgemeine	x		x	x	x
Beziehungsspezifische	x		x		
Persönliche	x		x		x
Ärgernisse					
Merkmale des Täters	x	x	x		
Täter ist Quelle aversiver Reize	x	x	x		

Abbildung 2: Ärger auslösende Situationen angelehnt an Weber (1994, S.142)
Anmerkung: x = mögliche Opfer-Täter-Konstellation in einer Ärger auslösenden Situation

In Anlehnung an Buss (1961) fasst Weber *Frustrationen* als Blockierung zielgerichteter Handlungen durch Widerstände, Störungen und die Verweigerung von Belohnungen. *Angriffe* beziehen sich auf Verletzungen von Körper/Besitz, Selbstwert/Würde, Autonomie und Privatsphäre. *Ärgernisse* stellen Merkmale oder Eigenschaften von Personen oder Objekten dar, die Gereiztheit hervorrufen (z.B. Lärm oder Gewohnheiten einer Person). Unter *Regelverletzungen* fallen in Anlehnung an Averill (1982) die Verletzung allgemeiner oder persönlicher Regeln sowie beziehungsspezifischer Vereinbarungen. Sowohl Frustrationen als auch Angriffe, Ärgernisse und

Regelverletzungen können, wie oben bereits erwähnt, nach Weber in fünf unterschiedlichen Opfer/Täter-Konstellationen auftreten, wobei von dem Täter jeweils die Frustration, der Angriff, das Ärgernis oder die Regelverletzung ausgeht. So enthält Abbildung 2 neben der Konstellation „Ich als Opfer, der andere als Täter" auch die Konstellationen „Ich als Opfer, ich als Täter", „Ich als Opfer, ein Objekt als Täter", „Dritte als Opfer, andere als Täter" (Beobachterperspektive) und „Ein Objekt als Opfer, ich oder andere als Täter". Welchen Tatbeständen und Opfer-Täter-Konstellationen innerhalb des Ordnungsschemas können nun negative, Ärger auslösende Leistungssituationen zugeordnet werden?

Als Opfer-Täter-Konstellationen in Leistungssituationen kommen unter Bezugnahme auf Scherers (1993) Annahme, Ärger könne mit einer Zuschreibung von Verantwortlichkeit an andere, an sich selbst und an äußere Umstände einhergehen, folgende Konstellationen in Betracht: „Ich als Opfer, der andere als Täter" (prototypischer sozialer Ärger), „Ich als Opfer, ein Objekt als Täter" (objektbezogener Ärger) und „Ich als Opfer, ich als Täter" (selbstbezogener Ärger).

Die Tatbestände hingegen geben Aufschluss darüber, für welches „Vergehen" dem jeweiligen Täter Verantwortlichkeit zugeschrieben wird. Im Falle des *sozialen Ärgers* im Leistungskontext (ein anderer als Täter) kommen die Tatbestände der Frustration (z.B. Störungen bei der Aufgabenbewältigung durch andere Personen), des Angriffs (z.B. Angriff auf den Selbstwert der betroffenen Person durch eine ungerechte Leistungsbewertung) und der Regelverletzung (z.B. Verletzung sozialer Regeln durch destruktive Kritik oder eine ungerechte Bewertung) in Betracht. Im Falle des *selbstbezogenen Ärgers* im Leistungskontext (ich als Täter) ist es eher unwahrscheinlich, das die betroffene Person sich selbst eine bewusst herbeigeführte Frustration oder einen Selbstwertangriff vorwirft. Hier kommt als Tatbestand demnach in erster Linie die Regelverletzung als Verstoß gegen externe (z.B. Erwartungen des sozialen Umfelds) oder interne Leistungsnormen (z.B. interner Leistungsstandard, Erwartungen an die eigene Kompetenz) im Sinne einer mangelnden externen oder internen Normvereinbarkeit des Leistungsergebnisses (s. S. 55 in dieser Arbeit: Scherer, 1993) in Frage. *Aufgaben- bzw. Objektbezogener Ärger* (das Objekt als Täter) kann sich im Leistungskontext auf die Aufgabe selbst (z.B.

Ärger über eine langweilige Aufgabe) oder auf die zur Aufgabenbewältigung benötigten Arbeitsmittel beziehen (z.b. wiederholter Absturz eines zur erfolgreichen Aufgabenbewältigung benötigten EDV-Systems). In der Terminologie Webers können Objekte damit einerseits den Tatbestand der Frustration (durch Objekte verursachte Störungen bei der Aufgabenbewältigung) erfüllen und andererseits auch als Quelle aversiver Reize, also als Ärgernisse betrachtet werden.

Insgesamt lassen sich also anhand der emotionstheoretischen Überlegungen Scherers (1993) und der Klassifikation Ärger auslösender Situationen von Weber (1994) kognitive und situative Determinanten unterschiedlicher Ärgerarten im Leistungskontext auf theoretischer Ebene differenzieren.

Weiter oben wurde bereits darauf hingewiesen, dass die Ärgerauslösung neben der Situation und ihrer kognitiven Bewertung durch die betroffene Person auch durch die personspezifische Ärgerneigung beeinflusst wird. Daher soll im letzten Abschnitt dieses Kapitels das Konzept der Ärgerdisposition vorgestellt und hinsichtlich seiner Anwendbarkeit auf den leistungsbezogenen Ärger überprüft werden. Darüber hinaus werden Ärgerausdrucksformen als habituelle *Ärgerverarbeitungsstrategien* eingeführt und von den in dieser Arbeit differenzierten Ärgerarten (selbstbezogener, objektbezogener, sozialer Ärger) als Varianten der Ärgererscheinung abgegrenzt.

2.3.3. Ärgerdisposition und habituelle Ärgerausdrucksweisen

Innerhalb der Darstellung zur Prüfungsangst (vgl. Kap. 2.2.1.) wurde bereits die von Spielberger (1972) entwickelte Differenzierung zwischen Zustandsangst („state-anxiety") als vorübergehendem emotionalen Zustand und Eigenschaftsangst („trait anxiety") als stabiler Neigung bzw. Disposition, in bedrohlichen Situationen mit Zustandsangst zu reagieren, vorgestellt. Spielberger, Jacobs, Russell und Crane (1983) haben diese State-Trait-Differenzierung später auf den Ärger übertragen. Nach Schwenkmezger, Hodapp und Spielberger (1992, S. 9) ist Zustandsärger definiert als

„...emotionales Bedingungsgefüge, welches aus subjektiven Gefühlen der Spannung, Störung, Irritation und Wut besteht, begleitet von einer Aktivierung des autonomen Nervensystems."

Ärger als Eigenschaft beschreibt nach Schwenkmezger et al. (1992, S. 9) hingegen:

„...die Repräsentation interindividueller Unterschiede in der dispositionellen Neigung von Personen, eine große Bandbreite von Situationen als störend oder frustrierend wahrzunehmen und in einer solchen Situation mit einer Erhöhung des Ärgerzustands zu reagieren."

Ein erhöhter Trait-Ärger geht also sowohl mit dem Erleben eines subjektiv größeren Spektrums Ärger auslösender Situationen als auch mit einer erhöhten Intensität des State-Ärgers einher. Insgesamt determiniert die Interaktion zwischen Situationsmerkmalen und Ärgerdisposition die Auslösung einer Ärgerreaktion. In der Terminologie von Schwenkmezger und Hodapp (1993) trägt Trait-Ärger somit zur Ärgerauslösung bei, während State-Ärger die Ärgererscheinung bezeichnet.

Auf dem Hintergrund des State-Trait-Ärgermodells entwickelte Spielberger (1988) das „State-Trait-Anger-Expression-Inventory (STAXI)", das seit 1992 als „State-Trait-Ärgerausdrucks-Inventar" (vgl. Schwenkmezger et al., 1992) auch in einer deutschen Fassung vorliegt. Das STAXI ist nach Weber (1994, S.89) „das derzeit einflußreichste standardisierte Verfahren zur Erfassung von Ärger und Ärgerausdruck". Es umfasst insgesamt 44 Items, die sich auf die fünf folgenden Skalen verteilen:

- Ärger-Zustandsskala (State-Anger; S-A; 10 Items)
- Ärger-Dispositionsskala (Trait-Anger; T-A ; 10 Items)

- 3 Ärgerausdrucksskalen (insgesamt 24 Items)
  - Skala zur Erfassung von nach innen gerichtetem Ärger (Anger-in ; AI)
  - Skala zur Erfassung von nach außen gerichtetem Ärger (Anger-out; AO)
  - Ärger-Kontroll-Skala (Anger-Control; AC).

Die zehn Items der Ärger-Dispositionsskala können weiter in die Subskalen Ärger-Temperament (angry temperament; TA/T) und Ärger-Reaktion (angry reaction; TA/R) unterteilt werden. Dabei erfassen die TA/T-Items die Neigung, Ärger auch ohne Provokation zu erleben und auszudrücken, während die TA/R-Items interindividuelle Unterschiede in der Tendenz zu Ärgerreaktionen nach Provokation (Kritik und ungerechte Behandlung) abbilden.

In der vorliegenden Arbeit stellt sich die Frage, ob sich die von Spielberger anhand der Skala zum Trait-Ärger operationalisierte *generelle* Ärgerneigung auch zur Diagnostik der Ärgerneigung in Leistungssituationen (als spezifischer situativer Kontext) eignet. Dahinter steht letztlich die Frage, ob tatsächlich von der Existenz einer allgemeinen, situationsunabhängigen oder von unterscheidbaren situationsspezifischen Ärgerneigungen auszugehen ist. So haben Spielberger et al. (1980) z.B. im Rahmen der State-Trait-Differenzierung der Angst neben dem „State-Trait-Anxiety-Inventory (STAI)" (Spielberger, 1983; Spielberger et al., 1970) mit dem TAI („Test Anxiety Inventory", vgl. Kap. 2.2.1.) auch ein Instrument zur Messung der Prüfungsängstlichkeit als *situationsspezifische* Angstneigung vorgelegt.

Die Ärger-Dispositionsskala des STAXI besteht aus den folgenden Items:

1. „Ich werde schnell ärgerlich."
2. „Ich rege mich leicht auf."
3. „Ich bin ein Hitzkopf."
4. „Es macht mich zornig, wenn ich vor anderen kritisiert werde."
5. „Ich bin aufgebracht, wenn ich etwas gut mache und ich schlecht beurteilt werde."
6. „Wenn ich etwas vergeblich mache, werde ich böse."
7. „Ich koche innerlich, wenn ich unter Druck gesetzt werde."
8. „Wenn ich gereizt werde, könnte ich losschlagen."
9. „Wenn ich wütend werde, sage ich häßliche Dinge."
10. „Es ärgert mich, wenn ausgerechnet ich korrigiert werde."

Ein Vergleich dieser zehn Items mit den oben referierten potenziell Ärger auslösenden „Tatbeständen" nach Weber (1994) verdeutlicht, dass die Trait-Ärger-Skala – dies gilt vor allem für die Subskala Ärger-Reaktion (Items 4,5,6,7 und 10) - hauptsächlich die Disposition zum Erleben des prototypischen sozialen Ärgers abbildet. So stellen z.B. die Items 5 („Ich bin aufgebracht, wenn ich etwas gut mache und ich schlecht beurteilt werde."), 7 („Ich koche innerlich, wenn ich unter Druck gesetzt werde.") und 10 („Es ärgert mich, wenn ausgerechnet ich korrigiert werde.") typische Beispiele für Frustrationen, Selbstwertangriffe oder Regelverletzungen dar, die von *anderen Personen* ausgehen.

Wie oben angenommen wurde, können gerade Situationen der Leistungsbewertung ein hohes Potenzial zur Auslösung von Ärger über die eigene mangelnde Anstrengung oder Fähigkeit im betreffenden Anforderungsbereich im Sinne der Verletzung einer internen oder externen Leistungsnorm bergen. Die Itemformulierungen zeigen jedoch, dass die Neigung zu selbstbezogenen Ärgerreaktionen mit der Trait-Ärger-Skala des STAXI nicht operationalisiert ist. Daher kann vermutet werden, dass die mit dem STAXI gemessene Ärgerneigung zur Vorhersage von Ärgerreaktionen in Situationen der Leistungsbewertung nicht ausreichend ist. Dies würde dann eine Erweiterung des Instruments um Items zur Erfassung weiterer spezifischer

Ärgerneigungen nahe legen. Der Frage nach der Validität der Trait-Ärger-Skala in Leistungssituationen wird innerhalb des in dieser Arbeit durchgeführten Experiments nachgegangen (vgl. Kap. 3.3. und 4).

Neben dem State- und dem Trait-Ärger erfasst das STAXI zusätzlich habituelle Ärgerausdrucksweisen. Schwenkmezger et. al (1992, S.9) verstehen unter Ärgerausdrucksweisen „spezifische Formen von Ärgerverarbeitungsstrategien", also Formen des Umgangs mit dem erlebten Ärger als dispositionelle Merkmale. Spielberger (1988) differenziert mit den STAXI-Skalen *„anger-out"*, *„anger-in"* und *„anger-control"* drei Dimensionen des Ärgerausdrucks.

Anger-out beschreibt den nach außen gerichteten Ärger, der sich in verbalen oder physischen Angriffen gegen andere Personen, Objekte oder auch die eigene Person manifestiert (Beispielitem: „Ich mache häßliche Bemerkungen."). *Anger-in* beschreibt den nach innen gerichteten Ärger, also die Unterdrückung einer Äußerung erlebten Ärgers sowie den Rückzug von der Umwelt (Beispielitem: „Ich fresse Dinge in mich hinein."). *Anger-Control* beschreibt das Bemühen, den erlebten Ärger zu kontrollieren bzw. ihn in sozial angemessener Form zu kommunizieren (Beispielitem: „Ich versuche, tolerant und verständnisvoll zu reagieren."). In Validierungsstudien zur deutschen Fassung des STAXI an einer studentischen sowie einer bevölkerungsrepräsentativen Stichprobe (vgl. Schwenkmezger et al., 1992) zeigte sich, dass die Skalen Anger-out und Anger-in weitgehend unabhängig voneinander sind, also nicht oder nur sehr schwach interkorrelieren. Anger-Control korreliert erwartungsgemäß negativ mit Anger-out und schwach positiv mit Anger-In.

In dieser Arbeit erscheint es für das Begriffsverständnis zentral, die genannten Ärgerausdrucksweisen von den oben differenzierten leistungsbezogenen Ärgerarten abzugrenzen. Selbstbezogener, objektbezogener und sozialer Ärger in Leistungssituationen werden in dieser Arbeit als Varianten der *Ärgererscheinung* verstanden, die sich über die jeweils charakteristischen kognitiven Einschätzungs- und Bewertungsprozesse (interne vs. externe Verantwortlichkeitszuschreibungen) abgrenzen lassen. Davon unabhängig lassen sich mit den Ärgerausdrucksweisen Anger-out, Anger-in und Anger-Control Strategien der Ärgerverarbeitung unterscheiden, die im Umgang mit allen drei Varianten der Ärgererscheinung eingesetzt werden können. Die einzelnen

Ausprägungen leistungsbezogenen Ärgers sind also nicht an bestimmte Ärgerverarbeitungsstrategien gebunden.

2.3.4. Zusammenfassung

In Kapitel 2.2. wurden traditionelle und aktuelle Ansätze zur Leistungsemotionalität (Weiner 1985, 1995; Pekrun & Frese, 1992) hinsichtlich ihrer Konzeptionalisierung des leistungsbezogenen Ärgers einer kritischen Betrachtung unterzogen. Darauf aufbauend wurde die Annahme formuliert, dass Ärger im Leistungskontext nicht nur als sozialer Ärger, sondern auch in Form anderer Ärgerarten auftreten kann, die in bisherigen theoretischen Ansätzen zur Leistungsemotionalität nicht systematisch berücksichtigt werden. In Kapitel 2.3. wurden daher allgemeinpsychologische, nicht auf den Leistungskontext begrenzte Theorien und Konzepte zur Ärgeremotion herangezogen, um weitere Hinweise für eine mögliche Differenzierung leistungsbezogener Ärgerarten zu sammeln und zu integrieren.

In Form einer ersten Annäherung ließ sich die Ärgererscheinung auf der Grundlage des Komponenten-Prozess-Modells der Emotion von Scherer (1990) als ein Syndrom charakteristischer physiologischer, expressiver, motivationaler, subjektiv-erlebensbezogener und kognitiver Reaktionen beschreiben. Bei der Betrachtung der einzelnen Ärgerkomponenten fanden sich Hinweise auf unterscheidbare Ärgerarten zunächst in sprachbasierten Ansätzen, die emotionsspezifisches subjektives Erleben über die Analyse alltagssprachlicher Emotionsbeschreibungen untersuchen. So beschreibt Mees (1992) als Vertreter dieses Forschungsansatzes neben dem prototypischen sozialen Ärger (als „Unzufriedenheit mit einem unerwünschten Ereignis aufgrund des tadelnswerten Tuns oder Lassens eines anderen", S.30) den so genannten „Selbstärger" („als Unzufriedenheit mit einem unerwünschten Ereignis aufgrund einer eigenen tadelnswerten Tat", S.57) als „Sonderfall" des Ärgers.

Im Gegensatz dazu gehen die kognitiven Emotionstheorien von Lazarus und Smith (1988), Roseman (1984) sowie Ortony, Clore und Collins (1988), die sich mit emotionsspezifischen Bewertungs- und Einschätzungsprozessen befassen, davon aus, dass das Erleben von Ärger stets mit der Einschätzung verbunden ist, ein unerwünschtes Ereignis sei durch Fremdverschulden herbeigeführt worden. Diese konzeptionelle Beschränkung auf den sozialen Ärger hat auch die in Kapitel 2.2. beschriebenen Konzeptionalisierungen zum leistungsbezogenen Ärger bisher dominiert und steht einer Differenzierung leistungsbezogener Ärgerarten entgegen.

Da in Situationen der Leistungsbewertung das eigene Verhalten der betroffenen Person im Mittelpunkt des Interesses steht, ist allerdings anzunehmen, dass gerade negativ geprägte Leistungssituationen im Sinne von Misserfolgserlebnissen ein hohes Potenzial zur Auslösung selbstbezogener Ärgerreaktionen bergen. Daher wurde der vorliegenden Arbeit mit der „Sequenztheorie emotionaler Differenzierung" von Scherer (1984, 1993) ein auch für den Leistungskontext geeignetes Verständnis ärgerspezifischer Bewertungsprozesse zugrunde gelegt. Nach Scherer ist Ärger (im Unterschied zu Wut) *nicht* zwangsläufig an eine externe Ursachenzuschreibung gebunden und geht darüber hinaus mit der Einschätzung einher, dass ein Ereignis mit externen oder internen Normen unvereinbar ist.

Die Annahmen Scherers zu ärgerspezifischen kognitiven Prozessen wurden in einem nächsten Schritt zu der von Weber (1994) entwickelten Kategorisierung so genannter Ärger auslösender Tatbestände in Beziehung gesetzt. Die Integration beider Ansätze ermöglichte eine theoretische Abgrenzung von *selbstbezogenem, aufgaben- bzw. objektbezogenem* und *sozialem Ärger* im Leistungskontext. *Sozialer Ärger* wird hier als emotionale Reaktion auf durch andere Personen verursachte Frustrationen (z.B. Störungen bei der Aufgabenbewältigung durch andere Personen), Angriffe (z.B. Angriff auf den Selbstwert der betroffenen Person durch eine ungerechte Leistungsbewertung) und Regelverletzungen (z.B. Verletzung sozialer Regeln durch destruktive Kritik oder eine ungerechte Bewertung) verstanden. *Selbstbezogener Ärger* bezeichnet eine emotionale Reaktion auf eine durch die eigene Person begangene Regelverletzung als Verstoß gegen externe (z.B. Erwartungen des sozialen Umfelds) oder interne Leistungsnormen (z.B. interner Leistungsstandard, Erwartungen an die eigene Kompetenz). *Aufgaben- bzw. objektbezogener* Ärger stellt schließlich eine emotionale Reaktion auf aufgabenimmanente Störungen (z.B. langweilige Aufgabe) oder mangelhafte

Arbeitsmittel (z.B. wiederholter Absturz eines zur erfolgreichen Aufgabenbewältigung benötigten EDV-Systems) dar.

Abschließend wurden die zuvor differenzierten leistungsbezogenen Ärgerarten zu dem Konzept der Ärgerdisposition in Beziehung gesetzt. Eine hoch ausgeprägte Ärgerdisposition beschreibt die Tendenz, in einer großen Bandbreite von Situationen mit einer Erhöhung des Zustandsärgers zu reagieren. Das derzeit gängigste Verfahren zur Messung der Ärgerdisposition ist das „State-Trait Anger-Expression-Inventory (STAXI)" von Spielberger (1988).

Anhand einer inhaltlichen Betrachtung der Items zur Messung der Ärgerdisposition aus der deutschen Fassung des STAXI (Schwenkmezger et. al, 1992) konnte gezeigt werden, dass die Autoren des STAXI sich bei der Operationalisierung der Ärgerdisposition in der Tradition kognitiver Emotionstheorien weitgehend auf den sozialen Ärger beschränkt haben. Die Dispositionsitems des STAXI messen also vorrangig die generelle Neigung, sich über andere Personen und deren ungerechtfertigtes Verhalten (z.B. unfaire Kritik) zu ärgern; selbst- und objektbezogene Ärgerreaktionen werden durch die Items hingegen nicht operationalisiert. Aufgrund dessen wurde die Frage aufgeworfen, ob sich die Trait-Ärger-Skala des STAXI auch zur Vorhersage leistungsbezogener Ärgerreaktionen eignet.

Insgesamt soll zunächst angenommen werden, dass. ..

> ...Ärger nach Leistungsrückmeldungen als selbst-, aufgaben- bzw. objektbezogener oder sozialer Ärger erlebt werden kann.

Darüber hinaus erscheint es sinnvoll zu überprüfen, ob...

> ...die Trait-Ärger-Skala des STAXI sich auch zur Vorhersage leistungsbezogener Ärgerreaktionen eignet.

In Kapitel 2.5. sollen mögliche Auswirkungen der infolge von Leistungsrückmeldungen häufig auftretenden Emotionen Ärger und Freude auf kognitive Folgeleistungen diskutiert werden. Zuvor wird sich das Kapitel 2.4. der Leistungsemotion Freude genauer widmen.

2.4. Leistungsemotion Freude

In Kapitel 2.1.1. wurde die Taxonomie der Leistungsemotionen von Pekrun und Frese (1992) vorgestellt, die einen Überblick über die Vielfalt leistungsbezogener Emotionen gibt. Die Taxonomie differenziert leistungsbezogene Freudearten nach dem Zeitpunkt ihres Auftretens im Leistungsprozess: Vorfreude tritt als prospektive Leistungsemotion vor der Erstellung einer Leistung auf. Lern- und Arbeitsfreude tritt als prozessbezogene Leistungsemotion während der Erstellung von Leistungen auf. Ergebnisfreude stellt sich als retrospektive Leistungsemotion ein, wenn die Leistung bereits erbracht und das Ergebnis bekannt ist. Nach positiven Leistungsrückmeldungen im Sinne eines Erfolgserlebnisses sollte Freude daher insbesondere in Form von Ergebnisfreude auftreten. Auch die Befunde Weiners (1985, 1995; vgl. Kap. 2.2.2.) zeigen, dass Freude als ergebnisabhängige Emotion nach Erfolgserlebnissen besonders häufig erlebt wird.

In diesem Kapitel wird die Emotion Freude - wie zuvor der Ärger - anhand der für sie charakteristischen physiologischen, expressiven, motivationalen, subjektiv-erlebensbezogenen und kognitiven Reaktionen näher beschrieben. Diese Darstellung wird auf Theorien und Ansätze zurückgreifen, die bereits im Zuge der für den Ärger charakteristischen Veränderungen der einzelnen Reaktionskomponenten genauer erläutert wurden (vgl. Kap. 2.3.1.). Die Darstellung zu den Charakteristika der Emotion Freude erfolgt daher in sehr komprimierter Form.

2.4.1. Komponenten der Freude

2.4.1.1. Physiologische Komponente

Spezifische *peripherphysiologische* Aktivierungsmuster für Freude konnten bisher nicht identifiziert werden (vgl. Stemmler, 1989, 1998). Ekman (1992) argumentiert aus einer evolutionstheoretischen Perspektive, dass Freude anders als Emotionen wie Angst, Ärger oder Ekel keinen Überlebensvorteil mit sich bringe und sich daher auch nicht durch ein spezifisches peripherphysiologisches Reaktionsprogramm auszeichne.

Als aufschlussreicher erweisen sich bisherige Forschungsbefunde zu den neuroanatomischen und neurochemischen Systemen, die an dem Erleben von Freude bzw. Glücksgefühlen beteiligt sind. Bereits unter 2.3.1.1. wurden die tierexperimentellen Befunde Panksepps (1989) angeführt, die darauf hindeuten, dass differenzierbare komplexe neuronale Schaltsysteme im Hypothalamus und im Limbischen System als emotionssteuernde Systeme fungieren könnten. Panksepp nennt mit dem „Foraging-Expectany-System" und dem „Social Play-System" zwei Systeme, die mit dem Erleben von Freude in Verbindung gebracht werden können. Aktivität in Regionen des „Foraging-Expectany-Systems" (beteiligte Regionen: lateraler Hypothalamus, basales Vorderhirn, frontaler Kortex; beteiligte Neurotransmitter: Dopamin, Neurotensin, Acetylcholin) korreliert nach Panksepp mit explorativem Verhalten, Neugier und freudiger Erwartung bei Menschen. Demgegenüber zeigte sich im Tierexperiment Aktivität in Regionen des „Social Play-Systems" (beteiligte Regionen: „ventral tegmental area", parietaler Kortex; beteiligte Neurotransmitter: Dopamin, Opioide, Acetylcholin), wenn die Versuchstiere (Ratten) miteinander spielten. Panksepp (1989, S. 18) erhofft sich von einer genaueren Untersuchung dieses Schaltkreises große Fortschritte für das Verständnis der neuronalen Grundlagen menschlicher Freude. Wagner und Born (2000) belegen darüber hinaus an einer Reihe von Forschungsbefunden die zentrale Rolle der Opioide bei der Entstehung von Glücksgefühlen: In Kernen des Hypothalamus und in den limbischen Strukturen Septum und Mandelkern konnten sowohl Neuronen, die Opioide herstellen, als auch dazugehörige Rezeptoren identifiziert werden.

Freude bzw. Glück lässt sich also bisher weniger gut durch peripherphysiologische als durch neurophysiologische Spezifika von anderen Emotionen abgrenzen.

2.4.1.2. Ausdruckskomponente

Bereits in Kapitel 2.3.1.2. wurde ausgeführt, dass die Forschung zum emotionsspezifischen Ausdrucksverhalten sich vorwiegend auf die Untersuchung emotionsspezifischer Mimik konzentriert hat.

Ekman (1984, 1988) geht als Vertreter evolutionspsychologisch orientierter Emotionstheorien davon aus, dass die so genannten Basisemotionen Ärger, Ekel, Furcht, Traurigkeit, Überraschung und Freude mit einem angeborenen, kulturuniversalen Gesichtsausdruck einhergehen. Die für Freude spezifischen Ausdrucksveränderungen im Gesicht beschreibt Ekman (1988, S.52) wie folgt:

-   Augenbrauen: kein charakteristisches Erscheinungsbild
-   Augenlider: entspannt, unteres Augenlid ist durch die Gesichtsbewegungen angehoben, verengte Augen, "Krähenfüße"
-   unteres Gesicht: angehobene Mundwinkel, evtl. Vertiefung der Nasolabialfalte, evtl. geöffnete Lippen

In den unter 2.3.1.2. bereits angeführten Beurteilungsstudien (Ekman & Friesen, 1971; Ekman et al., 1987) zeigte die Forschungsgruppe um Ekman Angehörigen aus zehn unterschiedlichen Kulturen Fotos, die die für die sechs Basisemotionen prototypische Mimik zeigten. Bei der Emotion Freude wurden die Gesichtsausdrücke je nach kultureller Zugehörigkeit von 69-97% der Probanden korrekt erkannt (vgl. Meyer et al., 1999, S. 73). Damit wurde der mit Freude verbundene Gesichtsausdruck kulturübergreifend besser identifiziert als der mit Ärger assoziierte Ausdruck (67-84% korrekte Nennungen). In diesem Zusammenhang sei nochmals darauf hingewiesen, dass die Forschungsmethodik Ekmans und insbesondere die von ihm aus den Forschungsbefunden abgeleitete Schlussfolgerung, der mit den sechs Emotionen einhergehende

Gesichtsausdruck sei tatsächlich kulturuniversal, vielfach kritisiert wurde und umstritten bleibt (s. hierzu Meyer et al., 1999, S. 74ff.).

Ebenso wie für den ärgerspezifischen Gesichtsausdruck gilt für den Ausdruck von Freude, dass er kulturbedingten und persönlichen Darbietungsregeln unterworfen und damit nicht immer in prototypischer Form beobachtbar ist. Für Leistungssituationen (zumindest in westlichen Kulturen) ist allerdings anzunehmen, dass der Ausdruck von Freude nach Erfolg sozial erwünschter ist als der offene Ärgerausdruck nach Misserfolg und daher in der Regel weniger abgeschwächt, neutralisiert oder maskiert wird (vgl. Kap 2.3.1.2.).

2.4.1.3. Motivational-aktionale Komponente

Die motivationale Emotionskomponente beschreibt charakteristische Handlungsimpulse und Reaktionstendenzen, die das Erleben einer spezifischen Emotion begleiten. Bereits in Kapitel 2.3.1.3. wurden die Theorien von Plutchik (1980, 1984) sowie Frijda (1986, 1987) hinsichtlich ihrer Aussagen zu ärgerspezifischen Handlungsimpulsen betrachtet. Plutchik beschreibt emotionsspezifische Motivationslagen als phylogenetisch erworbene Reaktionsprogramme, die für das Überleben bzw. die erfolgreiche Bewältigung von Umweltanforderungen benötigt werden. Nach seiner Theorie werden die jeweiligen Reaktionsprogramme - bestehend aus einer Kognition, einem Gefühl sowie einer Verhaltenstendenz - durch isolierbare Reizklassen ausgelöst. Die Emotion Freude steht nach Plutchik ganz im Dienste der Reproduktion: Sie wird durch die Wahrnehmung eines möglichen Geschlechtspartners ausgelöst und ist mit Paarungs- und Werbungsverhalten verbunden. Analog zur Ärgeremotion (s. Kap. 2.3.1.3.: Ärger löst stets Kampfverhalten aus) beschränkt sich Plutchik in der Darstellung der für Freude spezifischen Verhaltenstendenzen also auf *ein* biologisch funktionales Verhaltensmuster. Es liegt auf der Hand, dass Plutchiks Theorie zur Beschreibung der motivationalen Wirkungen von Freude in Alltagssituationen der Gegenwart (z.B. Ergebnisfreude nach der Bewältigung einer Aufgabe) nicht ausreicht.

Als diesbezüglich ergiebiger erweist sich wiederum Frijdas (1986, 1987) Konzept emotionsspezifischer Handlungsbereitschaften („action tendencies"/„action readiness modes"). Frijda (1987) bat Probanden, sich an eine Situation zu erinnern, in der diese eine von 30 Emotionen erlebt hatten und befragte die Probanden dann mittels eines Fragebogens nach den erlebten emotionsbegleitenden Handlungstendenzen. Für Freude zeigten sich die größten Zusammenhänge zu den Handlungstendenzen „being-with" (Annäherungsverhalten) und „exuberance" (Ausgelassenheit/Überschwänglichkeit) sowie „attending" (Intensivierung der Aufmerksamkeit) und „excitement" (allgemeine Hyperaktivität).

Wie in Kapitel 2.1.1. erwähnt, unterscheiden Pekrun und Frese (1992) die Lern- und Arbeitsfreude *während* der Bewältigung von Leistungsanforderungen von der ergebnisbezogenen Freude *nach* der Bewältigung von Leistungsanforderungen. Lern- und Arbeitsfreude sollte nach den Autoren dann auftreten, wenn die Komplexität der zu bewältigenden Aufgabe ein für das Individuum optimales Niveau (also weder zu niedrig noch zu hoch) annimmt. Pekrun (1998, S. 234) bezeichnet Lern- und Arbeitsfreude in Analogie zu der motivationspsychologisch geläufigen Unterscheidung von intrinsischer und extrinsischer Motivation (vgl. Rheinberg, 1995, S. 134ff.) als intrinsische Emotion, die sich auf die Tätigkeit selbst und nicht wie die Ergebnisfreude auf die Tätigkeitsfolgen richtet. Nach Wegge (2003) ist es bisher noch nicht gelungen, Lernfreude von sehr ähnlichen tätigkeitsbegleitenden Emotionen und Zuständen wie Interesse oder Flusserleben („Flow", vgl. Csikszentmihalyi, 1975, 1992) klar abzugrenzen. Die Befundlage zum tätigkeitsbezogenen Interesse spricht nach Wegge (2003) insgesamt dafür, dass sich das Interesse an einer Tätigkeit positiv auf die Lernmotivation auswirkt.

Zu den motivationalen Folgen von Ergebnisfreude als Freude über einen erzielten Erfolg *nach* der Bewältigung von Leistungsanforderungen liegen kaum empirische Befunde vor. Im Allgemeinen ist davon auszugehen, dass sich Ergebnisfreude ebenfalls eher günstig auf die Lern- und Leistungsmotivation auswirkt. So fand Hofmann (1997, S. 257) in einer Tagebuchstudie positive Zusammenhänge zwischen prüfungsbezogener Freude und der Lernmotivation bei Examensstudenten.

2.4.1.4. Subjektive Komponente

Die subjektive Komponente beschreibt das spezifische Erleben, das mit Freude einhergeht. Beschreibungen subjektiv-erlebensbezogener Anteile von Emotionen finden sich einerseits im Rahmen dimensionaler Ansätze und andererseits in sprachbasierten Forschungsansätzen (vgl. Kapitel 2.3.1.4.). Ursprung dimensionaler Ansätze sind die Arbeiten Wundts (1911), der davon ausging, dass sich Emotionen anhand der Dimensionen Lust/Unlust, Erregung/Beruhigung und Spannung/Lösung differenzieren lassen. Klassifikationen von Emotionen anhand mehrerer Erlebnisdimensionen finden sich bei Traxel und Heide (1961) sowie Russell (1980). Traxel und Heide (1961) unterscheiden Emotionen auf den Dimensionen „angenehm/unangenehm" und „Submission/Dominanz". Freude stellt sich hierbei als eine sehr angenehme Emotion, dar, die durch ein Erleben mäßig ausgeprägter Dominanz gekennzeichnet ist. Damit unterscheidet sich laut Traxel und Heide das Erleben von Freude von dem für Ärger charakteristischen Erleben deutlich hinsichtlich der Angenehmheit, aber nicht bezüglich des Dominanzerlebens (vgl. Kapitel 2.3.1.4.). Zu ähnlichen Ergebnissen kommt Russell (1980), der Emotionsbegriffe hinsichtlich ihrer Ähnlichkeit einschätzen ließ und daraus das so genannte „Circumplex-Modell" der Emotionen – als kreisförmige Anordnung von Emotionen um einen neutralen Mittelpunkt anhand der Dimensionen „unangenehm/angenehm" und „aktiv/passiv – entwickelte: Freude wird wesentlich angenehmer erlebt als Ärger, hinsichtlich der erlebten Erregung oder Aktivierung unterscheiden sich die beiden Emotionen jedoch nicht. So gehen beide Emotionen mit dem Erleben mäßiger Aktivierung bzw. Erregung einher.

Eine genauere Beschreibung des für einzelne Emotionen spezifischen Erlebens haben Bartlett und Izard (1972) vorgelegt, die Probanden baten, sich an persönliche Ereignisse zu erinnern, die mit dem Erleben von Ärger, Furcht, Kummer, Schuld, Scheu, Freude, Interesse oder Überraschung verbunden waren. Die Probanden schätzten das jeweilige subjektive Erleben dann anhand der acht Dimensionen Aktivierung, Bedachtsamkeit, Anspannung, Impulsivität, Kontrolliertheit, Selbstsicherheit, Extraversion und Angenehmheit ein. Unter den acht Emotionen erhielt Freude die höchsten Werte auf den Dimensionen Aktivierung, Selbstsicherheit, Extraversion und Angenehmheit, den zweithöchsten Wert auf der Dimension Impulsivität sowie den dritthöchsten Wert auf der Dimension Bedachtsamkeit. Demgegenüber geht Freude im Vergleich zu den anderen Emotionen mit niedriger Kontrolliertheit und Anspannung einher. Der Vergleich der Ausprägungen der Erlebnisdimensionen bei Ärger und Freude zeigt die größten Unterschiede bei den Dimensionen Anspannung (höher bei Ärger), Selbstsicherheit (höher bei Freude), Extraversion (höher bei Freude) und Angenehmheit (höher bei Freude).

Stellvertretend für die Gruppe sprachbasierter Ansätze, die das emotionsspezifische Erleben aus der Analyse alltagssprachlicher Emotions-beschreibungen erschließen, soll auch bezüglich der Emotion Freude (wie zuvor bereits für den Ärger, vgl. Kap. 2.3.1.4.) der sprachbasierte Ansatz von Mees (1985, 1991) herangezogen werden. Mees (1985) entwickelte durch eine Analyse von 56 Emotionsbegriffen aus einer empirischen Studie von Schmitz-Atzert und Ströhm (1983) ein Strukturmodell der Emotionen, das in Anlehnung an Ortony et al. (1988) zwischen so genannten „Emotionstypen"[6] differenziert. Freude lässt sich nach Mees der Gruppe der „Ziel-Emotionen" (Mees, 1985, S. 10) bzw. „Ereignis-fundierten" Emotionen (Mees, 1991, S.76) zuordnen, die mit der Bewertung eines Ereignisses im Verhältnis zu persönlichen Wünschen oder Zielen in Zusammenhang stehen. Folgen aus der Bewertung der Erwünschtheit des Ereignisses Implikationen für die eigene Person, resultieren als Untergruppe die so genannten „Wohlergehen-Emotionen" Freude (erwünschtes Ereignis) und Leid (unerwünschtes Ereignis). Eine positive Leistungsrückmeldung im Sinne eines Erfolgserlebnisses stellt ein in diesem Sinne erwünschtes Ereignis dar. Die genaue Spezifikation der Freude nach Mees (1991, S.86/87) ist in Tabelle 12[7] zusammengefasst:

---

[6]zur Definition des Emotionstyps: vgl. Kap. 2.3.1.4.
[7]Zur Erläuterung der konstitutiven Merkmale von Emotionen bzw. Emotionstypen: vgl. Kap. 2.3.1.4.

Konstituente	Spezifikation für die Emotion Freude
Emotionstyp-Identifikation	Wohlergehen-Emotionen
Typ-Spezifikation	Zufriedenheit mit einem erwünschten Ereignis
Liste von Varianten	Begeistert, entzückt, erfreut, ekstatisch, euphorisch, Freude, freudig erregt, freudige Überraschung, froh, fröhlich, gerührt, glücklich, wohl, zufrieden u.a.
Typische Handlungen	keine typischen Handlungen
Intensitätsvariablen	Ausmaß der Erwünschtheit eines Ereignisses

Tabelle 12: Spezifikation der Freude (vgl. Mees, 1991, S.86/87)

Vergleicht man die von Mees vorgenommene Spezifikation der Freude mit der des Ärgers (Kap. 2.3.1.4.), fällt unmittelbar auf, dass Ärger eine wesentlich komplexere Emotion darstellt als Freude: Während für die Entstehung von Freude die Zufriedenheit mit einem erwünschten Ereignis ausreicht, ist Ärger neben der Unzufriedenheit mit einem unerwünschten Ereignis zusätzlich mit dem Vorwurf der Verantwortlichkeit für das unerwünschte Ereignis an andere Personen oder die eigene Person gebunden. Diese Spezifikation von Freude deckt sich mit der attributionstheoretischen Einordnung von Freude als rein ergebnisabhängige, aber attributionsunabhängige Emotion (Weiner, 1986, 1995; vgl. Kapitel 2.2.2.). Genauere Aussagen zu den mit Freude einhergehenden spezifischen Bewertungsprozessen treffen kognitive Emotionstheorien.

2.4.1.5. Kognitive Komponente

Die kognitiven Emotionstheorien von Roseman (1984), Ortony et al. (1988), Lazarus (1993) und Scherer (1984, 1993) befassen sich mit Einschätzungs- und Bewertungsprozessen als Charakteristika spezifischer Emotionen. Zunächst werden die Ansätze von Roseman sowie Ortony et al. vorgestellt, die sich hinsichtlich ihrer Aussagen zu den mit der Emotion Freude verbundenen kognitiven Prozessen ähneln. Beiden Ansätzen werden dann die Theorien von Lazarus und Scherer gegenübergestellt, die sich zur Beschreibung leistungsbezogener Freude aus Sicht der vorliegenden Arbeit insgesamt besser eignen.

Wie in Kapitel 2.3.1.5. bereits erläutert wurde, geht Roseman (1984) davon aus, dass Ereignisse auf den folgenden vier Dimensionen bewertet werden:

- Motivkonsistenz (Stimmigkeit mit persönlichen Motiven)
- Gewissheit (Sicherheit über das Eintreten des Ereignisses)
- Beeinflussung/Verursachung (Identifikation des Ereignisverursachers)
- Macht (Einschätzung der Machtverhältnisse bzw. der eigenen Machtposition).

Freude entsteht nach Roseman, wenn ein sicher eingetretenes Ereignis mit persönlichen Motiven übereinstimmt. Die Einschätzung der Machtverhältnisse ist dabei irrelevant, sodass Freude sowohl aus einer schwachen als auch aus einer starken Position heraus erlebt werden kann. Darüber hinaus hängt Freude mit der Einschätzung zusammen, dass das Ereignis nicht durch eine Person, sondern durch äußere Umstände – Roseman (1984, S.22) nennt wirtschaftliche Rahmenbedingungen oder Glück als Beispiele – herbeigeführt wurde. Folgt man dieser Annahme Rosemans, sollte Freude nach einer Leistungsrückmeldung also nur dann auftreten, wenn ein erzieltes Leistungsergebnis auf situationale Rahmenbedingungen (z.B. Glück, Zufall) zurückgeführt wird. Im Falle einer Attribution des Ergebnisses auf personinterne Faktoren (eigene Fähigkeit oder Anstrengung) wird dagegen Stolz und bei einer Attribution des Ergebnisses auf andere Personen Zuneigung oder Dankbarkeit ausgelöst. Eine zu der Konzeption Rosemans sehr ähnliche Beschreibung legen Ortony et al. (1988) vor, indem sie Freude als „ereignisfundierte" Emotion beschreiben. Ereignisse sind nach Ortony et al. Geschehnisse, für die kein Urheber identifiziert werden kann oder deren Verursachung zumindest nicht von Interesse ist. Freude entsteht hier immer dann, wenn ein Ereignis den persönlichen Wünschen einer Person entspricht.

Für die Betrachtung leistungsbezogener Emotionen nach einem Erfolgserlebnis erweist sich diese Darstellung der kognitiven Determinanten von Freude als zu statisch. So zeigt die in Kapitel 2.2.2.1. dargestellte Studie von Weiner, Russell und Lerman (1979), dass Freude in einer Erfolgssituation in allen Attributionsbedingungen – unterschieden wurden die Attributionsbedingungen Zufall, andere Personen, eigene Fähigkeit und eigene Anstrengung - etwa gleich häufig (von durchschnittlich 44% der Befragten) erlebt wird. Wurde der Erfolg auf die internen Faktoren Fähigkeit und Anstrengung attribuiert, berichteten die Befragten insgesamt sogar häufiger

Freude als Stolz. Diese Ergebnisse widersprechen der Annahme Rosemans, dass erwünschte Ereignisse, die als selbstverursacht betrachtet werden, ausschließlich mit Stolz einhergehen. Insgesamt ist eher davon auszugehen, dass die Frage nach der Verursachung eines Ereignisses bei der Entstehung von Freude nur von geringer Bedeutung ist.

Diese Sichtweise vertreten auch die kognitiven Theorien von Lazarus (1993) und Scherer (1984, 1993). Lazarus geht davon aus, dass jede Emotion mit einer charakteristischen Kernthematik („core relational theme", vgl. Lazarus und Smith, 1988, S.290) verbunden ist. Das zentrale Thema der Freude ist nach Lazarus (1993, S. 918) der Erfolg. Dabei liegt der Entstehung von Freude die Einschätzung zugrunde, dass ein Ereignis motivational relevant und kongruent („primary appraisal"), sowie mit positiven Erwartungen an die Zukunft („secondary appraisal") verbunden ist. Demgegenüber spielen die Einschätzungen der Verantwortlichkeit („accountabilty") und des Coping-Potenzials („problem-focused coping potential"/„emotion-focused coping potential) für die Auslösung von Freude keine Rolle.

Eine ähnliche Perspektive nimmt Scherer (1984, 1993) in seiner „Sequenztheorie emotionaler Differenzierung" ein. Tabelle 13 zeigt die nach Scherer für die Emotion Freude charakteristischen Ausprägungen der relevanten Bewertungsdimensionen:

Bewertungsdimensionen und dazugehörige Prüfschritte	Zentrale Fragen des Prüfschritts	Ergebnis des Prüfschritts bei Freude
Neuheit	Ist die Person bereits mit dem Reiz konfrontiert worden oder ist er neuartig?	Das Ereignis ist eher neu und wenig vertraut.
Angenehmheit	Handelt es sich um einen angenehmen oder unangenehmen Reiz?	Das Ereignis ist sehr angenehm.
Ziel/Bedürfnis-Bezug		
- Relevanz	Ist der Reiz bedeutsam für die Bedürfnisbefriedigung und Zielerreichung?	Das Ereignis ist von hoher Bedürfnis-/Zielrelevanz.
- Erwartung	Wurde der Reiz/das Ereignis erwartet bzw. ist es plangemäß?	Das Ereignis ist erwartungs-diskrepant.
- Dienlichkeit	Ist der Reiz für die Bedürfnisbefriedigung und Zielerreichung hinderlich oder förderlich?	Das Ereignis ist der Zielerreichung förderlich.
- Dringlichkeit	Wie dringend ist eine Verhaltensreaktion auf den Reiz?	Eine Verhaltensreaktion ist von geringer Dringlichkeit.
Bewältigungsfähigkeit		
- Verursachung: „Agent"	Wer/Was hat das Ergebnis herbeigeführt (die Person selbst, andere Personen, äußere Umstände)?	Offen
- Verursachung: „Motiv"	Warum wurde das Ereignis herbeigeführt (gute/böse Absicht, Nachlässigkeit, Zufall)?	Absicht oder Zufall
- Kontrolle	Wie hoch ist das Ausmaß der Kontrolle der betroffenen Person über das Ereignis und dessen Konsequenzen?	Offen
- Macht	Erlaubt die Machtposition der betroffenen Person eine Einflussnahme auf die Geschehnisse?	Offen
- Anpassungsfähigkeit	Falls das Ereignis unkontrollierbar ist, kann sich die betroffene Person an die neue Situation anpassen?	Offen
Normvereinbarkeit		
- extern	Ist das Ereignis mit sozialen Normen, kulturellen Konventionen oder Erwartungen persönlich bedeutsamer Personen vereinbar?	Die externe Normvereinbarkeit des Ereignisses ist hoch.
- intern	Ist das Ereignis mit inneren Verhaltens-standards, dem Selbstkonzept oder Selbstideal vereinbar?	Die interne Normvereinbarkeit des Ereignisses ist hoch.

Tabelle 13: Bewertungsdimensionen und Prüfschritte im Prozess der Emotionsentstehung, konkretisiert für die Emotion Freude (in Anlehnung an Scherer, 1984; Scherer, 1993; Schneider & Scherer, 1988)

Wie Tabelle 13 zeigt, wird Freude nach Scherer durch angenehme Ereignisse ausgelöst, die die individuelle Zielerreichung fördern. Die Einschätzung der

Bewältigungsfähigkeit des Individuums ist für die Entstehung von Freude eher irrelevant, wobei auch die Verursachung des Ereignisses offen bleibt (eigene Person, andere Personen, äußere Umstände). Das Ereignis ist mit externen und internen Normen gut vereinbar.

In Anlehnung an Lazarus und Scherer soll also davon ausgegangen werden, dass positive Leistungsrückmeldungen als Erfolgserlebnisse typische Auslöse-bedingungen für Freude darstellen: Erfolge bei der Bewältigung von Leistungsanforderungen sind angenehme, der Zielerreichung zuträgliche Ereignisse, die mit Leistungsnormen des sozialen Umfelds sowie der eigenen Person gut vereinbar sind.

Im Anschluss an die differenzierte Darstellung der Leistungsemotionen Ärger und Freude sollen nun im folgenden Kapitel mögliche Auswirkungen beider Emotionen auf kognitive Folgeleistungen nach einer Leistungsrückmeldung diskutiert werden.

2.5. Ärger und Freude bei Leistungsrückmeldungen: Wirkungen auf kognitive Leistungen

In der bisherigen Darstellung wurde gezeigt, dass Ärger und Freude zu den spezifischen Leistungsemotionen zählen, die nach Leistungsrückmeldungen am häufigsten erlebt werden. Insgesamt sprechen die vorliegenden Befunde (vgl. Kap. 2.2.2. und 2.2.3.) dafür, dass Ärger und Freude nach Leistungsrückmeldungen weit häufiger als Stolz, Scham oder Schuld berichtet werden, sodass beiden Leistungsemotionen ein ähnlich großer Stellenwert zukommt wie der Angst.

Es ist davon auszugehen, dass leistungsbezogene Freude (Ergebnisfreude) insbesondere nach positiven Leistungsrückmeldungen im Sinne eines individuellen Erfolgserlebnisses auftritt, während nach negativen Leistungsrückmeldungen im Sinne eines individuellen Misserfolgserlebnisses das Erleben leistungsbezogenen Ärgers zu erwarten ist. In Kapitel 2.3. wurde aus bisherigen Theorien und Konzepten zur Ärgeremotion darüber hinaus die Annahme hergeleitet, dass Ärger in Leistungssituationen als selbstbezogener, aufgaben- bzw. objektbezogener oder sozialer Ärger erlebt werden kann. Mees (1992, S.30-32) beschreibt selbstbezogenen Ärger als „Unzufriedenheit mit einem unerwünschten Ereignis aufgrund einer eigenen tadelnswerten Tat". In Situationen der Leistungsrückmeldung erfolgt ein Vergleich des individuellen Leistungsergebnisses mit einem Gütemaßstab: Bei negativen Leistungsrückmeldungen im Sinne von Misserfolgserlebnissen unterschreitet das individuell erzielte Ergebnis externe (z.B. Erwartungen persönlich bedeutsamer Personen) und/oder interne Leistungsnormen (z.B. interner Leistungsstandard, Selbstideal). Demnach ist anzunehmen, dass Ärger nach einer negativen Leistungsrückmeldung besonders häufig in Form eines selbstbezogenen Ärgers erlebt wird.

Die genaue Analyse spezifischer Emotionen nach Leistungsrückmeldungen ist deswegen von so großer Bedeutung, weil sich Emotionen hinderlich oder förderlich auf sich anschließende kognitive Leistungen auswirken können. So wurde in der Stimmungsforschung (vgl. Abele, 1996) der Einfluss positiver versus negativer *Stimmungen* (gemessen durch globale Stimmungsmaße im

Sinne von „guter versus schlechter Laune") auf kognitive Leistungen unterschiedlicher Art (Informationsverarbeitung, Problemlösen, Gedächtnis) intensiv untersucht. Leistungsbezogenen Einflüssen *spezifischer Emotionen* - erfasst durch spezifische Mess-Skalen - wurde demgegenüber vergleichsweise wenig Beachtung geschenkt. Eine Ausnahme bildet die Emotion Angst (insbesondere Prüfungsangst).

In diesem Kapitel sollen daher nun Überlegungen zu den möglichen Wirkungen von Ärger und Freude auf kognitive Leistungen nach positiven versus negativen Leistungsrückmeldungen angestellt werden. Emotionen können eine Vielzahl kognitiver *Prozesse* beeinflussen (z.B. Wahrnehmung, Gedächtnis, Urteils- und Entscheidungsprozesse, Denken und Problemlösen, vgl. Bless & Fiedler, 1999; Isen, 1987; Kuhl, 1983). Wenn im Folgenden der Begriff der kognitiven *Leistung* verwendet wird, sind damit Leistungen aus dem Bereich des *problemlösenden Denkens* angesprochen.

Insgesamt gliedert sich dieses Kapitel in drei Abschnitte: Zunächst (s. Kap. 2.5.1.) werden die bisherigen Befunde der Stimmungsforschung skizziert. Stimmungen und Emotionen können nach Schmitz-Atzert (1996, S.24) als verwandte Konstrukte betrachtet werden: Stimmungen sind im Vergleich zu Emotionen länger anhaltend, aber weniger intensiv und objektbezogen. Die Ergebnisse zu den Einflüssen guter versus schlechter Stimmung auf kognitive Leistungen lassen sich somit als eine erste Annäherung an mögliche Wirkungen positiver (Freude) vs. negativer (Ärger) Leistungsemotionen nutzen.

Zu den Auswirkungen leistungsbezogenen Ärgers auf die Leistung bei Folgeaufgaben liegen bisher kaum Ergebnisse vor. In explorativen Studien der Forschungsgruppe um Pekrun (Hofmann, 1997; Pekrun, 1992a; Pekrun, 1998; Pekrun et al., 2002) finden sich allerdings erste Befunde zum Zusammenhang von prüfungsbezogenem Ärger mit der Verfügbarkeit kognitiver Ressourcen bei der Aufgabenbewältigung (z.B. aufgabenirrelevante Kognitionen). Diese Befunde werden im Abschnitt 2.5.2. genauer dargestellt und zu den Befunden der Prüfungsangstforschung (vgl. Kap. 2.2.1.) in Beziehung gesetzt.

Zusätzlich ist davon auszugehen, dass interindividuell unterschiedlich hoch ausgeprägte Kompetenzen zur Emotionsregulation die Wirkungen von Emotionen auf kognitive Leistungen moderieren. Bei der nun folgenden Darstellung möglicher Einflüsse der Leistungsemotionen Ärger und Freude auf die kognitiven Folgeleistungen betroffener Personen soll daher die Neigung zur misserfolgsbezogenen Lage- bzw. Handlungsorientierung (Kuhl, 1996, 2001) als in diesem Zusammenhang besonders relevante Persönlichkeitsvariable berücksichtigt werden (s. Kap. 2.5.2.1.)

2.5.1. Stimmungsforschung: Stimmung und kognitive Leistung

Die allgemeinpsychologische Stimmungsforschung beschäftigt sich seit den 1950er-Jahren mit den Einflüssen von Stimmungslagen auf unterschiedliche kognitive Prozesse.

Das vorliegende Subkapitel konzentriert sich insgesamt auf die Darstellung von Befunden zum Einfluss der Stimmung auf kognitive Leistungen aus dem Bereich des *problemlösenden Denkens*. Daher sollen Denk- bzw. Problemlöseprozesse kurz definitorisch umrissen werden. Nach Hussy (1993, S.16) lassen sich Denk- und Problemlöseprozesse durch vier zentrale Merkmale von anderen kognitiven Prozessen abgrenzen:

1. Zielorientierung: Denk- und Problemlöseprozesse dienen der Erreichung gesetzter Ziele.
2. Abgrenzung zu Wahrnehmungs- und Aufmerksamkeitsprozessen: Denken und Problemlösen beschränkt sich nicht auf die Entdeckung bzw. das Erkennen von Reizen.
3. Abgrenzung zu Gedächtnisprozessen: Denken und Problemlösen beschränkt sich nicht auf die Speicherung und den Abruf von Fakten aus dem Gedächtnis.
4. Denken und Problemlösen erfordert die Verarbeitung von Fakten bzw. Informationen.

Ein *Problem* bezeichnet nach dem Psychologischen Wörterbuch von Dorsch (Häcker & Stapf, 2004, S. 730; vgl. auch Duncker, 1935; Dörner, 1979):

„...eine Art der Denkanforderung, die im Unterschied zu den Aufgaben im engeren Sinne durch drei Komponenten gekennzeichnet sein soll: (1)

unerwünschter Anfangszustand, (2) erwünschter Endzustand, (3) Barriere, die die Transformation von (1) in (2) zunächst verhindert."

Mit Dörner (1979, S.14) lassen sich Probleme anhand des jeweils vorliegenden Barrieretyps unterscheiden. Er klassifiziert mit Hilfe der Dimensionen „Bekanntheitsgrad der Mittel" (Sind die zur Überwindung der Barriere notwendigen Mittel/Operationen bekannt?) und „Klarheit der Zielkriterien" (Besteht Klarheit über den anzustrebenden Zielzustand?) drei Barrieretypen:

-   *Interpolationsbarrieren*: Der Zielzustand sowie die notwendigen Operationen sind bekannt. Die Barriere besteht allein darin, die richtige Kombination bzw. Folge bereits bekannter Operationen einzusetzen (z.B. Schachprobleme),
-   *Synthesebarrieren*: Der Zielzustand ist bekannt, aber die auszuführenden Operationen sind unbekannt (z.B. korrekte Fortsetzung einer Zahlenreihe),
-   *Dialektische Barrieren*: Sowohl der Zielzustand als auch die zur Zielerreichung einzusetzenden Operationen sind unbekannt (z.B. Komposition eines Bildes).

Zur Überwindung dialektischer Barrieren – also im Umgang mit einem schlecht definierten, relativ offenen Zielzustand – kommen *kreative* Denkprozesse zum Einsatz. Dabei werden zumeist neue und/oder sehr ungewöhnliche Lösungswege gefunden, die allerdings dem Kriterium der potenziellen Nützlichkeit genügen müssen (vgl. Hussy, 1986, S. 65). Zur Unterscheidung kreativer von „konventionellen" Denk- bzw. Problemlöseprozessen soll hier die Differenzierung zwischen den Denkoperationen „konvergente Produktion" und „divergente Produktion" aus dem Strukturmodell der Intelligenzfaktoren von Guilford (1967) herangezogen werden. Während konvergentes Denken das Auffinden der einzig richtigen Lösung (klarer Zielzustand) für ein Problem bezeichnet, beschreibt divergentes Denken die Produktion möglichst vielfältiger Lösungsalternativen (unklarer Zielzustand). Die noch folgende Darstellung wird zeigen, dass bei der Untersuchung von Stimmungseinflüssen auf kognitive

Leistungen gerade die Frage nach der Art der jeweils betroffenen Denkoperation von zentraler Bedeutung sein kann.

Wie oben bereits erwähnt, lassen sich *Stimmungen* als affektive Zustände beschreiben, die einerseits länger andauern und andererseits weniger intensiv und direkt objekt- bzw. reizbezogen sind als Emotionen. Abele (1995, 1996, 1999) kommt im Rahmen einer Zusammenfassung bisheriger Ergebnisse der Stimmungsforschung zu folgendem Schluss:

> „Aus der Vielzahl von Stimmungszuständen, in denen sich ein Mensch befinden kann, wurden in der hier zu referierenden Forschungstradition hauptsächlich zwei analysiert. Dies ist zum einen die „gute Laune", d.h. eine positiv-fröhlich getönte momentane Befindlichkeit. Zum anderen ist es die „schlechte Laune" im Sinne leicht deprimierter, trauriger momentaner Befindlichkeit." (Abele, 1996, S. 91)

Die Autorin (vgl. Abele, 1995, S. 94-97) referiert insgesamt 25 experimentelle Arbeiten, in denen jeweils positive und/oder negative Stimmungen (im Sinne trauriger Stimmung) induziert wurden. Anschließend wurden die Experimentalgruppen entweder untereinander oder im Verhältnis zu einer Kontrollbedingung hinsichtlich ihrer Leistung bei unterschiedlichen Denk- und Problemlöseaufgaben verglichen. Eine *Induktion positiver Stimmungen* erfolgte in jeder der insgesamt 25 Studien: Leistungsverbesserungen in positiver Stimmung ergaben sich dabei in 16 Fällen, in fünf Fällen ergaben sich keine Leistungsunterschiede zwischen der positiven Stimmungsgruppe und den übrigen Gruppen und in vier Fällen ergaben sich Leistungseinbußen nach der Induktion positiver Stimmungen. Mit einer *Induktion negativer Stimmungen* wurde in 13 der 25 Studien gearbeitet. In neun dieser 13 Studien zeigten sich Leistungsverschlechterungen nach der negativen Stimmungsinduktion. In zwei weiteren Studien zeigten sich zumindest in einem Teil der erhobenen Leistungsvariablen Verschlechterungen der negativen Stimmungsbedingung im Vergleich zu den anderen Gruppen. In den übrigen zwei Studien ergaben sich keine Leistungsunterschiede zwischen negativer Stimmungsinduktion und positiver Stimmungsinduktion bzw. Kontrollbedingung. Insgesamt zeigt sich also die Tendenz zu Leistungsverschlechterungen in negativer Stimmung sowie zu Leistungsverbesserungen in positiver Stimmung, wobei in einigen Studien auch Befunde berichtet werden, die von diesem Muster abweichen.

Die von Abele (1995) referierten Studien arbeiten mit unterschiedlichen Methoden der Stimmungsinduktion, dazu gehören (vgl. auch Schmitz-Atzert, 1996)

- *Stimulationsmethoden*: Anregung fröhlicher oder trauriger Stimmung durch Musikstücke oder Filmausschnitte
- *Velten-Technik* (Velten, 1968): Anregung fröhlicher oder trauriger Stimmung durch das zunächst leise und dann laute Vorlesen positiver, negativer oder neutraler selbstbezogener Äußerungen (z.b.: „Ich fühle mich heute erstaunlich gut.")
- *Memoriermethode:* Aufforderung zur Erinnerung an schöne oder traurige Lebensereignisse
- *Hypnose:* Probanden werden durch Hypnose in bestimmte Stimmungslagen versetzt
- *Inszenierung hedonisch relevanter Ereignisse:* Probanden erhalten Geschenke oder eine manipulierte Erfolgs- bzw. Misserfolgsrückmeldung nach der Bewältigung einer Aufgabe

Im Kontext der vorliegenden Arbeit sind solche Studien von besonderem Interesse, die sich zur Stimmungsinduktion einer inszenierten Erfolgs- und Misserfolgsrückmeldung bedient haben. Hierzu zählen die älteren Studien von Helm (1954, 1958) sowie die Arbeiten von Beyer (1986) und Klauer et al. (1991).

Helm (1954, vgl. Abele, 1995) verglich in einem ersten Experiment eine Experimentalgruppe nach Misserfolgsinduktion mit zwei Kontrollgruppen hinsichtlich der Leistung bei einer Konstruktionsaufgabe (aus gegebenem Material musste eine Maschine gebaut werden) und einer Denksportaufgabe. Die Probanden wurden aufgefordert, während der Aufgabenbearbeitung „laut zu denken". Insgesamt zeigte die Experimentalgruppe mit negativer „Affektlage" bei beiden Aufgaben deutliche Leistungseinbußen im Vergleich zu den Kontrollgruppen: Die Denksportaufgabe konnte nur von 20% der Probanden (Kontrollgruppe: 77%) und die Konstruktionsaufgabe nur von 10% der

Probanden (Kontrollgruppe: 50%) gelöst werden. Die Experimentalgruppe erwies sich bei der Lösung der Konstruktionsaufgabe vor allem als weniger flexibel im Umgang mit dem bereitgestellten Material und zeigte ein weniger strukturiertes, zielorientiertes Problemlöseverhalten. In einem zweiten Experiment verglich Helm (1958) in insgesamt drei Studien jeweils Experimentalgruppen nach Erfolgsinduktion mit einer Kontrollgruppe hinsichtlich ihrer Leistung bei einer Konstruktionsaufgabe. Hierbei zeigten die Studien zunächst Leistungsvorteile in positiver „Affektlage". Probanden der Experimentalgruppe zeigten eine höhere Aufgabenzuwendung, geringere Misserfolgsbefürchtungen sowie eine höhere Risikobereitschaft (vermehrtes „Ausprobieren") als Probanden der Kontrollgruppe, was Helm (1958) als „anmutungshaft-probierenden Denkstil" zusammenfasst. Allerdings konnte auch gezeigt werden, dass Probanden in positiver „Affektlage" den Probanden der Kontrollbedingung in ihrer Problemlöseleistung unterlegen sind, wenn die Aufgabenstellung keine Korrekturen zuließ.

Beyer (1986) erzeugte durch Erfolgs- und Misserfolgsinduktion zwei Experimentalgruppen und kontrollierte den Erfolg der Stimmungsinduktion mit der um 20 Items erweiterten deutschen Version des State-Trait-Angst-Inventars von Laux et al. (1981). Beyer (1986, S. 172) beschreibt die affektive Lage der Erfolgsgruppe im Vergleich zur Misserfolgsgruppe als insgesamt geringer emotional aktiviert, weniger angespannt, weniger besorgt und freudiger. Nach der Induktion der Stimmungslagen mussten die Probanden so genannte „Umordnungs- oder Verschiebeaufgaben"[8] lösen. Die Misserfolgsgruppe benötigte bei der Umordnungsaufgabe signifikant mehr Lösungszüge als eine Kontrollgruppe; die Erfolgsgruppe unterschied sich von der Kontrollgruppe hinsichtlich der Anzahl der Züge jedoch nicht.

Klauer et al. (1991) untersuchten Konzentrationsleistungen (also keine Denk- und Problemlöseleistungen im engeren Sinne) mit Hilfe einer Computerversion des d2-Tests von Brickenkamp (1962) nach Erfolgs- und Misserfolgsinduktion. In dieser Studie wurde der Erfolg der Stimmungsinduktion allerdings nur über ein abschließendes Interview zur „Glaubwürdigkeit und Wirksamkeit" der

---

[8] vgl. Beyer (1986, S.52): Den Probanden wurde auf dem Computerbildschirm eine ungeordnete Struktur dargeboten, die durch Verschieben einzelner Elemente in einen geordneten Zustand überführt werden musste.

Stimmungsinduktion (vgl. Klauer et al., 1991, S. 385) überprüft. Es zeigte sich eine zunehmende Leistung von der Misserfolgsgruppe über die Kontrollgruppe hin zur Erfolgsgruppe.

Über diese drei Studien hinaus wurden auch in einer Studie von Abele und Beckmann (1992, vgl. Abele, 1999) über fingierte Leistungsrückmeldungen in zwei Gruppen negative vs. positive Stimmungslagen induziert. Hierbei wurde allerdings zusätzlich bei jeweils der Hälfte der Probanden beider Bedingungen eine so genannte „selbstbezogene Motivationslage" (Probanden wurden nach den Leistungsrückmeldungen instruiert, sich zu entspannen) oder eine so genannte „aufgabenbezogene Motivationslage" (Probanden wurden nach den Leistungsrückmeldungen instruiert, sich schon einmal auf die folgenden Anagrammaufgaben einzustellen, um eine bestmögliche Leistung zu erreichen) induziert. Schlechtere Leistungen in negativer Stimmung konnten hier nur dann beobachtet werden, wenn zuvor eine aufgabenbezogene Motivationslage induziert worden war, in einer selbstbezogenen Motivationslage schnitten Probanden der negativen Bedingung sogar besser ab. Abele (1999) führt dieses Ergebnis darauf zurück, dass bei Vorliegen einer selbstbezogenen Motivation die Regulation des eigenen Emotionshaushalts im Vordergrund steht, sodass Probanden mit selbstbezogener Motivationslage in negativer Stimmung versuchen, ihre Stimmung durch eine vermehrte Anstrengung bei Folgeaufgaben zu verbessern.

Insgesamt sprechen die Ergebnisse der Arbeiten von Helm, Beyer und Klauer dafür, dass negative Stimmungen – im Sinne einer allgemeinen negativen „Affektlage" (Helm, 1958) oder eines „emotionalen Missempfindens" (Beyer, 1986) - nach Leistungsrückmeldungen zu Leistungsverschlechterungen führen. Allerdings finden sich in keiner der drei Studien spezifische Aussagen zu leistungsbezogenen Ärgerreaktionen, wie sie im Zuge der vorliegenden Arbeit von Interesse sind. Die Stimmungsforschung hat sich auch im Allgemeinen (also unabhängig von der Methodik der Stimmungsinduktion) bisher nicht mit den Auswirkungen ärgerlicher Stimmungen befasst. Zumeist wird in den vorliegenden Arbeiten auch nicht genauer spezifiziert oder anhand spezifischer Mess-Skalen nachgewiesen, welche Qualität die jeweils induzierten Stimmungen aufweisen. Daher fordert auch Abele (1996):

„Insbesondere im Bereich negativer Stimmungen sind neben *Traurigkeit* die Auswirkungen *ärgerlicher* Stimmungen genauer zu analysieren." (Abele, 1996, S. 108, Hervorh. i. Orig.)

Wie lassen sich Leistungsveränderungen nach der Induktion von Stimmungen nun erklären? Abele (1999) unterscheidet mit der *aufmerksamkeits- bzw. ressourcentheoretischen Position* und der *Denkstil-Hypothese* zwei zentrale Ansätze zur Erklärung von Stimmungseinflüssen auf kognitive Leistungen. Vertreter der ressourcentheoretischen Position gehen davon aus, dass sowohl positive als auch negative Stimmungen mit aufgabenirrelevanten Kognitionen einhergehen, die kognitive Ressourcen binden, welche folglich für die Aufgabenbearbeitung nicht mehr zur Verfügung stehen, sodass es zu Leistungsminderungen kommt. Ellis und Ashbrook (1988) entwickelten ein solches „Resource Allocation Model" zur Erklärung von verminderten Gedächtnisleistungen in depressiver Stimmung. Auch die in Kapitel 2.2.1. bereits erwähnte Aufmerksamkeitshypothese von Wine (1971), die Leistungsbeeinträchtigungen bei Prüfungsangst auf eine Verschiebung der Aufmerksamkeit hin zu selbstbezogenen, aufgabenirrelevanten Inhalten (Selbstzweifel, Selbstkritik) zurückführt, lässt sich dieser aufmerksamkeits- und ressourcentheoretischen Position zuordnen. Auf die Aufmerksamkeitshypothese wird in Kapitel 2.5.2. dieser Arbeit noch genauer eingegangen. Insgesamt lassen sich Befunde zu Leistungsverschlechterungen in negativer Stimmung auf dem Hintergrund der ressourcentheoretischen Position erklären. Beobachtete Leistungsverbesserungen in positiver Stimmung (s.o.: Helm, 1958; Klauer et al., 1991 und auch bei Abele 1992, 1995; Isen et al., 1987) lassen sich dagegen nicht ressourcentheoretisch begründen.

Die Denkstil-Hypothese bietet demgegenüber wesentlich differenziertere Erklärungen für Einflüsse negativer und positiver Stimmungen auf Denk- und Problemlöseleistungen. Vertreter der Denkstil-Hypothese gehen davon aus, dass positive und negative Stimmungen unterschiedliche Modi der Informationsverarbeitung anregen. So betrachtet Kuhl (1983, 1998, 2001) positive und negative Affekte als Modulatoren im Prozess der Selbststeuerung beim Handeln: Unter negativer Emotionalität besteht eine Tendenz zur Sensibilisierung der Wahrnehmung und „Objekterkennung", die in schwierigen, bedrohlichen Situationen (z.B. Misserfolge) im Dienste einer vorsichtigen Überwachung der Umwelt steht; positiver Affekt (z.b. in Erfolgssituationen) hingegen fördert die ungehemmte Ausführung insbesondere selbstgesetzter Ziele. Dementsprechend sind positive Stimmungen von einer offenen, „intuitiv-holistischen" Form und negative Stimmungen eher von einer vorsichtigeren „sequentiell-analytischen" Form der Informationsverarbeitung begleitet (vgl. Kuhl, 1983, S. 235; Kuhl, 2001, S. 162). Kuhl (1983, S. 236) erläutert die beiden Informationsverarbeitungsmodi am Beispiel einer Sortieraufgabe: Sollen mehrere Gegenstände ihrer Größe nach geordnet werden, wird dies im sequentiell-analytischen Modus durch eine Folge schrittweiser Paarvergleiche zwischen je zwei Gegenständen gelöst. Zusätzlich müssen die Ergebnisse der Paarvergleiche jeweils als Zwischenergebnisse gespeichert werden, was insgesamt aufwendig und zeitintensiv ist. Die intuitive Lösung der beschriebenen Sortieraufgabe lässt sich hingegen nur schwer beschreiben und erklären: Intuitive Aufgabenlösungen resultieren nicht aus einer schrittweisen, sondern aus einer schnelleren, parallelen Verarbeitung von Information. Solche Aufgabenlösungen erscheinen oft als plötzlicher Einfall; Kuhl beschreibt dies folgendermaßen:

„Während auch die effizientesten Sortieralgorithmen auf ein sequentielles, schrittweises Vorgehen festgelegt sind, scheint das intuitive Sortieren gerade durch die *Unmittelbarkeit* gekennzeichnet zu sein, mit der sich die geordnete Struktur aus dem „Gesamtfeld" der Gegenstände „anbietet"." (Kuhl, 1983, S. 236, Hervorh. i. Orig.)

Neben Kuhl vertreten auch Isen (1984, 1987) und Fiedler (1988) die These, dass positive und negative Stimmungen mit unterschiedlichen Formen der Informationsverarbeitung einhergehen. Isen (1987) konnte in mehreren Studien zeigen, dass Probanden in positiver Stimmung bei Problemlöseaufgaben vermehrt auf vereinfachende Heuristiken und intuitive Einfälle zurückgreifen. Fiedler (1988, S. 102) unterscheidet mit dem „Loosening" und dem „Tightening" ebenfalls zwei stimmungsabhängige kognitive Stile. Loosening beschreibt einen intuitiven, kreativen, aber auch ungenaueren kognitiven Stil, der in guter Stimmung zu beobachten ist. Tightening bezeichnet dagegen ein systematisches, konservatives und rigides Denken und Problemlösen in negativer Stimmung.

Folgt man der Annahme, dass durch positive vs. negative Stimmungen jeweils unterschiedliche kognitive Stile angeregt werden, ist anzunehmen, dass Stimmungseinflüsse auf kognitive Leistungen von den Anforderungen der jeweiligen Aufgabe abhängig sind: Der mit negativer Stimmung einhergehende analytische Stil sollte die Leistung bei solchen Problemlösungen verbessern, die ein analytisches, eher konvergentes Denken erfordern. Auf der anderen Seite sollte der intuitive Stil in positiver Stimmung intuitive, kreative Leistungen und divergente Produktionen begünstigen. Hinsichtlich der spezifischen Emotionen Ärger und Freude legt dies zunächst nahe, dass Freude kreative Leistungen und Ärger analytische Leistungen begünstigen sollte.

Dieser Überlegung stehen nun aber die oben referierten Befunde gegenüber, die zeigen, dass auch bei der Bewältigung analytischer Aufgaben nicht selten Leistungsverschlechterungen in negativer Stimmung auftreten (z.B. Beyer, 1986). Zur Erklärung dieser Befunde müssen die bisherigen Ausführungen zur Denkstil-Hypothese um eine weiterführende Annahme aus der Theorie Kuhls erweitert werden: So räumt Kuhl (1983) ein, dass die Umschaltung auf den analytischen Modus in negativer Stimmung zwar im allgemeinen eine funktionale und Erfolg versprechende Strategie darstellt (sequentielle Analyse einer potentiell bedrohlichen Situation mit anschließender Einengung auf eine dominante Verhaltensstrategie), jedoch immer dann, wenn der Inhalt der zu verarbeitenden Information nicht mehr aufgabenrelevant ist (z.B. sequentielle Analyse selbstwertbezogener Gedanken) zu deutlichen Leistungseinbußen führen kann. Damit kann sich der analytische Stil in negativer Stimmung bei der Problemlösung nur dann leistungsförderlich auswirken, wenn sich die Analyse auch tatsächlich auf problemrelevante Inhalte bezieht.

In Situationen, die eine Selbstwertbelastung implizieren (z.B. Misserfolgsrückmeldungen) sollten negative Stimmungen also auch die Leistung bei der Lösung analytischer Aufgaben eher behindern. Untersuchungen zur Aufmerksamkeitshypothese (s.o.: Wine, 1971) aus der Prüfungsangstforschung stützen die Annahme leistungsmindernder Wirkungen aufgabenirrelevanter Kognitionen, die mit leistungsbezogener *Angst* einhergehen. Es kann vermutet werden, dass auch leistungsbezogener *Ärger* nach einem Misserfolg – insbesondere wenn es sich um selbstbezogenen Ärger handelt – mit aufgabenirrelevanten Kognitionen einhergehen kann, die kognitive Folgeleistungen beeinträchtigen. Dieser Überlegung wird sich der folgende Abschnitt genauer widmen.

2.5.2. Leistungsbezogener Ärger und kognitive Leistung

Wie bereits ausgeführt wurde, liegen bisher keine Ergebnisse zu den Wirkungen leistungsbezogenen Ärgers auf kognitive Leistungen vor. Daher werden in diesem Kapitel Befunde zu den Wirkungen einer anderen negativen Leistungsemotion – der Prüfungsangst – herangezogen, um erste Überlegungen zu den möglichen Wirkungen von Ärger nach einem Misserfolg zu entwickeln. Dabei werden die Befunde der Prüfungsangstforschung zu den leistungsbeeinträchtigenden Wirkungen aufgabenirrelevanter Kognitionen mit ersten Ergebnissen explorativer Studien zusammengeführt, die sich mit der genaueren Analyse spezifischer Leistungsemotionen - darunter auch Ärger - befassen.

Prüfungsangst kann mit Schwarzer (1993, S.105, vgl. Kap. 2.2.1.) definiert werden als eine erhöhte „Besorgtheit und Aufgeregtheit angesichts von Leistungsanforderungen, die als selbstwertbedrohlich eingeschätzt werden." Prüfungsängstlichkeit als Persönlichkeitsdisposition („trait anxiety") beschreibt die Neigung, eine sehr große Bandbreite von Situationen als selbstwertbedrohlich zu erleben und daraufhin mit erhöhter Zustandsangst zu reagieren.

Die Überlegung, dass aufgabenirrelevante Kognitionen hinsichtlich der leistungsbeeinträchtigenden Wirkungen von Prüfungsangst eine zentrale Rolle spielen, hat ihren Ursprung in der theoretischen Konzeption von Mandler und Sarason (1952). Die Autoren führen aus, dass Bewertungssituationen einen Aufgabentrieb („task-directed drives") und einen Ängstlichkeitstrieb („anxiety drives") auslösen. Der Aufgabentrieb regt Reaktionen an, die im Sinne der Aufgabenbewältigung funktional sind, während der Ängstlichkeitstrieb zu Reaktionen führt, die in keinem Zusammenhang zu den Aufgabenanforderungen stehen und sich in einem Gefühl von Inkompetenz, Hilflosigkeit und

Aufgeregtheit sowie Misserfolgserwartungen manifestieren. Darüber hinaus motiviert der Ängstlichkeitstrieb Verhaltensweisen zur Vermeidung der Bewertungssituation. Die Konzeption von Mandler und Sarason hat einige Experimente angeregt, in denen Hoch- vs. Niedrigängstliche (gemessen mit dem von Mandler und Sarason entwickelten TAQ, vgl. Kapitel 2.2.1.) komplexe Aufgaben lösen mussten. Zuvor wurden die Hoch- vs. Niedrigängstlichen jeweils Situationen ausgesetzt, die hinsichtlich der Bedrohlichkeit für den Selbstwert (z.b. Erfolgs- und Misserfolgsrückmeldungen) variierten. So konnte z.b. Sarason (1972) zeigen, dass die Leistung hochängstlicher Personen beim Lernen sinnloser Silben im Vergleich zu der Leistung niedrigängstlicher Personen deutlich vermindert ist, wenn der Bewertungscharakter der Aufgabe besonders betont wurde (Aufgabe wurde als Intelligenztest dargestellt). Darüber hinaus belegen die Arbeiten von Mandler und Watson (1966) sowie Marlett und Watson (1968), dass hoch Prüfungsängstliche in postexperimentellen Befragungen besonders häufig über das Auftreten erfolgs- und misserfolgsbezogener Gedanken berichten. Liebert und Morris (1967) differenzierten schließlich „worry" (kognitive Komponente: Selbstzweifel und Misserfolgserwartungen) und „emotionality" (affektiv-physiologische Komponente: Wahrnehmung autonomer Reaktionen, Aufgeregtheit, Erregung) als zwei Komponenten der Prüfungsangst. Liebert und Morris fanden drei wesentliche Unterschiede zwischen diesen beiden Komponenten (vgl. Heckhausen, 1980, S. 245):

1. Die Stärke der Selbstzweifel (worry) korreliert negativ mit der Höhe der Erfolgserwartung. Erfolgserwartung und Aufgeregtheit (emotionality) korrelieren nicht.

2. Die Stärke der Selbstzweifel bleibt für die Zeitpunkte vor, während und nach der Prüfungssituation weitgehend konstant. Demgegenüber erreicht die Aufgeregtheit während der Prüfung ihren Höhepunkt und fällt anschließend ab.

3. Die Stärke der Selbstzweifel korreliert negativ mit der Prüfungsleistung, insbesondere wenn die Aufgaben schwer sind oder einer Zeitbegrenzung unterliegen. Prüfungsleistung und Aufgeregtheit korrelieren nicht.

In der Folge dieser Befunde wurde in der Aufmerksamkeitshypothese (Wine, 1971) angenommen, dass die mit der Prüfungsangst einhergehenden selbstbezogenen Kognitionen Aufmerksamkeit binden, die für aufgabenrelevante Inhalte folglich nicht mehr zur Verfügung steht. Damit werden Leistungsminderungen durch Prüfungsangst nicht auf eine erhöhte physiologische Erregung, sondern auf den Störeinfluss aufgabenirrelevanter Kognitionen zurückgeführt.

Heckhausen (1980) hat die Auftretenshäufigkeit und Wirkung aufgabenirrelevanter Kognitionen unterschiedlichen Inhalts bei Examenskandidaten genauer untersucht. Hierzu wurden die Probanden im Anschluss an eine Prüfung befragt, wie häufig während der Prüfung neun unterschiedliche Kognitionsinhalte aufgetreten waren und inwieweit diese als störend bzw. leistungshinderlich erlebt wurden. Dabei wurden innerhalb des Fragebogens die folgenden Kognitionstypen differenziert:

1. Ursachenanalyse von möglichem Erfolg/Misserfolg: Zufriedenheit vs. Unzufriedenheit mit der eigenen Prüfungsvorbereitung und Kompetenz
2. Anreize der Folgen des Leistungsergebnisses in Form erwarteter positiver/negativer Selbst- oder Fremdbewertung
3. Normsetzung: eigener Leistungsstandard und Vergleich mit anderen Personen
4. Leistungsverlauf: steigender vs. abnehmender Leistungstrend
5. Handlungs-Ergebnis-Erwartungen: Erfolgszuversicht vs. Erfolgszweifel
6. Affektiver Zustand: Anspannung vs. Entspannung; positive vs. negative Emotionen
7. Ausführungsintentionen: Vorsatz, sich besser zu konzentrieren
8. Situation-Ergebnis-Erwartungen: Vorfreude auf das Ende der Prüfung
9. Irrelevantes: unwichtige Nebensächlichkeiten in der jeweiligen Situation

Mit Ausnahme des Kognitionstyps „Irrelevantes" handelt es sich nach Heckhausen (1982, S. 249) bei den übrigen Kategorien jeweils um Kognitionsinhalte mit Selbstwertrelevanz. Die einzelnen Kognitionsinhalte können sowohl in positiver, erfolgsbezogener Ausprägung (im Sinne von

Selbstvertrauen) als auch in negativer, misserfolgsbezogener Ausprägung (im Sinne von Selbstzweifeln) auftreten.

Die Ergebnisse der Befragung zeigten, dass Kausalattributionen eines erwarteten Erfolgs/Misserfolgs (Ursachenanalyse), Kognitionen zu den Anreizen der Folgen eines Leistungsergebnisses, Gedanken über den Leistungsverlauf, Gedanken über den momentanen affektiven Zustand und Handlungs-Ergebnis-Erwartungen während der Prüfung als störend und leistungshinderlich erlebt werden. Dies gilt darüber hinaus auch für aufgabenirrelevante Gedanken ohne Selbstwertbezug (Kategorie „Irrelevantes"). Die Stärke des Störeinflusses der genannten Kognitionsinhalte ist dabei von drei Faktoren abhängig:

- Je häufiger aufgabenirrelevante Kognitionen während der Prüfung erlebt werden, desto größer ist ihr Störeinfluss.

- Der Zusammenhang zwischen Auftretenshäufigkeit und Störeinfluss der Kognitionen zeigt sich nur bei prüfungs- bzw. misserfolgsängstlichen Personen; bei erfolgszuversichtlichen Personen korrelieren die Variablen nicht.

- Im Allgemeinen werden Kognitionen negativer, misserfolgsbezogener Ausprägung (Selbstzweifel) als störend und Kognitionen positiver, erfolgsbezogener Ausprägung als leistungsförderlich erlebt. Unabhängig von der Auftretenshäufigkeit der Kognitionen ist der Störeinfluss von Selbstzweifeln bei misserfolgsängstlichen Personen größer als bei erfolgszuversichtlichen Personen.

Damit zeigt sich auch in der Untersuchung von Heckhausen (1980), dass aufgabenirrelevante Kognitionen – dies gilt sowohl für aufgabenirrelevante Kognitionen mit und ohne Selbstwertbezug - als leistungsbehindernd erlebt werden. Analog zu den Ergebnissen von Liebert und Morris (1967) fand Heckhausen darüber hinaus negative Korrelationen der Variablen Inkompetenzerleben, negative Selbstbewertung und Misserfolgserwartung (kognitive Komponente der Prüfungsangst) mit der Prüfungsnote.

Prüfungsangst tritt als prospektive Leistungsemotion bereits in Erwartung einer zu erbringenden Leistung auf. Die mit der Prüfungsangst charakteristisch verbundenen Kognitionen können sich damit bereits vor und während der Leistungssituation auf Denk- und Problemlöseprozesse auswirken. Ärger nach einer Leistungsrückmeldung tritt als retrospektive Leistungsemotion erst nach der Bewertung des erbrachten Leistungsergebnisses auf (vgl. Kap. 2.1.1.). Auch für Ärger nach einer Leistungsrückmeldung kann angenommen werden, dass er mit misserfolgsbezogenen, aufgabenirrelevanten Kognitionen verbunden ist, die sich möglicherweise hinderlich auf kognitive Folgeleistungen auswirken. So wurden in Kapitel 2.3. mit dem sozialen, dem selbstbezogenen sowie dem aufgaben- bzw. objektbezogenen Ärger drei Arten leistungsbezogenen Ärgers differenziert, für die jeweils unterschiedliche aufgabenirrelevante Kognitionsinhalte als charakteristisch angenommen werden können: Im Falle sozialen Ärgers ist mit externen Attributionen des Misserfolgs sowie Kognitionen zu rechnen, die sich im Allgemeinen auf die jeweils ärgerauslösende Person im Leistungsumfeld beziehen und so der aktuellen Aufgabenbewältigung Aufmerksamkeit entziehen. Ähnliche Aufmerksamkeitsdefizite durch aufgabenirrelevante Kognitionen sind für den objekt- oder aufgabenbezogenen Ärger infolge aufgabenimmanenter Störungen (z.B. langweilige Aufgabe) oder mangelhafter Arbeitsmittel zu erwarten. Selbstbezogener Ärger hingegen sollte eher mit einer Attribution des Misserfolgs auf mangelnde eigene Fähigkeit und Anstrengung sowie mit der Einschätzung einhergehen, gegen eine interne (eigener Leistungsstandard) oder externe Leistungsnorm (Leistungsstandard des sozialen Umfelds) verstoßen zu haben. Aufgabenirrelevante Kognitionen sind damit im Falle selbstbezogenen Ärgers zusätzlich als potenziell selbstwertbelastend zu beurteilen.

Aus explorativen Studien der Forschungsgruppe um Pekrun (vgl. Hofmann, 1997; Pekrun, 1992a; Pekrun, 1998; Pekrun et al., 2002) liegen bereits erste Befunde zu den mit leistungsbezogenem Ärger einhergehenden Kognitionen vor. In einer Interviewstudie erhob Pekrun (1992a) die prozentualen Häufigkeiten von Verknüpfungen einzelner Leistungsemotionen mit ausgewählten Kognitionen. Die Ergebnisse der Interviewstudie wurden bereits an anderer Stelle (vgl. Kap. 2.2.3.2, Tabelle 8) erläutert. Es zeigte sich, dass in Verbindung mit leistungsbezogenem Ärger am häufigsten interaktionsbezogene Kognitionen (sozialer Ärger), aber auch misserfolgsbezogene Interaktionen ohne Interaktionsbezug erlebt werden. Darüber hinaus werden in Verbindung mit

Ärger Aufgabenschwierigkeit und eigene Kompetenz als hoch eingeschätzt. Diese Einschätzungen sind allerdings häufig mit Zweifeln behaftet, was als Hinweis auf eine Verunsicherung der Betroffenen hinsichtlich ihrer Schwierigkeits- und Kompetenzeinschätzungen eingeordnet werden kann. Für einen Vergleich möglicher Auswirkungen von Ärger und Freude auf kognitive Leistungen erscheint der folgende Befund als besonders zentral: Während leistungsbezogene Freude in 19,4% der Fälle in Verbindung mit direkt aufgabenrelevanten, stoffbezogenen Kognitionen genannt wurde, ging Ärger nur äußerst selten (in weniger als 5% der genannten Fälle) mit Kognitionen einher, die sich direkt auf relevante Aspekte der Aufgabenbewältigung beziehen.

Hofmann (1997) ließ 69 Lehramtstudenten über einen Zeitraum von sechs Wochen (vier Wochen vor und zwei Wochen nach der ersten von mehreren Examensprüfungen) zweimal täglich ein standardisiertes Tagebuch zu lern- und prüfungsbezogenen Kognitionen und Emotionen führen. Im Kontext der vorliegenden Arbeit, die sich mit Ärger und Freude *nach* Leistungsrückmeldungen befasst, sind die Ergebnisse zu den *prüfungsbezogenen* Emotionen Ärger und Freude sowie begleitenden Kognitionen von besonderem Interesse. Das Tagebuch wurde von den Untersuchungsteilnehmern jeweils morgens vor Lern- oder Prüfungsbeginn (Items zu Gedanken und Gefühlen mit Bezug auf den bevorstehende Lerntag oder die bevorstehende Prüfung) und abends nach Lern- oder Prüfungsende (Items zu Gedanken und Gefühlen während des Lernens bzw. der Prüfung sowie nach Abschluss des Lerntags oder der Prüfung) bearbeitet. Für die Emotionen Ärger und Freude ergaben sich jeweils gegenläufige signifikante Zusammenhänge zu prüfungsbezogenen Erwartungen, selbst- und gegenstandsbezogenen Kognitionen, Lernmotivation und kognitiven Ressourcen (vgl. Hofmann, 1997, Kap. 9):

- *Prüfungsbezogene Erwartungen:* Prüfungsbezogener Ärger korreliert negativ mit der subjektiven Einschätzung der prüfungsbezogenen Erfolgswahrscheinlichkeit, der Schwierigkeit und der Fairness der Prüfung. Für prüfungsbezogene Freude zeigen sich positive Korrelationen zu diesen Variablen.
- *Selbst- und gegenstandsbezogene Kognitionen:* Kontrollüberzeugungen, Selbstwirksamkeitserwartungen sowie das

Interesse hinsichtlich der Prüfung korrelieren negativ mit prüfungsbezogenem Ärger. Für prüfungsbezogene Freude zeigen sich positive Korrelationen zu diesen Variablen.

- *Lernmotivation:* Prüfungsbezogener Ärger korreliert negativ mit der allgemeinen Lernmotivation. Prüfungsbezogene Freude korreliert positiv mit der allgemeinen Lernmotivation sowie mit der Höhe des individuellen Anspruchsniveaus.

- *Kognitive Ressourcen:* Prüfungsbezogener Ärger korreliert positiv, prüfungsbezogene Freude negativ mit Aufmerksamkeitsstörungen.

Auch die Befunde Hofmanns sprechen also dafür, dass Ärger nach einem Misserfolg mit Konzentrations- und Aufmerksamkeitsstörungen einhergeht, von denen in Analogie zu den Wirkungen der Prüfungsangst angenommen werden kann, dass sie kognitive Leistungen behindern.

Die in diesem Kapitel dargestellten Theorien und Befunde lassen sich insgesamt zu folgenden Annahmen verdichten: Freude nach einem Erfolg sollte insgesamt mit einer Zunahme aufgabenrelevanter Kognitionen und einem eher intuitiv-holistischen Stil der Informationsverarbeitung einhergehen und sich daher förderlich auf kognitive Leistungen auswirken. Dies gilt im besonderen Maße für kognitive Leistungen bei Aufgaben, die kreative, divergente Problemlösungen erfordern. Für Ärger nach einem Misserfolg ist hingegen zu erwarten, dass die bei Ärger zu vermutende Verschiebung der Aufmerksamkeit hin zu aufgabenirrelevanten und potenziell selbstwertbelastenden Aspekten (im Falle selbstbezogenen Ärgers) mit einer Verminderung kognitiver Leistungen einhergeht.

Hierbei ist zusätzlich davon auszugehen, dass die vermuteten negativen Auswirkungen leistungsbezogenen Ärgers durch individuelle Kompetenzen zur Regulation misserfolgsbezogener Emotionen und Kognitionen moderiert werden. Die Effizienz beim Einsatz von Fähigkeiten zur Herabregulierung negativer Emotionen nach Misserfolgserlebnissen bezeichnet Kuhl (1994a, 1996, 1998, 2001) als „misserfolgsbezogene Handlungs- vs. Lageorientierung".

2.5.2.1. Misserfolgsbezogene Handlungs- und Lageorientierung

Nach Kuhl (1996) beschreibt das Konstrukt der Handlungs- vs. Lageorientierung interindividuelle Unterschiede hinsichtlich der Anfälligkeit für vorübergehende *Beeinträchtigungen von Selbststeuerungskompetenzen* in belastenden Situationen.

Der Begriff der *Selbststeuerung* beschreibt die Koordination, Abstimmung und Nachregulierung verschiedener psychischer Einzelfunktionen im Dienste der optimalen Umsetzung einer aktuellen Absicht und damit verbundener konkreter Ziele (vgl. Kuhl, 2001, S. 133). Wahrnehmung, Aufmerksamkeit, Motivation, Temperament und Emotionen werden als psychische Systeme mit Hilfe von Handlungskontrollprozessen im Sinne der Zielerreichung nachreguliert, die sowohl in Form unbewusster Mechanismen als auch in Form bewusster Strategien auftreten. Kuhl (1996, S.684) unterscheidet die folgenden zentralen Handlungskontrollprozesse:

- *Motivationskontrolle* (Fokussierung attraktiver Anreizmomente der Situation)
- *Aufmerksamkeitskontrolle* (Lenkung der Aufmerksamkeit auf zielrelevante Inhalte)
- *Enkodierungskontrolle* (Lenkung der Wahrnehmungsfunktionen auf zielrelevante Inhalte)
- *Emotionskontrolle* (Modifikation und Regulation von Stimmungen, die die Zielerreichung erschweren)
- *Misserfolgs- und Aktivierungskontrolle* (Misserfolge und die daraus resultierende emotionale Befindlichkeit werden zur Mobilisierung zusätzlicher Anstrengung genutzt)
- *Initiierungskontrolle* (Erkennen von geeigneten Gelegenheiten zur Ausführung einer beabsichtigten Handlung)

Der Auftrag zur Koordination der psychischen Teilfunktionen mit Hilfe der genannten Handlungskontrollprozesse geht von der zentralen Steuerungsinstanz des *Willens* aus, der Kuhl (1996, S.668) „Führungseigenschaften" zuschreibt. Je nach dem „Führungsstil" des Willens lassen sich mit der Selbstkontrolle, der

Selbstregulation und der Selbstorganisation drei Formen der Selbststeuerung unterscheiden. Die *Selbstkontrolle* lässt sich mit einem autoritären Führungsstil vergleichen: Entscheidungen werden „diktatorisch" durchgesetzt – Kuhl spricht hier von der so genannten „Dominantensteuerung" (vgl. Kuhl, 1996, S.701) - indem alle psychischen Funktionen, die der Entscheidung entgegenstehen, blockiert und von der Entscheidung abgekoppelt werden. Diese Form der Selbststeuerung ist dann funktional, wenn schnell gehandelt werden muss und das Explorieren verschiedener Handlungsmöglichkeiten daher unmöglich ist (z.b. Gefahrensituationen). Die *Selbstregulation* hingegen ist eine sehr aufwendige, demokratisch organisierte Form der Selbststeuerung, bei der möglichst viele psychische Funktionen in die Problemlösung integriert werden. Eine wichtige Rahmenbedingung für diese Form der Selbststeuerung ist ein ausreichendes Maß an Zeit und Sicherheit als Voraussetzung dafür, dass unterschiedliche Handlungsalternativen und Lösungswege risikolos ausprobiert werden können. Bei der *Selbstorganisation*, die in der sozialen Analogie an ein anarchistisches System erinnert, realisieren alle beteiligten psychischen Funktionen ein Verhalten ohne jede zentrale Führung automatisch (z.B. Flusserleben während einer Tätigkeit).

Lageorientierte Personen zeichnen sich in belastenden Situationen durch eine Neigung zu der streng kontrollierenden Form der Selbststeuerung – der Selbstkontrolle – aus, während Handlungsorientierung nicht an eine bestimmte Steuerungsform gebunden ist. Es wurde bereits darauf hingewiesen, dass der Selbstkontrollmodus in manchen Situationen durchaus funktional sein kann (z.B. Erfordernis schnellen Handelns in gefährlichen Situationen). Diese prinzipielle Funktionalität der Selbstkontrolle geht im Zustand der Lageorientierung jedoch verloren, weil die handlungskontrollierende Direktive nicht mit dem eigentlich bewusst gewollten Ziel (z.B. Erfolg bei der Bewältigung einer Aufgabe) übereinstimmt, sondern ausschließlich aus einem der psychischen Teilsysteme (z.B. Ärger über einen vorangegangen Misserfolg) gespeist wird. Bei lageorientierten Personen ist die willentliche Handlungssteuerung also geschwächt, weil nicht mehr der Koordinationsauftrag des Willens, sondern das momentan stärkste psychische Teilsystem (z.B. negativer Affekt) als „Dominante" des Gesamtsystems auftritt.

Diese Beeinträchtigung der Selbststeuerungskompetenzen stellt kein zeitlich überdauerndes *Kompetenzdefizit* Lageorientierter dar, sondern tritt als vorübergehendes *Effizienzdefizit* dann auf, wenn die betroffene Person sich mit Misserfolgen oder anderen schwierigen Situationen konfrontiert sieht (vgl. Kuhl, 1996, S.692). Verschiedene Situationen lassen sich danach unterscheiden, mit welcher Wahrscheinlichkeit sie das beschriebene Effizienzdefizit auslösen: Auch dispositionell handlungsorientierte Personen können in sehr belastenden Situationen vorübergehend in einen lageorientierten Zustand geraten; bei Personen mit einer Disposition zur Lageorientierung tritt die beschriebene Willensschwächung allerdings weit häufiger auf.

Konkret neigen Lageorientierte in Misserfolgssituationen zu einer verstärkten Reflexion der Situation (oder auch der momentanen Lage), die sich in perseverierenden Gedanken (unkontrollierbares „Grübeln") sowie lähmenden misserfolgsbezogenen Emotionen manifestiert. Kuhl konnte in mehreren Untersuchungen (vgl. Kuhl, 1981; Kuhl & Weiß, 1994) zeigen, dass diese Unfähigkeit, negative Gedanken und Gefühle in unangenehmen Situationen aktiv herabzuregulieren (s.o.: Emotionskontrolle) und die Aufmerksamkeit auf aufgabenrelevante Inhalte zu lenken (s.o.: Aufmerksamkeitskontrolle), bei lageorientierten Personen nach Misserfolg zu Leistungsbeeinträchtigungen führt. In entspannten Situationen können Lageorientierte ihre Kompetenzen (insbesondere die beschriebenen hoch ausgeprägten Selbstreflexionskompetenzen) hingegen optimal einsetzen. Kuhl (1996) beschreibt dies folgendermaßen:

„Unter belastungsfreien, freundlichen Bedingungen fällt die Reduzierung volitionaler Effizienz und die damit gesteigerte externale Steuerung weg, so daß die gesellschaftlich besonders positiv bewerteten Seiten der Lageorientierung hervortreten, die Jung (1921/1950) im Zusammenhang mit seinem Typus der Introversion beschrieben hat: Konsistente Orientierung an eigenen Werten, Zuverlässigkeit, Echtheit, „Tiefgang" und Kreativität statt „oberflächliche" Einpassung in die jeweils vorfindbare Situation." (Kuhl, 1996, S. 695/696, Hervorh. i. Orig.)

Demgegenüber können handlungsorientierte Personen ihre Leistungsfähigkeit unter Belastung genauso gut (oder sogar besser) ausschöpfen wie unter belastungsfreien, entspannten Bedingungen (vgl. Kuhl, 1995, S. 303), indem sie Misserfolge zur Mobilisierung zusätzlicher Anstrengungen ausnutzen (s.o.: Misserfolgskontrolle).

Bezüglich einer Vorhersage kognitiver Leistungen nach Erfolgen und Misserfolgen ist also von einer Wechselwirkung zwischen Situations- (Erfolg vs. Misserfolg) und Persönlichkeitsvariablen (Handlungs- vs. Lageorientierung) auszugehen (vgl. Kuhl, 1998, S.73): Lageorientierte sollten nach Ärger auslösenden negativen Leistungsrückmeldungen schlechtere kognitive Leistungen zeigen als nach positiven Leistungsrückmeldungen, die mit dem Erleben von Freude verbunden sind. Die kognitive Leistung Handlungsorientierter sollte dagegen nach Ärger auslösenden negativen Leistungsrückmeldungen im Vergleich zu positiven Leistungsrückmeldungen nicht beeinträchtigt sein.

Der Vollständigkeit halber sei erwähnt, dass sich neben der beschriebenen *misserfolgsbezogenen* mit der *prospektiven* Lageorientierung eine zweite Variante beeinträchtigter Selbststeuerung differenzieren lässt. Prospektive Lageorientierung geht nicht mit unkontrollierbaren kognitiven und emotionalen Intrusionen (erhöhte Grübelneigung) einher, sondern äußert sich in der Schwierigkeit, Entscheidungen zu treffen und Absichten umzusetzen („Zögern", vgl. Kuhl, 1996, S. 696).

Zur Messung vorhandener Selbststeuerungskompetenzen sowie der Disposition zur Handlungs- und Lageorientierung als Ausprägungen der Selbststeuerungseffizienz hat die Forschungsgruppe um Kuhl mehrere Instrumente entwickelt. Die Ausprägung der verschiedenen Funktionskomponenten der Selbststeuerung (z.B. Emotionskontrolle) wird mit dem so genannten *Selbststeuerungsinventar* (SSI, vgl. Fröhlich & Kuhl, 2003; Kuhl & Fuhrmann, 1998) erfasst, das auch in einer Kurzversion (SSI-K) vorliegt. Dagegen erfasst der *HAKEMP90* (Kurzform: HAKEMP-K 2000, vgl. Diefendorff et al., 2000; Kuhl, 1994b) die Effizienz im Einsatz von Selbststeuerungskompetenzen in schwierigen, angespannten Situationen im Sinne der Disposition zur Handlungs- und Lageorientierung. Beide Instrumente werden in dem in dieser Arbeit durchgeführten Experiment zum Einsatz kommen und werden daher im Zuge der Beschreibung des methodischen Vorgehens genauer erläutert (vgl. Kap. 4).

2.5.3. Zusammenfassung

In diesem Kapitel wurden Überlegungen zu den Wirkungen von Ärger und Freude nach Leistungsrückmeldungen auf kognitive Leistungen aus dem Bereich des Denkens bzw. Problemlösens angestellt.

Die psychologische Forschung hat sich bisher nur vereinzelt mit leistungsbezogenen Einflüssen spezifischer Emotionen befasst (z.B. Prüfungsangstforschung). Allerdings konnte vielfach gezeigt werden, dass sich Stimmungen als affektive Zustände geringerer Intensität fördernd oder beeinträchtigend auf kognitive Leistungen auswirken können. Einen für diese Arbeit zentralen Ansatz zur Erklärung von Stimmungseinflüssen stellt die Denkstil-Hypothese dar (vgl. Kuhl, 1983). Vertreter der Denkstil-Hypothese gehen davon aus, dass positive und negative Stimmungen unterschiedliche Modi der Informationsverarbeitung anregen. Positive Stimmungen gehen mit einem intuitiv-holistischen Stil der Informationsverarbeitung einher, der die Leistung bei kreativen, divergenten Problemlösungen begünstigen sollte. Der mit negativer Stimmung einhergehende analytische Stil sollte die Leistung bei solchen Problemlösungen verbessern, die ein analytisches, eher konvergentes Denken erfordern.

Kuhl (1983) weist allerdings darauf hin, dass sich der analytische Stil in negativer Stimmung bei der Problemlösung nur dann leistungsförderlich auswirken kann, wenn die Aufmerksamkeit auf die Analyse tatsächlich problemrelevanter Inhalte gerichtet ist. In Situationen, die eine Selbstwertbelastung implizieren (z.B. Misserfolgsrückmeldungen) und damit eine Verschiebung der Aufmerksamkeit auf aufgabenirrelevante, selbstwertbelastende Kognitionen nahe legen, sollten negative Stimmungen die Leistung bei der Lösung analytischer Aufgaben also eher behindern. Zu den Auswirkungen leistungsbezogenen Ärgers auf kognitive Folgeleistungen liegen bisher keine Befunde vor. Für die Emotion Prüfungsangst als negative Leistungsemotion konnte aber tatsächlich gezeigt werden, dass die mit ihr einhergehenden aufgabenirrelevanten, selbstwertbelastenden Kognitionen tatsächlich zu Leistungsbeeinträchtigungen führen (vgl. Heckhausen, 1980; Liebert & Morris, 1967; Wine, 1971). Erste explorative Befunde der Forschungsgruppe um Pekrun (vgl. Hofmann, 1997; Pekrun, 1992a; Pekrun, 1998; Pekrun et al., 2002) sprechen dafür, dass auch leistungsbezogener Ärger nach Misserfolgserlebnissen mit einer Zunahme aufgabenirrelevanter Gedanken sowie Aufmerksamkeitsstörungen verbunden ist. Im Falle selbstbezogenen Ärgers nach Leistungsrückmeldungen kann sogar davon ausgegangen werden, dass störende aufgabenirrelevante Kognitionen zusätzlich eine Selbstwertbelastung implizieren. Im Vergleich dazu scheint leistungsbezogene Freude wesentlich häufiger mit direkt stoffbezogenen, aufgabenirrelevanten Kognitionen einherzugehen (vgl. Pekrun, 1992a).

Insgesamt soll daher angenommen werden, dass...

---

1. ...nach Misserfolgsrückmeldungen, die mit dem Erleben von Ärger einhergehen, schlechtere kognitive Leistungen bei divergenten Problemlösungen gezeigt werden als nach Erfolgsrückmeldungen, die mit dem Erleben von Freude einhergehen (➔ intuitiv-holistischer Informationsverarbeitungsstil bei Freude).

2. ...nach Misserfolgsrückmeldungen, die mit dem Erleben von Ärger einhergehen, schlechtere Leistungen bei konvergenten Problemlösungen gezeigt werden als nach Erfolgsrückmeldungen, die mit dem Ereben von Freude einhergehen (➔ Zunahme aufgabenirrelevanter und/oder selbstwertbelastender Kognitionen bei leistungsbezogenem Ärger).

Darüber hinaus ist davon auszugehen, dass die vermuteten negativen Auswirkungen leistungsbezogenen Ärgers durch interindividuell unterschiedlich ausgeprägte Kompetenzen zur Regulation negativer Emotionen und Kognitionen in Misserfolgssituationen moderiert werden. Als eine in diesem Zusammenhang besonders wichtige Persönlichkeitsvariable wurde das Konstrukt der misserfolgsbezogenen Handlungs- und Lageorientierung (vgl. Kuhl, 1996, 1998, 2001) eingeführt. Lageorientierte Personen zeigen eine besonders erhöhte Neigung zu kognitiven und emotionalen Intrusionen in bedrohlichen Misserfolgssituationen, was sich leistungsbeeinträchtigend auswirkt.

Handlungsorientierte Personen zeigen demgegenüber unter Belastung genauso gute Leistungen wie in erfreulichen, entspannten Situationen.

Demzufolge soll angenommen werden, dass...

1. ...misserfolgsbezogen Lageorientierte nach Misserfolgsrückmeldungen, die mit dem Erleben von Ärger einhergehen, schlechtere kognitive Leistungen zeigen als nach positiven Leistungsrückmeldungen, die mit dem Erleben von Freude verbunden sind.

2. ...misserfolgsbezogen Handlungsorientierte nach Misserfolgsrück-meldungen, die mit dem Erleben von Ärger verbunden sind, ebenso gute Leistungen zeigen wie nach positiven Leistungsrückmeldungen, die mit dem Erleben von Freude einhergehen.

Das nun folgende Kapitel 2.6. exploriert abschließend die Frage, wie gut Informationen aus Situationen positiver vs. negativer Leistungsrückmeldung - als emotional getönte wichtige biographische Situationen - langfristig erinnert werden. Forschungsbefunde zu emotionalen Einflüssen auf Gedächtnisleistungen liefern Hinweise darauf, dass autobiographische Ereignisse, die mit starken Emotionen verbunden sind, besonders gut erinnert werden können.

2.6. Das Langzeitgedächtnis für Aspekte der Rückmeldungssituation: Erste Überlegungen

Wie oben dargestellt wurde, können Rückmeldungen guter oder schlechter Leistungsergebnisse als besonders sensible Ereignisse für das Erleben einer Vielfalt von spezifischen Emotionen – im Fokus dieser Arbeit stehen die Emotionen Ärger und Freude - betrachtet werden, da berufliche Entwicklungs- und Aufstiegsmöglichkeiten häufig von der Güte individueller Leistungen abhängig gemacht werden. Leistungsrückmeldungen stellen damit emotional getönte wichtige biographische Situationen dar. Forschungsbefunde zum autobiographischen Gedächtnis sprechen dafür, dass sich Personen an emotional bewegende Ereignisse langfristig besonders gut erinnern können.

Goschke (1996) fasst in einem Enzyklopädiebeitrag die Befundlage zum Zusammenhang zwischen der Intensität der durch ein Erlebnis ursprünglich ausgelösten emotionalen Erregung und dem Langzeitgedächtnis für das betreffende Ereignis zusammen. Insgesamt sprechen die von ihm dargestellten Befunde dafür, dass emotional erregende Ereignisse *unabhängig von ihrer Qualität* (also sowohl positive als auch negative Ereignisse) langfristig besser erinnert werden als neutrale Ereignisse. Weiteren Aufschluss über die *Ursachen* eines verbesserten Langzeitgedächtnisses für emotional bewegende Alltagerlebnisse geben insbesondere die Arbeiten von McGaugh (1992, 2000) und Christianson (1992).

McGaugh (1992, 2000) belegt anhand tier- und humanexperimentell gewonnener neurobiologischer Befunde, dass sich die Injektion bestimmter Neurotransmitter und Hormone (z.B. Epinephrin, Opioide) förderlich auf das Langzeitgedächtnis für Lernmaterial auswirkt, dass kurz vor der Hormongabe dargeboten wird. So löst z.B. die Zirkulation des Hormons Epinephrin im peripheren Blutkreislauf die Freisetzung von Noradrenalin in zentralen Strukturen (insbesondere der Amygdala) aus. Möglicherweise führen emotional erregende Ereignisse also zur Ausschüttung solcher neuromodulatorischer Substanzen, die zu einer Konsolidierung von Gedächtnisspuren in bestimmten Gehirnarealen beitragen. Dieser Mechanismus kann als überaus funktional betrachtet werden, da er gewährleistet, dass besonders bedeutsame Erfahrungen (z.B. bedrohliche Situationen) sehr genau gespeichert werden.

Christianson (1992) ergänzt den neurobiologischen Ansatz McGaughs zur Erklärung der besseren Erinnerbarkeit emotional bedeutsamer Ereignisse um weitere Überlegungen aus einer psychologischen Perspektive. Zunächst belegt er anhand eigener Forschungsbefunde (Christianson, 1984; Christianson & Loftus, 1987; Christianson & Loftus, 1990, 1991), dass emotionales Material nicht generell besser erinnert wird, sondern dass die Güte der Erinnerungsleistung insbesondere davon abhängt, welche Situationsaspekte erinnert werden müssen: Thematisch zentrale Aspekte können bei emotionalen Episoden besser erinnert werden als bei neutralen Episoden, thematisch periphere Situationsaspekte hingegen sind im allgemeinen bei emotionalen Episoden schlechter erinnerbar. So wurde Probanden in einer der genannten Studien eine neutrale (eine Frau fährt Fahrrad) oder eine emotionale Version (eine Frau liegt neben ihrem Fahrrad verletzt auf der Straße) eines Dias gezeigt. Im Hintergrund beider Dias war jeweils ein vorbeifahrendes Auto zu erkennen. In Folgetests wurde den Probanden das Dia erneut gezeigt, auf dem man zuvor sowohl die Frau als auch das Auto wegretuschiert hatte. Die Probanden mussten nun alle auf dem Dia fehlenden Teile und anschließend deren Farbe (Farbe des Mantels der Frau sowie Farbe des Autos) benennen: Probanden, die das emotionale Dia gesehen hatten, erinnerten sich an solche Informationen besser, die in Zusammenhang mit der Frau standen (zentrale Informationen), während Probanden der neutralen Bedingung sich besser an Informationen bezüglich des Autos (periphere Informationen) erinnern konnten. Christianson (1992) vermutet, dass die berichteten Unterschiede in den Gedächtnisleistungen darauf zurückzuführen sind, dass emotionale Ereignisse retrospektiv mit einer höheren gedanklichen Beschäftigung einhergehen, also im Nachhinein intensiver elaboriert und reflektiert werden als neutrale Ereignisse. Dabei führt die intensivere Verarbeitung zentraler, besonders bedeutsamer Informationen dazu, dass peripheren, nebensächlichen Informationen Aufmerksamkeit entzogen wird.

Auf dem Hintergrund der geschilderten Befundlage sollten *sowohl Erfolgs-als auch Misserfolgsrückmeldungen* langfristig sehr gut erinnert werden, wenn sie aus der Perspektive des Betroffenen biographisch und emotional bedeutsame

Ereignisse darstellen. Dies sollte insbesondere für zentrale Informationen aus der Rückmeldungssituation gelten (z.B. Wortlaut der Rückmeldung, erzielte Ergebnisse in numerischer Form etc.). Spezifische Befunde zum Langzeitgedächtnis für Informationen aus Leistungsrückmeldungen lassen sich allerdings kaum finden.

Ein in diesem Zusammenhang interessantes Ergebnis berichtet Eilles-Matthiessen. Sie konnte in einer Tagebuchstudie über die Auswirkungen selbstwertrelevanten Vorgesetztenverhaltens auf das emotionale Befinden von Mitarbeitern zeigen, dass negative Interaktionen mit Vorgesetzten von betroffenen Mitarbeitern intensiver erlebt werden als positive Interaktionen, also ein höherer Varianzanteil im Erleben der so genannten „Verteidigungsemotionen" (z.B. Ärger) durch das Vorgesetztenverhalten erklärt wurde als dies für die „Verbundenheitsemotionen" (z.B. Freude) der Fall war. In einer qualitativen Voruntersuchung ließ Eilles-Matthiessen 50 Personen je ein in ihrem Arbeitsalltag besonders negativ und ein besonders positiv erlebtes Gespräch mit dem Vorgesetzten wiedergeben. Dabei zeigte sich, dass die subjektiven Auswirkungen negativ erlebter Interaktionen im Vergleich zu denen positiv erlebter Interaktionen weit häufiger im emotionalen Bereich zu lokalisieren waren. Darüber hinaus waren negativ erlebte Interaktionen unter den Interaktionen, die länger als ein Jahr zurücklagen, insgesamt häufiger vertreten als positiv erlebte Interaktionen. Insgesamt wurden *negative Interaktionen* also sowohl *emotional intensiver erlebt* als auch *über einen längeren Zeitraum hinweg erinnert.* Da die Ergebnisse von Eilles-Matthiessen (2000) sich auf vielfältige Interaktionssituationen zwischen Mitarbeitern und Vorgesetzten beziehen und nicht auf den spezifischen Kontext der Leistungsrückmeldung - wenngleich unter den Interaktionssituationen auch ein wesentlicher Anteil durch Bewertungsgespräche bestritten wird - können sie nur eingeschränkt auf den inhaltlichen Kontext dieser Arbeit übertragen werden. Dennoch geben diese Ergebnisse Anlass zu der Frage, ob Erfolgs- und Misserfolgsrückmeldungen tatsächlich gleich gut erinnert werden, oder ob von einer verbesserten Erinnerung an Misserfolgsrückmeldungen auszugehen ist.

Greif und Kluge (in Druck) wenden die oben geschilderten neurobiologischen Befunde zur Bedeutung der Emotionen für Gedächtnisprozesse in ihrem

Enzyklopädiebeitrag über organisationale Lernprozesse auf emotional belastende Situationen in Organisationen an und folgern:

„Diese Forschung bestätigt die oben zum exploratorischen Lernen beschriebene Folgerung, dass eine anfängliche Verunsicherung und Beunruhigung der Lernenden durch neue Lernaufgaben oder Situationen keineswegs problematisch ist und pädagogisch vermieden werden muss. Dabei ist aber zu gewährleisten, dass kein durch Ängste dominiertes Vermeidungslernen entsteht. Es dürfen keine Aufgaben gestellt werden, die nicht bewältigt werden können. Für die Verunsicherung und Beunruhigung muss Verständnis gezeigt werden und es muss effektive Hilfe zur Selbsthilfe bei der Kontrolle der eigenen Emotionen und der Bewältigung der Situation gegeben werden." (Greif & Kluge, in Druck)

Ein verbessertes Gedächtnis für Informationen *gerade* aus negativen Leistungsrückmeldungen kann also sehr funktional sein, wenn es nicht zur Vermeidung von Leistungssituationen führt, sondern dazu beiträgt, in der Zukunft aus Misserfolgen zu lernen. Von zentraler Bedeutung ist hierbei, dass durch Misserfolgserlebnisse angestoßene Lern- und Selbstreflexionsprozesse auch von außen durch Coaching und Beratung unterstützt werden (vgl. Greif, 2000).

Insgesamt soll daher mit Hilfe des in dieser Arbeit durchgeführten Experiments den folgenden explorativen Fragestellungen nachgegangen werden:

1. Erinnern sich Personen nach negativen und positiven Leistungsrückmeldungen langfristig gleich gut oder besser an zentrale als an periphere Informationen aus der Rückmeldungssituation?
2. Erinnern sich Personen nach negativen Leistungsrückmeldungen im Vergleich zu Personen nach positiven Leistungsrückmeldungen langfristig gleich gut oder besser an Informationen aus der Rückmeldungssituation?

Neben Befunden zum Gedächtnis für Aspekte emotional bedeutsamer Ereignisse, liegen Studien zu der Güte des Langzeitgedächtnisses für die in einer Situation erlebten Emotionen vor. Hier geht es also um die Frage, wie genau

Personen die Intensität ihrer emotionalen Reaktionen in vergangenen Ereignissen retrospektiv einschätzen können. Christianson und Safer (1996) kommen auf der Basis einer Analyse der diesbezüglich einschlägigen Studien zu dem Schluss, dass retrospektive Einschätzungen eigener emotionaler Reaktionen recht ungenau sind und die befragten Personen die Häufigkeit und Intensität vergangener emotionaler Reaktionen – insbesondere negativer emotionaler Reaktionen - in der Regel überschätzen. Dies zeigte sich auch in einer von Christianson und Safer (1996, S. 235) zitierten unveröffentlichten Pilotstudie (Keuler & Safer, 1993) zur Genauigkeit der Erinnerung an die vor einer Prüfung erlebte Angst: Studenten wurden vor einer Prüfung gebeten, einen Fragebogen zur aktuell erlebten Prüfungsangst zu beantworten. Einen Monat später erfolgte eine zweite retrospektive Befragung zu der vor der Prüfung erlebten Angst. Hierbei zeigte sich, dass die Befragten ihre Prüfungsangst retrospektiv deutlich überschätzten.

Die nachträgliche Überschätzung eigener emotionaler Reaktionen auf negative Ereignisse in der Vergangenheit könnte als Indiz dafür gewertet werden, dass die mit negativen Erfahrungen einhergehenden Belastungen nachträglich unrealistisch hoch eingeschätzt werden. Gerade nach negativen Leistungsrückmeldungen als selbstwertbedrohlichen Misserfolgserlebnissen könnte dies zu einer Vermeidung zukünftiger Leistungssituationen beitragen. Im Kontext der vorliegenden Arbeit erscheint daher zusätzlich die folgende Frage interessant:

> Wie genau können sich Personen an die Intensität ihrer unmittelbar nach der Leistungsrückmeldung erlebten Emotionen langfristig erinnern?

Zum Abschluss sei nochmals ausdrücklich darauf hingewiesen, dass die in diesem Kapitel angestellten Überlegungen zum Langzeitgedächtnis für Informationen aus der Rückmeldungssituation als *erste explorative Überlegungen* zu bewerten sind. Hinsichtlich der formulierten explorativen Fragestellungen sollen mit Hilfe des in Kapitel 4 dargestellten Experiments erste Hinweise gesammelt werden. Dabei ist zu berücksichtigen, dass im Laborexperiment inszenierte Ereignisse im Vergleich zu autobiographischen, emotionalen Ereignissen im Alltag (z.B. Leistungsrückmeldung durch den

Vorgesetzten) in der Regel mit einer geringeren emotionalen Bedeutsamkeit für die betroffenen Personen einhergehen und damit vermutlich auch vergleichsweise schlechter erinnert werden.

Das folgende Kapitel 3 wird nun die im Rahmen der theoretischen Erörterungen hergeleiteten Annahmen und Fragestellungen noch einmal zusammenfassen. Anschließend wird sich das Kapitel 4 der Darstellung des methodischen Vorgehens zur Überprüfung der formulierten Annahmen widmen.

3. Fazit des theoretischen Hintergrunds: Hypothesen und explorative Fragestellungen

Die anhand der theoretischen Ausführungen hergeleiteten Hypothesen und Fragestellungen dieser Arbeit wurden bereits jeweils am Ende der einzelnen Abschnitte des Kapitels 2 in Form kurzer Zusammenfassungen der Subkapitel angedeutet. Das nun folgende Kapitel fasst alle formulierten Hypothesen und Fragestellungen im Sinne eines Gesamtüberblicks noch einmal zusammen. Dabei werden die Hypothesen zunächst als allgemeine Forschungshypothesen formuliert. Die Operationalisierung der hypothesenrelevanten Variablen wird darauf aufbauend in Kapitel 4 beschrieben.

Zu Beginn dieser Arbeit (vgl. Kap. 1.1.) wurden Leistungsrückmeldungen in Anlehnung an die „Affective Events Theory" von Weiss und Cropanzano (1996) als affektive leistungsbezogene Ereignisse eingeführt: Nach Leistungsrückmeldungen werden besonders häufig Ärger und Freude als spezifische leistungsbezogene Emotionen ausgelöst (vgl. Kap. 2.2.). Es wurde ausführlich dargelegt, dass davon auszugehen ist, dass Ärger in Leistungssituationen als selbstbezogener, aufgabenbezogener oder sozialer Ärger auftreten kann (vgl. Kap. 2.3.). Negative Leistungsrückmeldungen im Sinne eines Misserfolgserlebnisses sollten im Vergleich zu positiven Leistungsrückmeldungen im Sinne eines Erfolgserlebnisses insgesamt mit mehr Ärger, aber weniger Ergebnisfreude einhergehen.

Ärger und Freude nach einer Leistungsrückmeldung können sich als spezifische Emotionen auf kognitive Leistungen bei der Bewältigung sich unmittelbar anschließender Aufgaben auswirken. In Anlehnung an die Denkstil-Hypothese (Kuhl, 1983, vgl. Kap. 2.5.1.) ist anzunehmen, dass positive Emotionen wie Freude zur Auslösung eines intuitiven Stils der Informationsverarbeitung führen. Darüber hinaus zeigen die Ergebnisse der Prüfungsangstforschung (vgl. Kap. 2.5.2.), dass Prüfungsangst als negative Leistungsemotion mit aufgabenirrelevanten, häufig selbstwertbelastenden Kognitionen einhergeht, die kognitive Leistungen beeinträchtigen. Erste explorative Befunde (vgl. Kap. 2.5.2.) deuten darauf hin, dass auch leistungsbezogener Ärger mit aufgabenirrelevanten Kognitionen und Konzentrationsstörungen verbunden ist, während leistungsbezogene Freude

117

häufig von direkt aufgabenbezogenen Kognitionen begleitet ist. Insgesamt kann darauf aufbauend angenommen werden, dass nach negativen Leistungsrückmeldungen (erhöhtes Erleben von Ärger) schlechtere Leistungen bei divergenten und konvergenten Problemlösungen gezeigt werden als nach positiven Leistungsrückmeldungen (erhöhtes Erleben von Freude)

Die misserfolgsbezogene Handlungs- und Lageorientierung (Kuhl, 1996, 1998, 2001; vgl. Kap. 2.5.3.) bezeichnet die Fähigkeit, negative Emotionen in bedrohlichen Situationen im Dienste der Aufrechterhaltung der Handlungsfähigkeit herabzuregulieren. Diese Persönlichkeitsdisposition sollte daher den Einfluss von Ärger und Freude auf kognitive Folgeleistungen moderieren. Für misserfolgsbezogen lageorientierte Personen sind unter Belastung (nach negativen Leistungsrückmeldungen) schlechtere kognitive Leistungen zu erwarten als in entspannten, freudigen Situationen. Im Gegensatz dazu sollten handlungsorientierte Personen nach negativen Leistungsrückmeldungen mindestens gleich gute oder bessere kognitive Leistungen zeigen als nach positiven Leistungsrückmeldungen.

Die folgende Abbildung zeigt die hypothesenrelevanten (s.u.: Hypothesengruppen I und II) Variablen in einer schematischen Darstellung:

Leistungsbezogenes Ereignis:

Positive Leistungsrückmeldung/   vs.   Negative Leistungsrückmeldung/
Erfolgserlebnis   Misserfolgserlebnis

Emotionale Reaktion

Ergebnisfreude   vs.   Leistungsbezogener
                                       Ärger (selbstbezogen,
                                       aufgabenbezogen, sozial)

Misserfolgsbezogene
Handlungs-/
Lageorientierung

Kognitive Leistung (konvergente und divergente Problemlösungen)

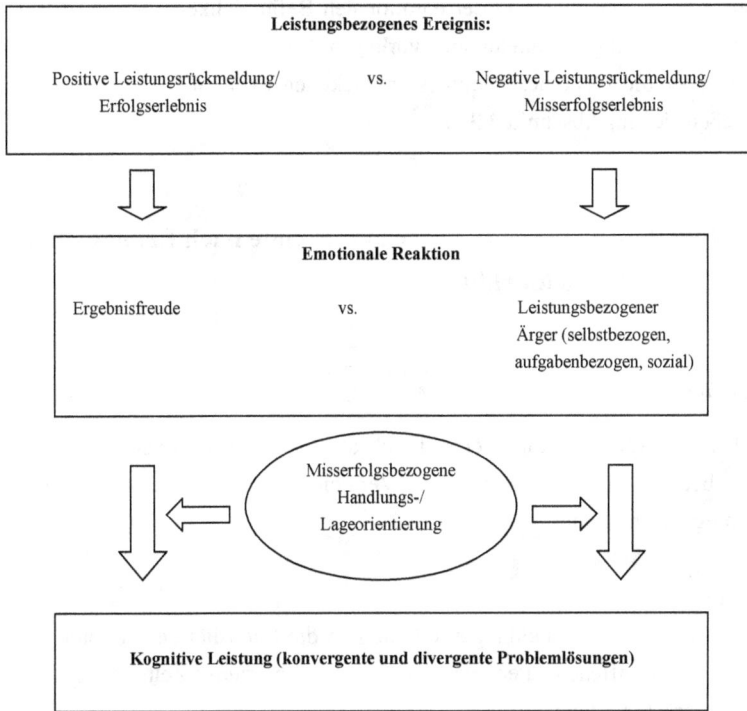

Abbildung 3: Schematische Darstellung der hypothesenrelevanten Variablen

Im Folgenden werden nun zunächst die aus dem theoretischen Hintergrund abgeleiteten Hypothesen formuliert. Die Hypothesen lassen sich zu zwei Hypothesengruppen ordnen: Hypothesengruppe I enthält Annahmen zu den nach Erfolgs- und Misserfolgsrückmeldungen zu erwartenden emotionalen Reaktionen, während sich Hypothesengruppe II mit den nach Erfolgs- und Misserfolgsrückmeldungen zu erwartenden kognitiven Leistungen bei konvergenten und divergenten Problemlösungen befasst. Die in Hypothesengruppe I formulierten Annahmen sind als Voraussetzung für die in Hypothesengruppe II formulierten Annahmen zu betrachten: Von unterschiedlich hohen kognitiven Leistungen nach positiven vs. negativen Leistungsrückmeldungen wird nur für den Fall ausgegangen, dass auch die postulierten Unterschiede in der emotionalen Befindlichkeit nach positiven vs. negativen Leistungsrückmeldungen vorliegen.

Die über die Hypothesen hinaus entwickelten explorativen Fragestellungen schließen sich im Abschnitt 3.3. an.

3.1. Hypothesengruppe I: Ärger und Freude nach Erfolgs- und Misserfolgsrückmeldungen

Hypothese 1:

Nach Erfolgsrückmeldungen erhöht sich die Intensität der erlebten Freude bei den betroffenen Personen im Vergleich zum Zeitpunkt vor der Leistungsrückmeldung.

Hypothese 2:

Nach Misserfolgsrückmeldungen erhöht sich die Intensität des erlebten Ärgers bei den betroffenen Personen im Vergleich zum Zeitpunkt vor der Leistungsrückmeldung.

Hypothese 3:

Nach Erfolgsrückmeldungen ist bei den betroffenen Personen die Intensität der erlebten Freude höher ausgeprägt als nach Misserfolgsrückmeldungen.

Hypothese 4:

Nach Misserfolgsrückmeldungen ist bei den betroffenen Personen die Intensität des erlebten Ärgers höher ausgeprägt als nach Erfolgsrückmeldungen.

Hypothese 5:

Ärgerreaktionen nach Leistungsrückmeldungen lassen sich nach der Art des Ärgers in selbstbezogenen, aufgabenbezogenen und sozialen Ärger differenzieren.

3.2. Hypothesengruppe II: Kognitive Leistungen nach Erfolgs- und Misserfolgsrückmeldungen

Hypothese 6:

Nach Misserfolgsrückmeldungen, die mit dem Erleben von Ärger einhergehen, zeigen betroffene Personen schlechtere kognitive Leistungen bei konvergenten Problemlösungen als nach Erfolgsrückmeldungen, die mit dem Erleben von Freude einhergehen.

Hypothese 7:

Nach Misserfolgsrückmeldungen, die mit dem Erleben von Ärger einhergehen, zeigen betroffene Personen schlechtere Leistungen bei divergenten Problemlösungen als nach Erfolgsrückmeldungen, die mit dem Erleben von Freude einhergehen.

Hypothese 8 (Interaktionshypothese):

Personen mit einer Disposition zur misserfolgsbezogenen Lageorientierung zeigen nach Misserfolgsrückmeldungen, die mit dem Erleben von Ärger einhergehen, schlechtere kognitive Leistungen bei konvergenten Problemlösungen als nach Erfolgsrückmeldungen, die mit dem Erleben von Freude einhergehen, während sich die Leistungen von Personen mit einer Disposition zur misserfolgsbezogenen Handlungsorientierung in beiden Bedingungen nicht unterscheiden.

Hypothese 9 (Interaktionshypothese):

Personen mit einer Disposition zur misserfolgsbezogenen Lageorientierung zeigen nach Misserfolgsrückmeldungen, die mit dem Erleben von Ärger einhergehen, schlechtere kognitive Leistungen bei divergenten Problemlösungen als nach Erfolgsrückmeldungen, die mit dem Erleben von Freude einhergehen, während sich die Leistungen von Personen mit einer Disposition zur misserfolgsbezogenen Handlungsorientierung in beiden Bedingungen nicht unterscheiden.

3.3. Explorative Fragestellungen

3.3.1. Überprüfung der Validität der Trait-Ärger-Skala des STAXI in einer Leistungssituation

In Kapitel 2.3.3. wurde mit dem Trait-Ärger (vgl. Spielberger et al., 1983) die interindividuell unterschiedlich ausgeprägte Disposition beschrieben, Situationen als störend oder frustrierend zu erleben und folglich mit einer Erhöhung des Zustandsärgers (State-Ärger) zu reagieren. Nach dem State-Trait-Ärgermodell sollte die Intensität des erlebten Ärgers in einer aktuellen Situation also positiv mit der Höhe des Trait-Ärgers korrelieren. Das State-Trait-Ärgerausdrucksinventar (Schwenkmezger et al., 1992) erfasst mit den Items der Trait-Ärger-Skala die Ausprägung der individuellen Ärgerdisposition. Die Items der State-Ärger-Skala erfassen dagegen die Intensität des aktuell erlebten Ärgers.

Den Annahmen des State-Trait-Ärgermodells folgend, ist zunächst zu erwarten, dass auch die Intensität von Ärgerreaktionen nach Misserfolgsrückmeldungen positiv mit der Höhe des Trait-Ärgers korreliert. In Kapitel 2.3.3. wurde jedoch bereits darauf hingewiesen, dass die Eignung der Trait-Ärger-Skala zur Vorhersage gerade *leistungsbezogener* Ärgerreaktionen fraglich erscheint, da diese sich weitgehend auf die Operationalisierung sozialer Ärgerfälle beschränkt und mögliche selbst- und aufgabenbezogene Ärgerreaktionen ausklammert. Gerade nach Misserfolgsrückmeldungen ist aber mit der Auslösung selbstbezogener Ärgerreaktionen (Ärger über die eigene mangelnde Anstrengung oder Fähigkeit im betreffenden Anforderungsbereich) zu rechnen (vgl. Kap. 2.3.2.). Diese Überlegungen führen zur Formulierung der Forschungsfrage 1:

Forschungsfrage 1:
Eignet sich die Trait-Ärger-Skala (allgemeine personspezifische Ärgerneigung) des „State-Trait-Ärgerausdrucks-Inventar" (STAXI) zur Vorhersage der Intensität von Ärgerreaktionen nach Misserfolgsrückmeldungen?

Innerhalb des in dieser Arbeit durchgeführten Experiments (vgl. Kap. 4) soll zur Beantwortung dieser Frage die Validität der Trait-Ärger-Skala in einer Leistungssituation (fingierte Leistungsrückmeldungen) überprüft werden.

3.3.2. Das Langzeitgedächtnis für Aspekte der Rückmeldungssituation

Leistungsrückmeldungen stellen emotional bedeutsame, selbstwertrelevante Situationen dar. Die bisherigen Ergebnisse zum Langzeitgedächtnis für wichtige autobiographische Ereignisse wurden in Kapitel 2.6. referiert. Es wurde darauf hingewiesen, dass Befunde zum Langzeitgedächtnis für Leistungsrückmeldungen als spezifische Ereignisklasse bisher noch nicht vorliegen. Daher werden in der vorliegenden Arbeit Forschungsfragen zur Güte des Langzeitgedächtnisses für unterschiedliche Aspekte von Rückmeldungssituationen entwickelt und untersucht.

Die referierten Befunde zum autobiographischen Gedächtnis sprechen zunächst dafür, dass emotional besonders bedeutsame Ereignisse hinsichtlich *thematisch zentraler* Situationsaspekte langfristig besser und hinsichtlich thematisch peripherer Situationsaspekte langfristig schlechter erinnert werden als neutrale Ereignisse. Thematisch zentrale Aspekte (z.B. Wortlaut der Rückmeldung, erzielte Ergebnisse etc.) aus emotional bedeutsamen Rückmeldungssituationen sollten daher langfristig besonders gut und insgesamt besser erinnerbar sein als thematisch periphere Aspekte. Diese Überlegungen münden in der Forschungsfrage 2:

Forschungsfrage 2:
Erinnern sich Personen nach Erfolgs- und Misserfolgsrückmeldungen langfristig gleich gut oder besser an thematisch zentrale als an thematisch periphere Informationen aus der Rückmeldungssituation?

Auf der Grundlage der in Kapitel 2.6. dargestellten Forschungsbefunde kann weiterhin vermutet werden, dass das verbesserte langfristige Gedächtnis für zentrale Informationen aus autobiographisch wichtigen Situationen unabhängig von der Qualität der Situation – als sowohl bei emotional positiv als auch bei emotional negativ getönten Situationen – auftritt. Damit wäre zu erwarten, dass nach Erfolgs- versus Misserfolgsrückmeldungen eine gleich gute Leistung bei der langfristigen Erinnerung an Aspekte der Rückmeldungssituation zu beobachten ist. Andererseits zeigte sich aber in einer Tagebuchstudie zur Vorgesetzten-Mitarbeiter-Interaktion (vgl. Eilles-Matthiessen, 2000), dass negative Interaktionen mit dem Vorgesetzten (neben anderen Interaktionssituationen auch Bewertungsgespräche) von Mitarbeitern sowohl emotional intensiver erlebt als auch über einen längeren Zeitraum hinweg erinnert werden als positive Interaktionen. Es erscheint also interessant, der Frage nachzugehen, ob sich Personen nach Misserfolgsrückmeldungen in ihrer Erinnerungsleistung von Personen nach Erfolgsrückmeldungen unterscheiden:

Forschungsfrage 3:
Erinnern sich Personen nach Misserfolgsrückmeldungen langfristig gleich gut oder besser an Informationen aus der Rückmeldungssituation als Personen nach Erfolgsrückmeldungen?

Schließlich ließ sich aus einschlägigen Studien (vgl. Kap. 2.6.) die Tendenz ableiten, dass die in einer vergangenen Situation erlebten Emotionen von den betroffenen Personen retrospektiv eher ungenau eingeschätzt werden können. In einer unveröffentlichten Pilotstudie (Keuler & Safer, 1993) zeigte sich, dass die Befragten die Intensität erlebter Angst in einer Prüfungssituation nachträglich überschätzten. In dieser Arbeit soll daher der Frage nachgegangen werden, wie genau die Betroffenen die Intensität der unmittelbar nach den Erfolgs- und Misserfolgsrückmeldungen aufgetretenen Emotionen Ärger und Freude retrospektiv einschätzen können.

Forschungsfrage 4:
Wie genau können sich Personen an die Intensität der unmittelbar nach der Leistungsrückmeldung erlebten Emotionen Ärger und Freude langfristig erinnern?

Im folgenden Kapitel 4 wird nun das experimentelle Design zur Überprüfung der hier formulierten Forschungshypothesen und explorativen Fragestellungen beschrieben.

4. Methodisches Vorgehen

4.1. Überblick: Experimentelles Design

Die in Kapitel 3 formulierten Hypothesen beschäftigen sich mit den nach Erfolgs- versus Misserfolgsrückmeldungen zu erwartenden emotionalen Reaktionen (Freude- und Ärgerreaktionen, vgl. Kap. 3.1.: Hypothesengruppe I) und kognitiven Leistungen bei konvergenten und divergenten Problemlösungen unter Einbezug der Persönlichkeitsdisposition Handlungs- und Lageorientierung (vgl. Kap. 3.2.: Hypothesengruppe II).

Unter der Voraussetzung, dass nach Misserfolgsrückmeldungen tatsächlich mehr Ärger und weniger Freude erlebt wird als nach Erfolgsrückmeldungen, wird erwartet, dass nach Misserfolgsrückmeldungen schlechtere kognitive Leistungen bei konvergenten und divergenten Problemlösungen auftreten als nach Erfolgsrückmeldungen (erwarteter Haupteffekt). Darüber hinaus wird davon ausgegangen, dass die Persönlichkeitsdisposition Handlungs-/ Lageorientierung einen moderierenden Einfluss auf die Leistungsunterschiede zwischen den Bedingungen ausübt (erwarteter Interaktionseffekt).

Die formulierten Annahmen und Fragestellungen wurden mit Hilfe eines Laborexperiments mit zwei Experimentalgruppen überprüft. Innerhalb des Experiments wurden Probanden je nach Zugehörigkeit zu einer der beiden Bedingungen nach der Bewältigung einer Aufgabe mit fingierten Erfolgs- oder Misserfolgsrückmeldungen konfrontiert. Sowohl vor als auch nach den Leistungsrückmeldungen wurden die Probanden nach ihrer emotionalen Befindlichkeit befragt. Im Anschluss an die Leistungsrückmeldungen bearbeiteten die Probanden eine konvergente sowie eine divergente Aufgabe. Im Vorfeld des Experiments wurde die individuelle Disposition zur Handlungs-/ Lageorientierung mit Hilfe von Fragebögen erfasst.

In Anlehnung an die zu überprüfenden Annahmen der Hypothesengruppe II, die in dieser Arbeit im Mittelpunkt des Interesses stehen, lässt sich das experimentelle Design als 2x2-Versuchsplan mit den unabhängigen Variablen „Art der Leistungsrückmeldung" (Erfolgs-/Misserfolgsrückmeldung) und Handlungs-/Lageorientierung beschreiben. Die emotionalen Reaktionen

(Freude- und Ärgerreaktionen) der Probanden sowie ihre kognitiven Folgeleistungen nach den Leistungsrückmeldungen sind als abhängige Variablen des Designs zu betrachten.

Im Folgenden wird die Operationalisierung der hypothesenrelevanten Variablen dargestellt. In Kapitel 4.2. werden zunächst die zur Erfassung der emotionalen Befindlichkeit und der relevanten Persönlichkeitsvariablen (Handlungs-/Lageorientierung bzw. Selbststeuerungseffizienz und –kompetenz) eingesetzten Instrumente sowie die Aufgaben zur Erhebung der kognitiven Folgeleistungen konvergenter und divergenter Art vorgestellt. Anschließend befassen sich die Kapitel 4.3. und 4.4. mit der Planung und Durchführung des Experiments.

4.2. Instrumente und Aufgaben

4.2.1. Fragebögen zur Messung der emotionalen Befindlichkeit (Ärger und Freude)

4.2.1.1. State-Trait-Ärgerausdrucks-Inventar (STAXI)

Das STAXI wurde bereits kurz in Kapitel 2.3.3. dieser Arbeit vorgestellt. Auf der Grundlage des englischsprachigen „State-Trait-Anger-Expression-Inventory" von Spielberger (1988) entwickelten Schwenkmezger et al. (1992) eine deutsche Version des STAXI. Das Instrument dient der Messung der Ärgerdisposition (Trait-Ärger), des aktuellen Ärgerzustands (State-Ärger) sowie habitueller Ärgerausdrucksweisen im Rahmen persönlichkeits- oder allgemeinpsychologischer Fragestellungen.

Die deutsche Version des STAXI umfasst insgesamt 44 Items, wobei zehn Items auf die Ärger-Dispositionsskala, zehn Items auf die Ärger-Zustandsskala und die restlichen 24 Items auf die Skalen zum Ärgerausdruck (Manifestation von Ärger im Verhalten) entfallen. Der Test ist dementsprechend in drei Abschnitte aufgeteilt, sodass in Untersuchungen auch einzelne Teile des Verfahrens eingesetzt werden können.

In der hier beschriebenen Untersuchung kamen die Ärger-Zustandsskala sowie die Ärger-Dispositionsskala zum Einsatz (s. Anhänge I und II). Mit der Ärger-Zustandsskala wurde die Intensität des Ärgers zu Anfang des Experiments und jeweils nach den Leistungsrückmeldungen erhoben, um die in Kapitel 3.1. formulierten Hypothesen zu Ärgerreaktionen nach Misserfolgsrückmeldungen (Hypothesen 2 und 4) überprüfen zu können. Zusätzlich wurde den Probanden die Ärger-Dispositionsskala zur Messung der individuellen Ärgerdisposition im Vorfeld des Experiments vorgelegt. Die Erfassung der individuellen Ärgerdisposition erfolgte, um der Frage nach der Validität der Trait-Ärger-Skala (Korrelation der Trait-Ärger-Werte mit den State-Ärger-Werten) im spezifischen Kontext einer experimentellen Leistungssituation nachgehen zu können (vgl. Kap. 3.3.1.: Forschungsfrage 1).

Die zehn Items der Ärger-Zustandsskala (Bsp.: „Ich bin ungehalten.") erfassen nach Schwenkmezger et al. (1992, S.10) die „...Intensität des subjektiven Ärgerzustands zu einem Zeitpunkt bzw. in einer definierten Situation". Im Fragebogen werden die Testteilnehmer aufgefordert, ihren „augenblicklichen Gefühlszustand" einzuschätzen. Die Beantwortung der State-Ärger-Items erfolgt auf einer vierstufigen Skala mit den verbalen Verankerungen „überhaupt nicht" (1), „ein wenig" (2), „ziemlich" (3) und sehr (4).

Die zehn Items der Ärger-Dispositionsskala (Bsp.: „Ich werde schnell ärgerlich.") wurden bereits in Kapitel 2.3.3. dargestellt. Sie erfassen „interindividuelle Unterschiede hinsichtlich der Bereitschaft, in einer Ärger evozierenden Situation mit einer Erhöhung von Zustandsärger zu reagieren" (vgl. Schwenkmezger et al., 1992, S. 10). Zu Beginn der Ärger-Dispositionsskala werden die Testteilnehmer aufgefordert, zu beschreiben, wie sie sich „im allgemeinen fühlen". Die Beantwortung der Trait-Ärger-Items erfolgt auf einer vierstufigen Skala mit den verbalen Verankerungen „fast nie" (1), „manchmal" (2), „oft" (3) und „fast immer" (4).

In faktorenanalytischen Untersuchungen mit Daten aus einer bevölkerungsrepräsentativen sowie einer studentischen Eichstichprobe konnte gezeigt werden, dass sich die Ärger-Dispositionsskala sinnvoll in die Subskalen „Ärger-Temperament" (fünf Items) und „Ärger-Reaktion" (fünf Items) unterteilen lässt. Die Items zum Ärger-Temperament (Bsp.: „Ich bin ein

Hitzkopf.") beschreiben die Neigung, auch ohne spezifische Provokation Ärger zu erleben, während die Items zur Ärger-Reaktion (Bsp.: „Ich koche innerlich, wenn ich unter Druck gesetzt werde.") die Tendenz abbilden, nach Provokation mit Ärger zu reagieren. Das Testmanual des STAXI (Schwenkmezger et al., 1992) enthält nach Geschlecht und Alter differenzierte Normen für die Ärger-Dispositionsskala, die mit Hilfe der genannten Eichstichproben ermittelt wurden.

In Untersuchungen zur Reliabilität der STAXI-Skalen ergaben sich befriedigende bis hohe (vgl. Bortz und Döring, 2002, S. 199) Konsistenzkoeffizienten von .71 bis .90 für die Ärger-Dispositionsskala sowie von .88 bis .95 für die Ärger-Zustandsskala. Hinweise auf die Validität der STAXI-Skalen liegen aus verschiedenen Experimenten vor (vgl. Schwenkmezger et al., 1992, S. 25-27), in denen die State-Ärger-Werte von Probanden nach einer Ärgerinduktion mit denen einer Kontrollgruppe verglichen wurden. Die Ärger-Zustandsskala differenzierte zwischen den jeweiligen Experimental- und Kontrollgruppen deutlich. Erwartungsgemäß konnte darüber hinaus mehrfach gezeigt werden, dass hoch trait-ärgerliche Personen nach einer Ärgerinduktion mehr Zustandsärger erleben als niedrig trait-ärgerliche Personen (z.B. Korrelation von $r = .48$ zwischen State- und Trait-Ärger in einer Studie von Schmitt, Hoser und Schwenkmezger (1991)). In dem in dieser Arbeit durchgeführten Experiment soll überprüft werden, ob sich die theoretisch zu erwartenden positiven Korrelationen zwischen State- und Trait-Ärger-Werten auch nach einer Ärger auslösenden Leistungsrückmeldung zeigen lassen (vgl. Kap. 3.3.1.: Forschungsfrage 1).

4.2.1.2. EMO 16

Der EMO 16 ist ein Fragebogen zur Selbstbeschreibung des aktuellen emotionalen Zustands, der die Intensität der 16 Emotionen Abneigung, Ärger, Neid, Langeweile, Angst, Unruhe, Traurigkeit, Sehnsucht, Scham, Schuldgefühl, Freude, Stolz, Mitgefühl, Zuneigung, Überraschung und sexuelle Erregung erfasst.

Der EMO 16 (s. Anhang III) wurde wie die Ärger-Zustandsskala des STAXI zu Beginn der Untersuchung und jeweils nach den Leistungsrückmeldungen eingesetzt. Die Erhebung der emotionalen Ausgangsbefindlichkeit der Probanden sowie deren Vergleich mit der nach den Leistungsrückmeldungen erneut erhobenen Befindlichkeit ermöglichte eine Überprüfung der Annahmen der Hypothesengruppe I (vgl. Kap. 3.1.). Im Mittelpunkt des Interesses standen also die Veränderungen auf den *Skalen Ärger und Freude* des EMO 16. Zusätzlich ermöglichte der Einsatz des EMO 16 aber auch die Kontrolle möglicher Veränderungen auf den anderen Emotionsskalen.

Bei Schmitz-Atzert und Hüppe (1996) findet sich eine ausführliche Darstellung der Konstruktion des EMO 16, eine Beschreibung möglicher Anwendungsfelder des EMO 16 sowie eine Zusammenfassung bisheriger Ergebnisse zu den Testgütekriterien des Verfahrens. Es sollte ein Verfahren entwickelt werden, das die differenzierte Erfassung der Intensität einer möglichst großen Bandbreite von *spezifischen Emotionen* erlaubt. Demgegenüber verzichtet das Verfahren auf eine Erfassung emotionsunspezifischer oder körperlicher Befindensaspekte (z.B. Müdigkeit, Aktiviertheit). Besonderer Wert wurde bei der Konstruktion des Verfahrens darauf gelegt, dass sich das Instrument für wiederholte Messungen in einem kurzen Zeitraum eignet - dies trifft auch auf das in dieser Arbeit durchgeführte Experiment zu. Dies setzt voraus, dass das Verfahren möglichst kurz gestaltet wird, damit das Instrument nicht selbst zu Befindlichkeitsveränderungen beiträgt (z.B. Ärger über den Fragebogen) bzw. sich nicht bereits während einer langen Bearbeitungszeit die Befindlichkeit verändert.

Die Skalen des EMO 16 wurden durch Ähnlichkeitsanalysen mit deutschen Emotionswörtern ermittelt. Schmitz-Atzert (1980, 1987) sowie Schmitz-Atzert und Ströhm (1983) ließen Versuchspersonen Emotionswörter (auf Kärtchen) nach ihrer semantischen Ähnlichkeit zu Kategorien sortieren oder die Versuchspersonen mussten die Emotionswörter umschreiben, sodass umgangssprachlich ähnlich beschriebene Emotionen einer Kategorie zugeordnet werden konnten. Abschließend konnten insgesamt die folgenden 16 unabhängigen Emotionskategorien ermittelt werden: Abneigung, Ärger, Angst, Unruhe, Traurigkeit, Scham, Freude, Zuneigung, Überraschung, sexuelle Erregung, Neid, Schuld, Sehnsucht, Langeweile, Stolz und Mitgefühl. Die ersten acht genannten Skalen konnten in den unterschiedlichen Untersuchungen eindeutiger als unabhängige Kategorien identifiziert werden als die zuletzt genannten acht Skalen.

Im Fragebogen sind die Emotionskategorien jeweils durch das genannte Substantiv repräsentiert und müssen auf einer sechsstufigen Skala mit den verbalen Verankerungen „nicht vorhanden" (0), „sehr schwach" (1), „eher schwach" (2), „mittel" (3), „eher stark" (4), „sehr stark" (5) hinsichtlich ihrer Intensität eingeschätzt werden. Die Probanden erhalten zu Anfang des Fragebogens die folgende Instruktion:

> *„Beschreiben Sie bitte Ihren Gefühlszustand mit Hilfe der vorgegebenen Wörter. Jedes Wort steht für einen Bereich von Gefühlen. Es schließt also ähnliche Gefühle ein, für die man auch ein anderes Wort verwenden könnte. Kreuzen Sie nun an, wie intensiv Sie gerade jedes Gefühl erleben! Je stärker das Gefühl ist, desto weiter rechts machen Sie das Kreuz."*

Schmitz-Atzert und Hüppe (1996, S. 263) weisen darauf hin, dass die Instruktion von den Probanden ein gewisses Maß an Abstraktion fordert, da diese bei der Einschätzung der Emotionsintensitäten jeweils „einen Bereich von Gefühlen" einbeziehen müssen. Es ist zu beachten, dass mögliche Auswirkungen dieses Abstraktionserfordernisses auf die Emotionsmessung noch nicht untersucht sind. Allerdings wird den Probanden am Ende des Fragebogens die Möglichkeit eingeräumt, unter der Kategorie „Sonstige Gefühle" aktuelle erlebte Emotionen zu nennen, die aus ihrer Sicht mit dem EMO 16 nicht erfasst werden. Es empfiehlt sich darüber hinaus, die Skala „Sexuelle Erregung" aus dem Fragebogen zu entfernen (sofern diese nicht benötigt wird), um Verärgerungen und Irritationen der Probanden zu vermeiden. Dieser Empfehlung wurde auch bei der Anwendung des EMO 16 innerhalb des Hauptexperiments Folge geleistet.

Zur Bestimmung der Testgütekriterien des Verfahrens ziehen Schmitz-Atzert und Hüppe (1996, S.248) insgesamt 12 Fragebogenuntersuchungen und Experimente heran, bei denen neben dem EMO 16 auch konstruktnahe Verfahren (z.B. EWL-E und EWL-60 als Weiterentwicklungen der Eigenschaftswörterliste (EWL) von Janke und Debus (1978)) sowie Skalen zur sozialen Erwünschtheit (z.B. Ling-Skala von Amelang und Bartussek, 1970) eingesetzt wurden.

Da die Bestimmung der Retest-Reliabilität bei Verfahren zur Erfassung der aktuellen Befindlichkeit problematisch ist (das Befinden muss in zwei identischen Situationen mit gleichen Ausgangsbedingungen erfasst werden), schätzen Schmitz-Atzert und Hüppe (1996) die Reliabilitäten der Skalen über die Korrelationen der Skalen mit konstruktnahen Verfahren. Für die Skalen Angst (r = .80), Ärger (r = .83), Traurigkeit (r = .79) und Freude (r = .75) ergeben sich auf diesem Wege untere Reliabilitätsabschätzungen um r = .80.

In verschiedenen Experimenten wurden spezifische Emotionen mit Hilfe unterschiedlicher Methoden induziert, wobei vor und nach der Induktion der EMO 16 eingesetzt wurde. Hierbei ergaben sich auf den jeweiligen Skalen vielfach große Effekte (d > .80; nach Cohen (1988)), was für eine hinreichende Sensitivität des Verfahrens im Kontext emotionsauslösender Ereignisse spricht. In einem der Experimente mussten sich die Probanden gedanklich in eine Person versetzen, die in einer Bewerbungssituation eine Rede halten muss und darauf hin entweder kritisiert oder gelobt wird. In der Bedingung „Rede mit Kritik" zeigte sich auf der Skala Ärger ein großer Effekt von d = 1.44 sowie in der Bedingung „Rede mit Lob" ein annähernd mittlerer Effekt von d = .43 auf der Skala Freude (jeweils Vergleich der Vorher/Nachher-Werte). Es kann also angenommen werden, dass die Skalen des EMO 16 hinreichend sensitiv sind, um Veränderungen im Erleben von Ärger und Freude auch nach den Erfolgs- und Misserfolgsrückmeldungen innerhalb des hier geplanten Experiments zu erfassen.

Faktorenanalysen mit den Skalen des EMO 16 zeigten, dass einige Emotionskategorien (z.B. Abneigung und Ärger bzw. Freude und Stolz) hoch auf einem Faktor laden. Diese gemeinsamen Ladungen traten jedoch nicht durchgängig in allen Untersuchungen auf und können somit als situationsabhängig betrachtet werden. Darüber hinaus wies die Höhe der Faktorladungen darauf hin, dass noch spezifische Varianzanteile durch die jeweiligen Skalen aufgeklärt werden. Daher wurden die betreffenden Skalen nicht zu einer neuen Skala zusammengefasst.

Abschließend sei noch erwähnt, dass die Korrelationskoeffizienten der EMO 16-Skalen mit Maßen zur sozialen Erwünschtheit in bisherigen Untersuchungen geringfügig um den Wert 0 streuen, sich also bisher keine Hinweise auf die Anfälligkeit des Verfahrens für Verfälschungstendenzen ergeben haben.

4.2.2. Persönlichkeitsfragebögen (Handlungs-/Lageorientierung)

4.2.2.1. HAKEMP-K 2000

Der HAKEMP ist ein Verfahren zur Messung interindividueller Unterschiede im Ausmaß der Handlungs- und Lageorientierung. Das Verfahren wurde im Vorfeld des Experiments eingesetzt, um die *misserfolgsbezogene* Handlungs- und Lageorientierung der Probanden zu erfassen und später die kognitiven Leistungen Handlungs- und Lageorientierter in beiden Experimentalbedingungen vergleichen zu können. Das Konstrukt der misserfolgsbezogenen Handlungs- und Lageorientierung beschreibt interindividuelle Unterschiede in der Effizienz bei der Regulation negativer Emotionen in bedrohlichen Situationen (vgl. Kap. 2.5.2.1.).

Der HAKEMP hat im Laufe der Jahre einige Revisionen (HAKEMP-85, HAKEMP-88; vgl. Kuhl, 1994b) erfahren und liegt derzeit in der aktuellen Fassung HAKEMP-90 (engl.: „Action Control Scale (ACS)") vor. Der HAKEMP-90 enthält die folgenden Skalen mit jeweils zwölf Items (vgl. Kuhl & Kazén, 2003, S. 202):

- *Prospektive Handlungs-/Lageorientierung (HOP/LOP):* Initiative vs. Zögern bei der Ausführung einer Absicht
- *Handlungs-/Lageorientierung nach Misserfolg (HOM/LOM):* Handlungs-bereitschaft vs. lähmendes Grübeln nach Misserfolgen und aversiven Ereignissen
- *Handlungs-/Lageorientierung während der Tätigkeitsausführung (HOT/LOT):* Aufgehen in einer Tätigkeit/Persistenz vs. Sprunghaftigkeit/Wechseln zu anderen Tätigkeiten

Die Items des HAKEMP sind als Situationsbeschreibungen formuliert, der zwei Antwortalternativen folgen, zwischen denen der jeweilige Proband auswählen muss. Zur Illustration des Itemformats sei hier beispielhaft ein Item aus der Skala HOM/LOM angeführt:

> *„Wenn ich vier Wochen lang an einer Sache gearbeitet habe und dann doch alles mißlungen ist, dann*
> *a) dauert es lange, bis ich mich damit abfinde.*
> *b) denke ich nicht mehr lange darüber nach."*

In mehreren Analysen (Diefendorff et al., 2000) konnte gezeigt werden, dass die mit dem HAKEMP gemessene Handlungsorientierung weder mit der allgemeinen Intelligenz noch mit anderen kognitiven Variablen (z.b. Kapazität des Kurzzeitgedächtnisses) korreliert ist.

Diefendorff et al. (2000) haben die 36 Items des HAKEMP-90 einer konfirmatorischen Faktorenanalyse unterzogen. Hierbei überprüften die Autoren die Passung des Itemsatzes hinsichtlich einer ein-, zwei- drei- und fünffaktoriellen Lösung. Hierbei zeigte sich, dass die Items zu keinem der vier Modelle eine optimale Passung aufwiesen. In der Konsequenz eliminierten die Autoren solche Items mit Faktorladungen unter .40. Der revidierte Itemsatz verfügte über homogenere Faktoren und zeigte die insgesamt beste Passung zu einer dreifaktoriellen Lösung (s. obige Skalen). Nach Diefendorff et al. (2000, S. 256) korrelieren die revidierten Skalen mit den ursprünglichen Skalen sehr hoch – im Falle der Skala HOM/LOM zeigte sich eine Korrelation von r = .95 beider Skalen. Die Reduzierung der Itemzahl führte bei der Skala HOM/LOM zu einem Absinken der internen Konsistenz von .71 (ursprüngliche Version) auf .66 (revidierte Version).

Auf der Grundlage der Analysen von Diefendorff et al. (2000) entwickelte die Forschungsgruppe um Kuhl den HAKEMP-K 2000 (s. Anhang IV; vgl. Kuhl, 2000) als Kurzform des HAKEMP-90. Die Kurzform des Tests enthält ausschließlich die Skalen HOM/LOM und HOP/LOP, die mit jeweils sechs Items repräsentiert sind. Die Skala HOM/LOM besteht damit aus sechs Situationsbeschreibungen mit dem oben dargestellten dichotomen Antwortformat. Für die Berechnung des Testwerts auf der Skala HOM/LOM werden die von der jeweiligen Person ausgewählten *handlungsorientierten*

Antwortalternativen summiert, sodass ein Testwert zwischen 0 und 6 resultiert (je höher der Testwert, desto handlungsorientierter ist die Person). Da aus der Perspektive der vorliegenden Arbeit ausschließlich die Skala HOM von Interesse ist, bot sich dementsprechend der Einsatz der Kurzform des HAKEMP für das durchgeführte Experiments an. Darüber hinaus konnte so der zeitliche Aufwand der Probanden für die Bearbeitung aller Persönlichkeitsfragebögen (Ärger-Dispositionsskala des STAXI, HAKEMP, SSI-K) reduziert werden.

4.2.2.2. Selbststeuerungsinventar (SSI-K)

Als Ergänzung des HAKEMP wurde im Vorfeld des Experiments zusätzlich der SSI-K als Kurzform des Selbststeuerungsinventars (SSI; vgl. Fröhlich & Kuhl, 2003; Kuhl & Fuhrmann, 1998) eingesetzt (s. Anhang V). In Kapitel 2.5.2.1. wurde der Begriff der Selbststeuerung bereits eingeführt. Er beschreibt die Prozesse der Koordination, Abstimmung und Nachregulierung verschiedener psychischer Einzelfunktionen im Dienste der optimalen Umsetzung einer aktuellen Absicht und damit verbundener konkreter Ziele (vgl. Kuhl, 1995, S.304; Kuhl, 2001, S. 133).

Wie bereits ausgeführt wurde, erfassen die Items des HAKEMP die *Effizienz* der Affektregulation in bedrohlichen Situationen, also die Fähigkeit, vorhandene *Kompetenzen* zur Affektregulation einzusetzen. Handlungsorientierte Personen können Kompetenzen zur *Selbstmotivierung* (HOP: prospektive Handlungsorientierung) und zur *Aktivierungskontrolle/Selbstberuhigung* (HOM: misserfolgsbezogene Handlungsorientierung) in bedrohlichen Situationen effizienter einsetzen als lageorientierte Personen, sofern sie über diese Kompetenzen verfügen. Die Ausprägung der genannten Komponenten lässt sich demgegenüber mit dem SSI messen.

Die 56 Items des SSI-K sind als Aussagen formuliert (Bsp.: „Ich kann meine Anspannung lockern, wenn sie störend wird."). Der Grad der Zustimmung zu der jeweiligen Aussage ist auf einer vierstufigen Skala mit den verbalen Verankerungen „gar nicht" (1), „etwas" (2), „überwiegend" (3) und „ausgesprochen" (4) von den Probanden anzugeben.

Der SSI-K (s. Anhang V; vgl. Kuhl und Fuhrmann, 1997) erfasst neben der Ausprägung der affektregulatorischen Kompetenzen Selbstmotivierung und Aktivierungskontrolle noch zahlreiche andere Selbststeuerungsfunktionen. So verteilt sich der Itemsatz des SSI-K auf die die drei Skalen „Selbstregulation" (SSI-K I: Ausprägung der Selbststeuerungskompetenzen), „Willenshemmung" (SSI-K II: Verlust von Selbststeuerungskompetenzen unter Belastung) und „Selbsthemmung" (SSI-K III: Verlust von Selbststeuerungskompetenzen unter Bedrohung) mit jeweils drei Subskalen sowie auf die Skala „Allgemeine Stressbelastung/life-stress" mit den Subskalen „Belastung" (SSI-K IV) und „Bedrohung" (SSI-K V). Nach Fröhlich und Kuhl (2003, S. 226) lassen sich Bedrohung und Belastung über ihre Auswirkungen auf den Affekthaushalt abgrenzen: Während bedrohliche Lebenssituationen (z.b. schmerzliche Erlebnisse/Verluste) zur Erhöhung negativer Emotionalität beitragen, schwächen belastende Lebenssituationen (z.B. das Vorliegen unrealistischer Ziele) das Erleben positiver Emotionen. Für einen besseren Überblick werden die einzelnen Subskalen des SSI-K in der folgenden Tabelle genannt und in Anlehnung an Fröhlich und Kuhl (2003) kurz erläutert. Die Angaben zu den internen Konsistenzen der Subskalen stammen aus der Kurzanweisung des SSI-K von Kuhl und Fuhrmann (1997).

Skalenbezeichnung	Erläuterung	Anzahl der Items im SSI-K	Interne Konsistenz der Skala (Cronbachs α)
Selbstregulation (Kompetenz) Subskala Selbstmotivierung	Motivations- und Emotionskontrolle: unangenehmen Situationen etwas Positives abgewinnen können; sich „bei Laune halten" können	4	.78
Selbstregulation (Kompetenz) Subskala Aktivierungskontrolle	Selbstaktivierung und Selbstberuhigung: bei Schwierigkeiten und Herausforderungen wach und aktiv sein; Anspannung und Nervosität gezielt abbauen können	4	.66
Selbstregulation (Kompetenz) Subskala Selbstbestimmung	Selbstkongruenz und Optimismus: Identifikation mit eigenen Zielen und Handlungen	4	.79
Willenshemmung (vgl. LOP) Subskala Besonnenheit	Initiativmangel und Energiedefizit: Zögern; Lustlosigkeit; zu wenig Energie haben, um eine Tätigkeit anzufangen	4	.75
Willenshemmung (vgl. LOP) Subskala Abwägen	Aufschieben und Fremdbestimmtheit: Unerledigtes vor sich herschieben; Dinge erst nach Aufforderung ausführen	4	.89
Willenshemmung (vgl. LOP) Subskala Selbstkritik/ Konzentrationsschwäche	Intrusionsneigung und niedrige Impulskontrolle: an Dinge denken, die nichts mit der aktuellen Tätigkeit zu tun haben; ablenkenden Impulsen nachgeben	4	.79
Selbsthemmung (vgl. LOM) Subskala Zielvergegenwärtigung/ Zielfixierung	Vorsatzauffrischung und Pflichtbewusstsein: sich geplante Aktivitäten immer wieder bewusst machen; Angst, etwas Vorgenommenes zu vergessen	4	.62

Skalenbezeichnung	Erläuterung	Anzahl der Items im SSI-K	Interne Konsistenz der Skala (Cronbachs α)
Selbsthemmung (vgl. LOM) Subskala Anpassungsfähigkeit/Konformität	Introjektionsneigung und negative Selbst- motivierung: Übernahme fremder Ziele, um es anderen recht zu machen; Selbstmotivierung durch Imagination der negativen Konsequenzen einer Handlungsunterlassung	4	.66
Selbsthemmung (vgl. LOM) Subskala Besorgtheit	Grübeln und Lähmung nach Misserfolg: längeres Nachdenken über einen Misserfolg/ über Unangenehmes; Unfähigkeit, irrelevante Gedanken abzuschalten; unangenehme Gefühle blockieren das Handeln; nicht funktionierende Selbstmotivierung	4	.86
Allgemeine Stressbelastung („life stress", Lebensumstände) Subskala Belastung	Belastung durch: Umstände in Ausbildung/Beruf; Ansprüche an die Lebensgestaltung, unerreichte Pläne/Ideale	10	keine Angabe
Allgemeine Stressbelastung („life stress", Lebensumstände) Subskala Bedrohung	Bedrohung durch: Beziehungsprobleme, Unsicherheit und Veränderungen der Lebensumstände, schmerzliche Erlebnisse/Verlust	10	keine Angabe

Tabelle 14: Subskalen des SSI-K im Überblick (vgl. Fröhlich & Kuhl, 2003; Kuhl & Fuhmann, 1997)

Aus Tabelle 14 wird ersichtlich, dass die Skala Selbsthemmung aus dem SSI-K große Ähnlichkeiten mit dem Konstrukt der misserfolgsbezogenen Lageorientierung aufweist. Fröhlich und Kuhl (2003) weisen darauf hin, dass die mit dem SSI-K gemessene Ausprägung der Selbsthemmung zwar in der Regel deutlich mit der misserfolgsbezogenen Lageorientierung (Skala des HAKEMP) korreliert, aber beide Skalen dennoch „feine Unterschiede" aufweisen. Kuhl erläutert diesen Unterschied wie folgt:

„Lageorientierung (gemessen mit dem HAKEMP) bezeichnet den Ausstiegsgradienten aus einer bestehenden affektiven Lage *bei einem*

139

entsprechenden Ausstiegswunsch (in einem affektiven Zustand bleiben müssen, auch wenn man heraus will), während die analogen Skalen des SSI (z.B. Selbstberuhigung, Grübeln, belastungsabhängige Lähmung) die Kontrollverlustkomponente nicht ebenso stark thematisieren, sondern mehr ein Verweilen in dem affektiven Zustand erfassen, ohne daran zu denken, wieder herauszugehen, was die Fähigkeit nicht ausschließt, aus dem affektiven Zustand wieder herauszukönnen, wenn man dies wollte." (Fröhlich & Kuhl, 2003, S.234, Hervorh. i. Orig.)

Der kombinierte Einsatz von HAKEMP *und* SSI-K innerhalb des durchgeführten Experiments ermöglicht somit eine umfassendere Erfassung affektregulatorischer Kompetenzen als der alleinige Einsatz des HAKEMP. In der Auswertung können Handlungs- und Lageorientierte (nach Median-Split) zusätzlich im Hinblick auf die Ausprägung der einzelnen Selbststeuerungskompetenzen (Skala Selbstregulation) sowie im Hinblick auf die Anfälligkeit für ein Verharren in einem belastungsabhängigen negativen Affektzustand (Skala Willenshemmung) verglichen werden.

4.2.3. Aufgaben zur Erhebung kognitiver Folgeleistungen

Zur Überprüfung der Annahmen der Hypothesengruppe II (vgl. Kap. 3.2.) wurden den Probanden im Anschluss an die fingierten Erfolgs- und Misserfolgsrückmeldungen in permutierter Reihenfolge zwei Aufgaben mit unterschiedlichen kognitiven Anforderungen vorgelegt. Hierbei handelte es sich um eine Aufgabe aus dem Leistungsprüfsystem (LPS) von Horn (1962) als Aufgabe aus dem Bereich des konvergenten Denkens sowie eine Aufgabe aus dem Verbalen Kreativitäts-Test (VKT) von Schoppe (1975) als Aufgabe aus dem Bereich des divergenten Denkens. Beide Aufgaben werden nun unter Rückbezug auf das jeweilige Verfahren, dem sie entstammen, näher beschrieben. Die Aufgaben werden in den noch folgenden Ausführungen häufig vereinfachend als „LPS-Aufgabe" und als „VKT-Aufgabe" bezeichnet.

4.2.3.1. LPS-Aufgabe

Das Leistungsprüfsystem (LPS) von Horn (1962) ist ein Intelligenztestverfahren das aus insgesamt 14 Subskalen besteht, wobei jeweils mindestens zwei Subskalen die Leistung auf einem der Primärfaktoren der Intelligenz („Verbal Factor", „Reasoning", „Verbal Fluency", „Space", „Closure", „Perceptual Speed") von Thurstone (1938) erfassen. Das Verfahren liegt in zwei Parallelformen vor. Die Split-Half-Reliabilitäten der Subskalen liegen zwischen .90 und .99; Paralleltest-Reliabilitäten werden im Testmanual nicht genannt.

In Anlehnung an Guilford (1967; vgl. Kap. 2.5.1.) sind Aufgaben, die konvergentes Denken erfordern, dadurch gekennzeichnet, dass jeweils die einzig richtige Lösung für ein Problem identifiziert werden muss. Zur Operationalisierung eines solchen Aufgabentyps wurde in dem hier durchgeführten Experiment der Subtest 4 aus dem LPS eingesetzt (s. Anhang VI). Innerhalb des LPS wird der Subtest 4 zusammen mit dem Subtest 3 zur Messung der Leistung auf dem Intelligenzfaktor „Reasoning" (Thurstone, 1938) eingesetzt. Der Faktor „Reasoning" steht für schlussfolgerndes Denken und insbesondere für das Erkennen von Regelhaftigkeiten. Dementsprechend erfasst der LPS-Subtest 4 mit den Worten von Horn (1962, S.24) „logisches Denken" sowie das „Erkennen von Regeln".

Der LPS-Subtest 4 besteht aus insgesamt 40 Reihen, die jeweils 9 Buchstaben oder Zahlen enthalten. In jeder Zeile folgen die Buchstaben oder Zahlen einander nach einer bestimmten Systematik bzw. Regel, wobei einer der Buchstaben bzw. eine der Zahlen der Gesetzmäßigkeit der Zeile widerspricht. Die Aufgabe besteht darin, das jeweils falsche Zeichen zu identifizieren und mit einem Stift durchzustreichen. Zur Illustration der Aufgabe sind im Folgenden drei Zeilen aus dem LPS-Subtest 4 mit den jeweils richtigen Lösungen dargestellt:

---

g aa h bb g cc f dd e (Lösung: das erste Zeichen (g) ist durchzustreichen)

Q o M j I g E c A (Lösung: das vierte Zeichen (j) ist durchzustreichen)

d b h f l j p n s (Lösung: das letzte Zeichen (s) ist durchzustreichen)

Die Schwierigkeit der zu lösenden Aufgaben nimmt von der Zeile 1 bis zur Zeile 40 zu, sodass die letzten Zeilen des Subtests die am schwierigsten zu lösenden Probleme enthalten. Dem Testmanual (Horn, 1962) zufolge stehen den Probanden für die Bearbeitung des LPS-Subtests 4 acht Minuten zur Verfügung. Nach Ablauf der acht Minuten muss die Testbearbeitung abgebrochen werden.

Im Experiment erhielten die Probanden die folgende schriftliche Instruktion mit Hinweisen zur Testbearbeitung, die in Anlehnung an die im Testmanual (Horn, 1962, S.9) vorgegebenen Instruktionen formuliert wurde:

„Die folgende Aufgabe besteht aus 40 Zeilen, die jeweils neun Zeichen enthalten. In jeder Zeile ist ein „Druckfehler" enthalten, der nicht in die Gesetzmäßigkeit der Zeile passt. Die Druckfehler sollen hierbei entdeckt und dann durchgestrichen werden.

Bsp.: a b a b a b a a a
Lösung: Das vorletzte Zeichen bricht die Gesetzmäßigkeit der Zeile und ist durchzustreichen.

Tipp:
Es ist auf die Unterschiede zwischen den einzelnen Zahlen/Buchstaben zu achten, dann fällt einem am ehesten ein, was in eine Zeile nicht hineinpasst.
Zum Ende hin werden die Aufgaben zunehmend komplizierter.
Zur Aufgabenbewältigung stehen insgesamt acht Minuten zur Verfügung."

Der LPS-Subtest 4 kann mittels einer im Testmanual enthaltenen Schablone ausgewertet werden. Der Rohwert der Testleistung ergibt sich aus der Summe der richtig gelösten Zeilen. Darüber hinaus enthält das Testmanual Tabellen zur Umrechnung der Rohwerte in Centil-Werte sowie altergestaffelte Centil- und Prozentrangnormen aller Subtests für 10- bis 50jährige Personen.

4.2.3.2. VKT-Aufgabe

Der Verbale Kreativitäts-Test (VKT) von Schoppe (1975) erfasst die verbal-produktive Leistungsfähigkeit im Sinne des Faktors „Verbal Fluency" (W-Faktor) nach Thurstone (1938) bzw. der von Jäger (1967) faktorenanalytisch ermittelten Intelligenzdimension „Einfallsreichtum und Produktivität". In faktorenanalytischen Untersuchungen zeigte sich dementsprechend, dass die VKT-Subtests mit dem LPS-Subtest 6 (Worteinfall/Wordfluency) hoch auf einem Faktor laden (vgl. Schoppe, 1975, S. 48/49).

Schoppe (1975, S.7) beschreibt das grundlegende Konstruktionsprinzip der insgesamt neun Subtests des VKT in Abgrenzung zu herkömmlichen konvergenten Intelligenztestaufgaben mit den folgenden Worten:

„...; es wird ja nicht durch schlußfolgerndes Denken der Nachvollzug eines einzigen, vorher dem Testautor und Untersuchungsleiter bekannten Lösungsweges verlangt, sondern eine eigenständige Produktion möglichst vieler verbaler Reaktionen auf einen verbalen Auftrag hin intendiert."

Zur Operationalisierung eines divergenten Aufgabentyps wurde im durchgeführten Experiment der VKT-Subtest 7 „Ungewöhnliche Verwendungen" (s. Anhang VII) herangezogen. Bei dieser Aufgabe geht es um den Abruf von verbalen Produktionen, die die „Loslösung von einem vertrauten Funktionsschema" (vgl. Schoppe, 1975, S.33) erfordern. Konkret müssen sich die Probanden zu einem vorgegebenen Gegenstand innerhalb von zwei Minuten möglichst viele ungewöhnliche, originelle Verwendungsarten einfallen lassen, die im Prinzip möglich sein müssen, und diese auf dem Testbogen eintragen. Der Subtest „Ungewöhnliche Verwendungen" enthält insgesamt zwei Items – es sind also zu zwei Gegenständen ungewöhnliche Verwendungen zu produzieren – sodass für die Bearbeitung des Subtests insgesamt vier Minuten zur Verfügung stehen. Im vorliegenden Experiment wurde den Probanden die schriftliche Instruktion und der Testbogen aus der Parallelform A (insgesamt liegen vier Parallelformen vor) des VKT (Gegenstände: „leere Konservendose" und „einfache Schnur") vorgelegt.

143

Zur Auswertung des Subtests werden die Antworten des Probanden pro Item (bzw. Gegenstand) ausgezählt und summiert, wobei die Itemantworten auf „Fehler" des Probanden hin überprüft werden müssen. Diesbezüglich enthält das Testmanual Prinzipien zur Antwortbewertung, die festlegen, welche Antworten bei der Auswertung nicht anerkannt werden (vgl. Schoppe, 1975, S.65):

Nicht anerkannt werden:

1. Antworten, die üblich sind, z.B. nur das allgemeine Funktionsprinzip nennen (z.B. das übliche Kaufen – Verkaufen des Gegenstandes)

2. Antworten, die nur eine bekannte praktische Verwendung darstellen (z.B. basteln, spielen)

3. Verwendungen, die mit diesem Gegenstand im Prinzip unmöglich sind; bizarre Antworten

4. Der bloße Oberbegriff bei folgender Konkretisierung zu einem Verwendungsprinzip (z.B. Eimer = 0 Punkte; Abfalleimer = 1 Punkt.)

5. Nennung von Synonymen (z.B. Becher = 1 Punkt., Tasse = 0 Punkte) oder fast identischer Funktion (z.B. Abfalleimer = 1 Punkt; Mülleimer = 0 Punkte.)

Anerkannt werden:

1. unmoralische oder verbrecherische Verwendungen (z.B. ermorden, erwürgen, erstechen, foltern)

2. Verwendung in der üblichen Funktion bei ungewöhnlichen Dingen oder Situationen

3. Gleiche Antworten bei beiden Items (sofern im Testsinne zutreffend) gelten nicht als Wiederholung

4. Reihungen, die zu einem Oberbegriff in Klammern gesetzt sind, erhalten für jede einzelne Nennung 1 Punkt.

Der Umstand, dass die von den Probanden produzierten Verwendungsarten nicht einfach ausgezählt, sondern zusätzlich anhand der genannten Prinzipien korrigiert werden müssen, kann sich mindernd auf die Auswertungsobjektivität auswirken. Allerdings berichtet Schoppe (1975, S.38) zwei empirische Studien, die bezüglich der VKT-Subtests Inter-Auswerter-Objektivitäten von .82 - .93 und .93 - .97 ermitteln konnten. Trotz dieser Hinweise auf eine hohe

Auswertungsobjektivität erfolgte die Auswertung der VKT-Testleistungen im Anschluss an das in dieser Arbeit durchgeführte Experiment nicht durch die Autorin dieser Arbeit, sondern durch eine Diplom-Psychologin, die hinsichtlich der dem Experiment zugrunde liegenden Hypothesen und Fragestellungen nicht informiert war. Dieses Vorgehen sollte möglichen Versuchsleiter-Effekten auf die Auswertung der VKT-Daten vorbeugen.

Das Testmanual zum VKT enthält Angaben zu den Reliabilitätsprüfungen der VKT-Subtests: Die Paralleltest-Reliabilitäten des Subtests „Ungewöhnliche Verwendungen" liegen ähnlich den übrigen Subtests zwischen .698 und .898. Darüber hinaus liegen mit dem Testmanual nach Bildungsgruppen (Arbeiter, Mittlere Reife, Abitur, Hochschule)[9] differenzierte Prozentrangnormen aller Subtests aus Untersuchungen mit sechs Eichstichproben vor.

4.3. Planung des Experiments

Bei der Gestaltung fingierter Leistungsrückmeldungen im Labor muss besonders sorgfältig vorgegangen werden, da emotionale Reaktionen infolge experimenteller Leistungsrückmeldungen nur dann zu erwarten sind, wenn den Probanden die Erfolgs- und Misserfolgsrückmeldungen auch glaubwürdig erscheinen. Dies erfordert zunächst die Auswahl einer Aufgabenstellung, die es den Probanden erschwert, ihre tatsächliche Leistung adäquat einzuschätzen. Darüber hinaus muss bei der Induktion des Erfolgs- und Misserfolgserlebens sichergestellt werden, dass die erfolgte Bewertung der Aufgabenlösung für die Probanden auch tatsächlich einen Erfolg bzw. Misserfolg darstellt. Um die Glaubwürdigkeit der Erfolgs- bzw. Misserfolgsinduktion zu gewährleisten, wurden sowohl die Aufgabenstellung als auch die fingierten Leistungsrückmeldungen vor der Durchführung des Hauptexperiments in einer Vorstudie erprobt und optimiert. Das Kapitel 4.3. beschreibt diese vorbereitenden Schritte.

---

[9]Die Untersuchungen mit den Eichstichproben sprechen dafür, dass die Leistung im VKT als weitgehend altersunabhängig bezeichnet werden kann. Allenfalls bei Personengruppen mit geringerer Schulbildung zeigen sich einzelne altersabhängige Leistungsunterschiede.

4.3.1. Allgemeine Vorüberlegungen

In Kapitel 3 dieser Arbeit wurden Hypothesen zu den Unterschieden zwischen Personen nach Erfolgsrückmeldungen (positiven Leistungsrückmeldungen) und Personen nach Misserfolgsrückmeldungen (negativen Leistungsrückmeldungen) hinsichtlich des Erlebens von Ärger und Freude sowie hinsichtlich kognitiver Folgeleistungen bei der Lösung divergenter und konvergenter Aufgaben formuliert. Zur Überprüfung dieser Annahmen mit Hilfe eines Experiments ist die Realisierung von mindestens zwei Experimentalgruppen erforderlich, welche nach der Bearbeitung *desselben Aufgabenmaterials* je nach Gruppenzugehörigkeit entweder eine manipulierte positive oder eine negative Leistungsrückmeldung erhalten und dann hinsichtlich ihres emotionalen Erlebens und hinsichtlich kognitiver Folgeleistungen verglichen werden können. Bei der Entwicklung des experimentellen Vorgehens müssen zwei zentrale Aspekte berücksichtigt werden:

1. Externe Validität experimenteller Leistungssituationen
Nach Bortz und Döring (2002, S.57) ist eine Untersuchung dann extern valide, wenn ihre Ergebnisse über die spezifische Untersuchungssituation hinaus auch auf andere Personen, Situationen oder Zeitpunkte generalisierbar sind. Die externe Validität einer Untersuchung verringert sich somit mit steigender Unnatürlichkeit der experimentellen Bedingungen.

Positive und negative Leistungsrückmeldungen in einem Experiment sind für die Probanden nicht mit den gleichen Konsequenzen behaftet wie reale Leistungsrückmeldungen im beruflichen und schulischen Alltag: Im Unterschied zu experimentellen Leistungsrückmeldungen kommt Leistungsrückmeldungen im Alltag eine entscheidende Bedeutung für die zukünftigen Aus- und Weiterbildungsmöglichkeiten, Aufstiegschancen sowie für das soziale Ansehen einer Person in ihrem beruflichen oder schulischen Umfeld zu. Es besteht die Gefahr, dass experimentelle Leistungsrückmeldungen von den Probanden weniger ernst genommen werden und daher mit wesentlich geringeren Veränderungen in der emotionalen Befindlichkeit (Ärger/Freude) einhergehen als reale Leistungsrückmeldungen.

Dieser Problematik kann entgegen gewirkt werden, indem die Probanden gezielt solche Informationen über den Hintergrund der Untersuchung erhalten, die das emotionale Involvement der Probanden in das Versuchsgeschehen und die persönliche Relevanz eines erfolgreichen Abschneidens für den Einzelnen in der experimentellen Leistungssituation erhöhen. Daher wurde der Hintergrund des in dieser Arbeit durchgeführten Experiments den Probanden in Form einer „Cover-Story" erklärt: Die zu bewältigenden Aufgaben wurden den Probanden als Intelligenztestaufgaben dargestellt, die eine Prognose des zukünftigen Berufserfolgs ermöglichen.

2. Glaubwürdigkeit fingierter Leistungsrückmeldungen

In dem geplanten Experiment erhalten die Probanden je nach ihrer Zugehörigkeit zu einer der Experimentalgruppen unabhängig von ihrer tatsächlichen Leistung bei der Aufgabenbewältigung eine positive oder negative Leistungsrückmeldung. Hinsichtlich der Auswirkungen des Treatments auf die emotionale Befindlichkeit der Probanden ist es von zentraler Bedeutung, dass die Probanden von der Richtigkeit des zurückgemeldeten Leistungsergebnisses auch überzeugt sind. Hierzu ist es zunächst notwendig, eine Aufgabe zu konstruieren, bei der es für die Probanden sehr schwierig ist, das tatsächlich erreichte Ergebnis bei der Aufgabenbewältigung einzuschätzen.

Bei der in der geplanten Untersuchung eingesetzten Aufgabe, nach deren Bewältigung die fingierte Leistungsrückmeldung erfolgte, wurde den Probanden etwa vier Minuten lang eine Abfolge von 81 Symbolen an einem Computerbildschirm präsentiert. Innerhalb der gesamten Symbolreihe mussten die Probanden eine mehrfach wiederkehrende Serie von vier konstant aufeinander folgenden Symbolen erkennen und als Aufgabenlösung dasjenige Symbol angeben, mit dem die wiederkehrende Serie begann. Bei den Symbolen handelte es sich um eingerahmte Buchstaben. Zur Illustration zeigt die folgende Abbildung zwei exemplarische Symbole[10]:

---

[10]Ähnliche Buchstabensymbole wurden bereits von Levine (1971) in Experimenten zum Diskriminationslernen eingesetzt.

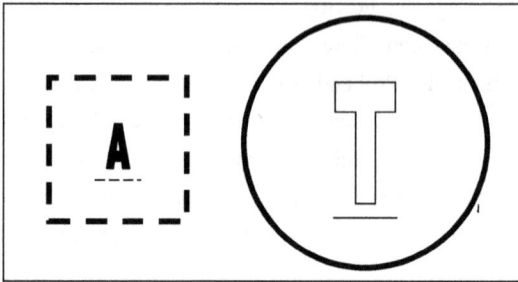

Abbildung 4: Exemplarische Symbole aus der im Rahmen der fingierten Leistungsrückmeldung eingesetzten Aufgabe

Wie in Abbildung 4 ersichtlich, unterscheiden sich die Symbole insgesamt anhand von sechs Dimensionen:

- Der Buchstabe ist ein T oder ein A.
- Der Buchstabe ist klein oder groß.
- Der Buchstabe ist weiß oder schwarz.
- Der Buchstabe wird von einem Kreis oder einem Quadrat umrandet.
- Die Umrandung des Buchstabens ist durchgehend oder gestrichelt.
- Der Strich unter dem Buchstaben ist durchgehend oder gestrichelt.

Jedes Symbol erschien für drei Sekunden auf dem Bildschirm und wurde dann durch das jeweils folgende Symbol abgelöst. Insgesamt erhielten die Probanden fünf dieser vierminütigen Aufgaben, sodass für die Bearbeitung aller Aufgaben am Computer etwa 25 Minuten benötigt wurden. Nach jeder der Teilaufgaben musste das als das erste der wiederkehrenden Viererserie identifizierte Symbol anhand seiner Ausprägung auf allen sechs Dimensionen in einem Lösungszettel beschrieben werden.[11] Die mehrdimensionale Gestaltung der Symbole ermöglichte es, die Probanden durch geringe Variationen einer während der vier Minuten mehrfach wiederkehrenden Viererserie (z.B. gestrichelter anstatt durchgängiger Strich unter einem der vier Symbole) hinsichtlich der korrekten

---

[11]Diese Aufgabenstellung wurde in Anlehnung an die in der Studie von Abele und Beckmann (1992, vgl. Kap. 2.5.1.) verwendete Aufgabe entwickelt, die von Abele (1999) kurz beschrieben wird. Hier erhielten Probanden nach ähnlich gestalteten Aufgaben ebenfalls fingierte Leistungsrückmeldungen zur Induktion einer allgemein negativen vs. positiven „Affektlage".

Aufgabenlösung zu verunsichern. Dies erschwerte den Probanden die adäquate Einschätzung der tatsächlich erzielten Leistung.

Die auf die Aufgabenbewältigung folgende fingierte Leistungsrückmeldung bezog sich auf das durch die Lösung aller fünf Teilaufgaben erzielte Leistungsergebnis. Auch die Rückmeldung des fingierten Leistungsergebnisses muss so gestaltet sein, dass sie für die Probanden glaubwürdig erscheint. Die Gefahr der Unglaubwürdigkeit einer fingierten Leistungsrückmeldung besteht insbesondere dann, wenn den Probanden extrem unter- oder überdurchschnittliche Leistungen bescheinigt werden, da diese in der Regel als unwahrscheinlicher betrachtet werden. Auf der anderen Seite muss allerdings sichergestellt werden, dass möglichst viele der Probanden die positive Leistungsrückmeldung auch tatsächlich als Erfolg und die negative Leistungsrückmeldung auch tatsächlich als Misserfolg erleben. So besteht z.B. bei der Rückmeldung nur leicht überdurchschnittlicher Leistungen die Möglichkeit, dass Probanden mit einer hoch ausgeprägten individuellen Leistungsnorm die als positive Leistungsrückmeldung gestaltete Bedingung faktisch als Misserfolg erleben und dementsprechend emotional reagieren. In der ersten Erprobung des Experiments erhielten die Probanden jeweils für jede der angeblich richtig gelösten Aufgaben 10 Punkte. In der Erfolgsbedingung (vier der fünf Aufgaben wurden angeblich richtig gelöst) wurde den Probanden der korrigierte Lösungszettel von der Versuchsleiterin mit den folgenden Worten ausgehändigt:

> *„Sie haben insgesamt 40 Punkte erreicht. Damit zählen Sie zu den besten 25% der bisherigen Untersuchungsteilnehmer. Ihre Leistung ist als überdurchschnittlich zu betrachten."*

Im Gegensatz dazu erhielten die Probanden der Misserfolgsbedingung (eine der fünf Aufgaben wurde angeblich richtig gelöst) das folgende Ergebnis:

> *„Sie haben insgesamt 10 Punkte erreicht. Damit zählen Sie zu den schlechtesten 25% der Untersuchungsteilnehmer. Ihre Leistung ist als unterdurchschnittlich zu betrachten."*

In einer Vorstudie wurde die Glaubwürdigkeit des experimentellen Settings überprüft.

4.3.2. Ablauf der Vorstudie

Im Mittelpunkt der Vorstudie mit 12 Psychologiestudierenden des Grundstudienabschnitts stand vorrangig die Erprobung der Wirksamkeit bzw. Glaubwürdigkeit der fingierten Leistungsrückmeldungen. Die später im Hauptexperiment eingesetzten Instrumente zur Messung der für die Fragestellungen dieser Arbeit relevanten Persönlichkeitsdispositionen (HAKEMP-K 2000, SSI-K, STAXI) wurden in der Vorstudie daher noch nicht eingesetzt.

Bei den Probanden handelte es sich um acht Frauen und vier Männer im Alter von 19-35 Jahren. Den beiden Experimentalbedingungen (Erfolgs-/Misserfolgs-rückmeldung) wurden jeweils sechs Probanden zufällig zugeordnet. Die zwölf Versuchssitzungen wurden von der Versuchsleiterin (der Autorin dieser Arbeit) unter Mitwirkung einer Forschungspraktikantin durchgeführt. Der Ablauf der Vorstudie gliederte sich insgesamt in 13 Schritte, die im Folgenden in ihrer chronologischen Reihenfolge beschrieben werden.

Schritt 1: Begrüßung und Instruktion der Probanden
Zu Beginn des Experiments wurden die Probanden begrüßt und erhielten dann eine Erklärung zu den Zielen sowie dem Hintergrund der Untersuchung. Die Erklärung des Versuchshintergrunds erfolgte in Form einer Cover-Story, die das emotionale Involvement in das Versuchsgeschehen sowie die Naivität der Probanden hinsichtlich der tatsächlichen Fragestellungen gewährleisten sollte. Die folgende Instruktion wurde hierzu eingesetzt:

„*Liebe Untersuchungsteilnehmerin, lieber Untersuchungsteilnehmer,*

in der nun folgenden Untersuchung erhalten Sie insgesamt drei

Intelligenztestaufgaben. In Voruntersuchungen zeigten sich erste Hinweise

darauf, dass diese Aufgaben zur Prognose des zukünftigen Berufserfolgs von

Personen als besonders geeignet betrachtet werden können. Es steht daher

zur Diskussion, solche und ähnliche Aufgaben als Einstellungstests zur

Messung von Intelligenz und Leistungsfähigkeit innerhalb von

Bewerbungsverfahren einzusetzen. In dieser Untersuchung sollen die

betreffenden Tests weiter erprobt werden, dabei ist die von Ihnen erzielte

Leistung bei den einzelnen Aufgaben für uns von besonderem Interesse. Im

Anschluss an die erste Aufgabe werden Sie bereits eine Rückmeldung über die

von Ihnen erzielte Leistung erhalten. Eine Rückmeldung über die Leistung bei

den restlichen zwei Aufgaben erhalten Sie nach Abschluss der Untersuchung.

Neben den zu bewältigenden Testaufgaben erhalten Sie im Laufe des

Versuchs mehrfach Fragebögen zu Ihrem emotionalen Befinden. Wir möchten

Sie bitten, diese Fragebögen gewissenhaft und sorgfältig auszufüllen. Vielen

Dank für Ihre Teilnahme !."

Schritt 2: Erste Messung der emotionalen Befindlichkeit

Nachdem die Probanden die Erklärung zur Untersuchung gelesen hatten, wurden sie gebeten, den in Kapitel 4.2.1.2. bereits vorgestellten Fragebogen EMO 16 (s. Anhang III) auszufüllen.

Der Einsatz des EMO 16 zu Beginn der Untersuchung ermöglichte eine Erhebung der emotionalen Ausgangsbefindlichkeit der Probanden sowie deren Vergleich mit der im Anschluss an die Leistungsrückmeldung erneut erhobenen Befindlichkeit. Hierbei sind in Anbetracht der in Kapitel 3 formulierten Hypothesen insbesondere die Veränderungen auf den Skalen Ärger und Freude von Interesse.

Schritt 3: Aufgabeninstruktion

Nach der Beantwortung wurden die Probanden mit Hilfe einer schriftlichen Aufgabeninstruktion (s. Anhang VIII) und zusätzlicher mündlicher Erläuterungen der Versuchsleiterin in die im vorangegangenen Kapitel bereits beschriebene Aufgabenstellung eingewiesen. Um sicherzustellen, dass die

Probanden die Aufgabenstellung tatsächlich verstanden hatten, sollten sich diese in einem ersten vierminütigen Probelauf mit der Aufgabenstellung am Computer vertraut machen. Im Anschluss an diese Testaufgabe bestand zusätzlich die Möglichkeit, weitere Verständnisfragen zu stellen.

Schritt 4: Aufgabenbearbeitung am Computer

Im Anschluss an die Aufgabeninstruktion startete die Versuchsleiterin die erste der fünf Teilaufgaben am Computer. Die Versuchsleiterin und die Forschungspraktikantin verließen anschließend den Raum. In den folgenden 20 Minuten bearbeiteten die Probanden die fünf Teilaufgaben am Computer. Bei jeder Aufgabe erschien, wie oben bereits beschrieben, etwa vier Minuten lang eine Reihe von Symbolen im zeitlichen Abstand von drei Sekunden auf dem Bildschirm. Die Aufgabe der Probanden bestand darin, eine mehrfach wiederkehrende Folge von vier Symbolen zu identifizieren und sich das erste dieser vier Symbole zu merken. Im Anschluss an jede Teilaufgabe musste das jeweilige Symbol auf einem Lösungszettel anhand von sechs Dimensionen (s.o.) beschrieben werden. Die Probanden wurden vor Beginn der Aufgabenbewältigung instruiert, in jedem Fall – also auch bei bestehender Unsicherheit hinsichtlich der Lösung – eine Lösung auf dem Lösungszettel einzutragen. Die Probanden konnten nach Beendigung einer Teilaufgabe durch einen Mausklick am Computer selbstständig zur nächsten Teilaufgabe wechseln.

Schritt 5: Auswertung des Ergebnisses

Durch einen Einwegspiegel konnte die Versuchsleiterin im Nebenraum beobachten, wann die Aufgabenbearbeitung abgeschlossen war. Der jeweilige Proband händigte daraufhin der Forschungspraktikantin den ausgefüllten Lösungszettel aus und wurde von dieser darauf hingewiesen, dass der Lösungszettel nun im Nebenraum ausgewertet werde. Im Lösungszettel wurde dann die angeblich erreichte Punktzahl vermerkt.

Schritt 6: Fingierte Leistungsrückmeldung

Die Forschungspraktikantin kehrte in den Versuchsraum zurück, händigte dem Probanden den Lösungszettel aus und gab dem Probanden je nach der jeweiligen

Experimentalbedingung die fingierte Erfolgs- oder Misserfolgsrückmeldung mit dem im vorangegangenen Kapitel beschriebenen Wortlaut.

Schritt 7: Zweite Messung der emotionalen Befindlichkeit
Die Probanden füllten erneut den EMO 16 aus.

Schritt 8: Instruktion zur und Bearbeitung der zweiten Aufgabe (LPS oder VKT)
Im Anschluss an die fingierte Leistungsrückmeldung erhielten die Probanden eine schriftliche Instruktion zu einer von zwei weiteren Aufgaben, mit deren Hilfe die kognitive Leistung der Probanden bei der Lösung einer konvergenten und einer divergenten Aufgabe nach der Leistungsrückmeldung erfasst werden sollte. Bei diesen Aufgaben handelte es sich um den Subtest 4 zur Messung der so genannten „Denkfähigkeit" aus dem Leistungs-Prüf-System (LPS) von Horn (1962) sowie den Subtest 7 „Ungewöhnliche Verwendungen" aus dem Verbalen Kreativitäts-Test (VKT) von Schoppe (1975). Beide Aufgaben wurden in Kapitel 4.2.3. bereits ausführlicher beschrieben. Die Reihenfolge, in der die beiden Aufgaben von den Probanden zu bewältigen waren, wurde jeweils permutiert, sodass jeweils der Hälfte der Probanden in jeder Experimentalgruppe zuerst die LPS-Aufgabe bzw. zuerst die VKT-Aufgabe zur Bearbeitung vorgelegt wurde. Während der Aufgabenbearbeitung wurde die Zeit von der Versuchsleiterin mit Hilfe einer Stoppuhr gemessen. Nach Ablauf der für die jeweilige Aufgabe zur Verfügung stehenden Zeit musste der Proband die Aufgabenbearbeitung beenden.

Schritt 9: Instruktion zur und Bearbeitung der dritten Aufgabe (LPS oder VKT)
In Abhängigkeit davon, ob im vorangegangenen Schritt bereits die LPS- oder die VKT-Aufgabe bearbeitet wurde, bearbeiteten die Probanden anschließend jeweils die noch ausstehende der beiden Aufgaben.

Schritt 10: Nachbefragung der Probanden zur Leistungsrückmeldung
Zum Abschluss der Versuchssitzung wurden die Probanden von der Versuchsleiterin hinsichtlich ihrer emotionalen Befindlichkeit sowie ihrer Gedanken direkt nach der Leistungsrückmeldung befragt. Dieser Teil der Vorstudie ist besonders wichtig, weil die Ergebnisse der Nachbefragung

Hinweise darauf geben, wie viele der Probanden die fingierte Leistungsrückmeldung für glaubwürdig hielten. Darüber hinaus geben die Ergebnisse genaueren Aufschluss über die Art bzw. Qualität des Freude- und Ärgererlebens der Probanden infolge der Leistungsrückmeldungen.

Zur Nachbefragung legte die Versuchsleiterin den Probanden zunächst die folgenden Aufforderungen zur schriftlichen Beantwortung vor:

---

1. *„Beschreiben Sie bitte, wie Sie sich im Anschluss an die Leistungsrückmeldung gefühlt haben!"*
2. *„Beschreiben Sie bitte, was Sie nach der Leistungsrückmeldung dachten bzw. was Ihnen „durch den Kopf ging!"*

Falls der jeweilige Proband nach der Leistungsrückmeldung im EMO 16 angegeben hatte (s. Schritt 7), Freude oder Ärger zu erleben, wurden darüber hinaus die folgenden Fragen ergänzt:

---

1. *„Sie haben im Anschluss an die Leistungsrückmeldung im Fragebogen angegeben, Freude zu erleben. Worüber haben Sie sich gefreut, d.h. worauf bezog sich Ihre Freude?"*
2. *„Sie haben im Anschluss an die Leistungsrückmeldung im Fragebogen angegeben, Ärger zu erleben. Worüber haben Sie sich geärgert, d.h. worauf bezog sich ihr Ärger?"*

Schritt 11: Aufklärung und Verabschiedung der Probanden
Schließlich wurden die Probanden über den tatsächlichen Versuchshintergrund in Kenntnis gesetzt und verabschiedet. Die Probanden wurden mit zwei Versuchspersonenstunden[12] für ihre Teilnahme an der Vorstudie entlohnt.

---

[12]Es zählt zu den Zulassungsvoraussetzungen zur Vordiplom-Prüfung an der Universität Osnabrück, dass sich Psychologiestudierende innerhalb des Grundstudiums der experimentellen Forschung im Umfang von 20 Stunden als Probanden zur Verfügung stellen.

4.3.3. Ergebnisse der Vorstudie: Folgerungen für die Gestaltung der fingierten Leistungsrückmeldungen im Experiment

Die Ergebnisse der Nachbefragung und die quantitativen Daten aus der Befindlichkeitsmessung mit Hilfe des EMO 16 lieferten Hinweise darauf, ob die fingierten Leistungsrückmeldungen von den Probanden als glaubwürdig empfunden wurden.

In der schriftlichen Nachbefragung wurden die Probanden nach ihren Gedanken unmittelbar im Anschluss an die Leistungsrückmeldung befragt. Hierbei äußerten vier der zwölf Probanden Zweifel an der Richtigkeit der Leistungsrückmeldung. Diese vier Probanden formulierten ihre Zweifel folgendermaßen:

> „Habe überlegt, ob die Rückmeldung wahrheitsgemäß auf dem erzielten Ergebnis beruht, oder nur zum Testen der Reaktion darauf gedacht war."
>
> „Es besteht die Möglichkeit, dass das Ergebnis falsch ist (nicht der Intelligenztest soll überprüft werden, sondern die Reaktion der Probanden während des Tests und nach der Leistungsrückmeldung)."
>
> „Ich habe vielmehr darüber nachgedacht, welchen Sinn die Leistungsrückmeldung und ihre Art haben sollten und in welcher Hinsicht sie mich beeinflussen sollte, als darüber, irgendetwas falsch oder ungenügend erledigt zu haben."
>
> „Ich habe mir überlegt, ob wohl alle gesagt bekommen, sie wären „überdurchschnittlich" und habe versucht, herauszufinden, was wohl die Vor- und Nachteile einer solchen Vorgehensweise wären, allerdings erfolglos."

Im Anschluss an die schriftliche Nachbefragung wurden die Probanden in einem kurzen Gespräch über den tatsächlichen Versuchshintergrund aufgeklärt. In diesem Gespräch bestand die Möglichkeit, die Probanden genauer nach den Ursachen ihrer Zweifel zu befragen und so die für die Glaubwürdigkeit der Rückmeldungen besonders kritischen Aspekte zu identifizieren. Hierbei zeigte sich, dass insbesondere das Vorgehen bei der Auswertung (Auswertung des Lösungszettels in einem Nebenraum) sowie das Verhalten der Forschungspraktikantin während der mündlichen Leistungsrückmeldungen (z.B.

Mimik) den Probanden Anlass zu Zweifeln an der Richtigkeit der Leistungsrückmeldung gegeben hatte. Darüber hinaus berichteten die Probanden, innerhalb ihres Grundstudiums bereits an anderen Experimenten teilgenommen zu haben, bei denen sie über den tatsächlichen Versuchshintergrund getäuscht worden waren. Dies habe bereits im Vorhinein eine misstrauische Haltung dem Experiment gegenüber ausgelöst.

Aus diesen Anregungen der Probanden wurden zwei Folgerungen für die Gestaltung des Hauptexperiments abgeleitet: Zunächst wurde die mündliche Leistungsrückmeldung der Vorstudie durch eine Leistungsrückmeldung per Computerbildschirm ersetzt. Hierbei wurde die Lösung nach jeder der fünf Teilaufgaben direkt per Tastatur am Rechner eingegeben. Nach Abschluss der gesamten Aufgabe konnten die Probanden sich dann durch Anklicken einer Schaltfläche das erzielte (entsprechend der Zugehörigkeit zu einer der Experimentalgruppen fingierte) Ergebnis anzeigen lassen.

Eine Leistungsrückmeldung per Computerbildschirm bietet den Vorteil einer größeren Standardisierung der Leistungsrückmeldungen und eliminiert solche Zweifel der Probanden an der Glaubwürdigkeit des Ergebnisses, die im Verhalten der rückmeldenden Person begründet liegen. Andererseits muss im Gegenzug zwangsläufig eine Verringerung der externen Validität des experimentellen Settings in Kauf genommen werden, da Leistungsrückmeldungen im beruflichen oder schulischen Alltag nur selten computergestützt erfolgen.

Darüber hinaus erschien es sinnvoll, bei der Auswahl der Probanden für das Hauptexperiment auf Psychologiestudierende zu verzichten und diese weitgehend aus anderen Fachbereichen zu rekrutieren, um eine ausreichende Naivität der Versuchspersonen zu gewährleisten.

Die Ergebnisse der Befindlichkeitsbefragungen mit dem EMO 16 liefern Hinweise darauf, ob die Leistungsrückmeldungen von den Probanden tatsächlich als Erfolg oder Misserfolg erlebt wurden. So wurde in Kapitel 3 davon ausgegangen, dass Erfolgsrückmeldungen zum Erleben von Freude und Misserfolgsrückmeldungen zum Erleben von Ärger führen. Die folgende Tabelle zeigt die in der Vorstudie erhobenen Mittelwerte beider Experimentalgruppen für die Emotionen Ärger und Freude vor und nach der Leistungsrückmeldung:

	Freude		Ärger	
	Vorher	Nachher	Vorher	Nachher
Erfolgsrückmeldung	3.33	3.50	0.5	1.16
Misserfolgsrückmeldung	2.16	1.16	1.0	1.67

Tabelle 15: Mittelwerte beider Experimentalgruppen für die Emotionen Ärger und Freude vor und nach der Leistungsrückmeldung in der Vorstudie

Die Probanden der Bedingung Erfolgsrückmeldung erlebten nach der Rückmeldung tatsächlich mehr Freude als die Probanden der Bedingung Misserfolgsrückmeldung. Der Vergleich der Vorher/Nachher-Werte beider Gruppen zeigt allerdings, dass sich nicht nur in der Misserfolgsbedingung, sondern auch in der Erfolgsbedingung der erlebte Ärger nach der Leistungsrückmeldung erhöhte. Erklärungen für dieses zunächst überraschende Ergebnis bieten die Angaben der Probanden in der schriftlichen Nachbefragung (Frage: *„Sie haben im Anschluss an die Leistungsrückmeldung im Fragebogen angegeben, Ärger zu erleben. Worüber haben Sie sich geärgert, d.h. worauf bezog sich ihr Ärger?"*). Hierbei zeigte sich, dass der erhöhte Ärger nach der Erfolgsrückmeldung entweder versuchsexterne Ursachen hatte (Bsp.: *„Nach der Leistungsrückmeldung habe ich mich geärgert, weil ich einen Termin vergessen habe und noch einen Anruf erledigen sollte, aber mein Ärger hatte nichts mit der Leistungsrückmeldung zu tun."*) oder aber auf eine sehr hohe Leistungsnorm der Probanden (s.o.: die Probanden der Erfolgsbedingung erhielten die Rückmeldung, vier von fünf Teilaufgaben gelöst zu haben) zurückzuführen war (Bsp.: *„Der Ärger bezog sich darauf, dass ich in dem Test eine Aufgabe falsch gelöst hatte."*). Bereits im vorangegangenen Abschnitt wurde darauf hingewiesen, dass die fingierten Leistungsrückmeldungen so formuliert werden müssen, dass auch Probanden mit einer hohen individuellen Leistungsnorm das fingierte Ergebnis mit hoher Wahrscheinlichkeit als Erfolg erleben. Aufgrund der Ergebnisse der Vorstudie erschien es daher sinnvoll, das Treatment in beiden Experimentalbedingungen extremer zu gestalten, sodass ein durch Ärger begleitetes Misserfolgserleben der Probanden in der Erfolgsbedingung (bei hoher Leistungsnorm) sowie ein durch Freude begleitetes Erfolgserleben der Probanden in der Misserfolgsbedingung (bei geringer Leistungsnorm) mit geringerer Wahrscheinlichkeit zu erwarten ist.

In diesem Zusammenhang wurde das Design des Hauptexperiments in zwei wesentlichen Punkten verändert. Zunächst wurde jede Experimentalbedingung um eine weitere fingierte Leistungsrückmeldung erweitert: Nachdem die Probanden die Computeraufgabe bewältigt, das entweder positive oder negative Leistungsergebnis über den Computerbildschirm erhalten und die Fragen zur emotionalen Befindlichkeit beantwortet hatten, wurden sie aufgefordert, die Aufgabe ein zweites Mal zu bearbeiten. Dabei trug die Versuchsleiterin den Probanden auf, das im ersten Durchgang erzielte Ergebnis weiter zu verbessern. Nach Abschluss des zweiten Durchgangs erhielten die Probanden der Erfolgsbedingung dann die fingierte Rückmeldung eines im Vergleich zum ersten Durchgang geringfügig verbesserten und die Probanden der Misserfolgsbedingung die fingierte Rückmeldung eines im Vergleich zum ersten Durchgang geringfügig verschlechterten Ergebnisses. Im Anschluss an die zweite Leistungsrückmeldung erfolgte wiederum eine Befragung zur emotionalen Befindlichkeit.

Darüber hinaus wurden die per Computer zurückgemeldeten Ergebnisse extremer formuliert[13] als in der Vorstudie:

---

[13] Die im jeweils ersten Durchgang zurückgemeldeten Ergebnisse der Erfolgs- und Misserfolgsbedingung („91 von 100 Personen" bzw. „9 von 100 Personen" haben schlechter abgeschnitten) entsprechen der in der Studie von Beyer (1986, vgl. Kap. 2.5.1.) zur Induktion einer negativen Stimmung verwendeten Erfolgs- und Misserfolgsrückmeldung.

Rückmeldungen in der Erfolgsbedingung:

Erster Durchgang: *„Bei den bewältigten Aufgaben haben 91 von 100 Personen schlechter abgeschnitten als Sie! Note: Sehr gut."*

Zweiter Durchgang: *„Bei den bewältigten Aufgaben haben 95 von 100 Personen schlechter abgeschnitten als Sie! Note: Sehr gut."*

Rückmeldungen in der Misserfolgsbedingung:

Erster Durchgang: *„Bei den bewältigten Aufgaben haben nur 9 von 100 Personen schlechter abgeschnitten als Sie! Note: Mangelhaft."*

Zweiter Durchgang: *„Bei den bewältigten Aufgaben haben nur 5 von 100 Personen schlechter abgeschnitten als Sie! Note: Mangelhaft."*

Insgesamt belegen bereits die Ergebnisse der Vorstudie sehr deutlich, wie schwierig es ist, experimentelle Bedingungen zu entwickeln, die von den Probanden auch als Erfolgs- oder Misserfolgssituation erlebt werden und sich dementsprechend unterschiedlich auf das Erleben der spezifischen Leistungsemotionen Ärger und Freude auswirken. Im Unterschied zu den in Kapitel 2.5.1. referierten Experimenten aus der Tradition der Stimmungsforschung, reicht es zur Prüfung der in Kapitel 3 formulierten Hypothesen nicht aus, die Probanden durch ein experimentelles Treatment in eine unspezifische positive oder negative Stimmung zu versetzen. Vielmehr geht es hier um den Vergleich der kognitiven Leistungen zweier Gruppen, die sich infolge einer mehr oder weniger erfolgreich bewältigten Leistungssituation – also in einem *spezifischen situativen Kontext* - hinsichtlich des Erlebens der *spezifischen Emotionen* Ärger und Freude bedeutsam voneinander unterscheiden.

4.4. Durchführung des Experiments

In Folgenden wird die Durchführung des Experiments zur Überprüfung der formulierten Hypothesen beschrieben. Das Kapitel beginnt mit einer Darstellung der Stichprobe. In Kapitel 4.4.2. folgt ein Überblick über den gesamten Ablauf des Experiments.

4.4.1. Stichprobe

Bevor die in der Hauptstudie herangezogene Stichprobe näher beschrieben wird, sollen zunächst einige Vorüberlegungen hinsichtlich des zur Überprüfung der Hypothesen benötigten Stichprobenumfangs angestellt werden.

In einem Signifikanztest kann im Allgemeinen jeder Effekt als statistisch signifikant ausgewiesen werden, sofern die zugrunde liegende Stichprobe nur ausreichend groß ist. Konkret bedeutet dies, dass mit wachsender Stichprobengröße zunehmend kleinere Effekte als signifikant ausgewiesen werden, die aber unter Umständen als praktisch unbedeutsam zu werten sind. So genannte „optimale Stichprobengrößen" (vgl. Bortz & Döring, 2003, S. 603) sind gerade groß genug, um einen Effekt mittels Signifikanztestung abzusichern, dessen Größe aus der Perspektive des Untersuchers als praktisch bedeutsam erachtet wird. Bei Festlegung der α-Fehler-Wahrscheinlichkeit, der Teststärke (1–ß) sowie der als praktisch bedeutsam erachteten Effektgröße kann dieser optimale Stichprobenumfang ermittelt werden.

In dieser Arbeit steht die Überprüfung der Hypothesengruppe II im Mittelpunkt des Interesses. In der Hypothesengruppe II wurden Annahmen zu Unterschieden zwischen den kognitiven Folgeleistungen (abhängige Variablen: Leistung im LPS und im VKT) der Experimentalgruppen unter Berücksichtigung der Persönlichkeitsdisposition Handlungs-/Lageorientierung formuliert (vgl. Kap. 3.2.). Es wurde erwartet, dass die Probanden der Erfolgsbedingung (verbunden mit dem Erleben von Freude) bei der Lösung konvergenter und divergenter Aufgaben bessere Leistungen zeigen als die Probanden der Misserfolgsbedingung (verbunden mit dem Erleben von Ärger).

Zur Beantwortung der Frage, welche Effektgröße (Größe des Leistungsunterschieds zwischen den Experimentalgruppen) als substantiell betrachtet werden kann, muss grundsätzlich auf Befunde solcher Studien zurückgegriffen werden, die sich bereits mit ähnlichen Fragestellungen befasst haben. Wie im theoretischen Abschnitt dieser Arbeit bereits ausgeführt wurde (vgl. Kap. 2.5.), liegen aber bisher keine Untersuchungen vor, die sich mit der vergleichenden Betrachtung der Wirkungen leistungsbezogener Freude und leistungsbezogenen Ärgers auf kognitive Folgeleistungen beschäftigt haben. Allerdings liegen aus der Prüfungsangstforschung (vgl. Kap. 2.2.1.) meta-analytische Befunde von Hembrée (1988) und Seipp (1991) zu den mittleren Zusammenhängen von Prüfungsangst und Leistung bzw. zu den mittleren Leistungsunterschieden zwischen Personen mit hoher und niedriger Prüfungsangst vor, die hier als Richtwerte herangezogen werden können.

Seipp und Schwarzer (1991) analysierten 126 Studien zum Zusammenhang zwischen Angst und Leistung und berichten eine mittlere Korrelation von $r = -.0212$, die nach Angabe der Autoren einer standardisierten Mittelwertsdifferenz von $d = .43$ zwischen Ängstlichen und Nicht-Ängstlichen entspricht. Hembrée (1988, S.64) ermittelte eine standardisierte Mittelwertsdifferenz von $d = .48$ aus 73 Studien, in denen die Leistungen von Personen mit hoher und niedriger Prüfungsangst bei Intelligenztestaufgaben verglichen wurden. Die aus der Prüfungsangstforschung berichteten Effekte beschreiben mittlere Leistungsunterschiede zwischen Personen mit hoher und niedriger Prüfungsangst. In der vorliegenden Arbeit werden dagegen nicht hoch und niedrig ärgerliche Personen hinsichtlich ihrer Leistung verglichen. Vielmehr geht es um einen Leistungsvergleich zwischen Probanden, die infolge eines Erfolgserlebnisses Freude erleben und Probanden, die infolge eines Misserfolgserlebnisses Ärger erleben. Die in dieser Arbeit realisierten Experimentalgruppen sollten sich also hinsichtlich ihrer emotionalen Befindlichkeit und damit letztlich auch hinsichtlich ihrer kognitiven Leistungen extremer unterscheiden als die in den Studien zur Prüfungangstforschung verglichenen Gruppen. Unter Berücksichtigung dieser Überlegungen soll in der vorliegenden Arbeit eine standardisierte Mittelwertsdifferenz von $d = .6$ hinsichtlich der LPS- bzw. der VKT-Leistung zwischen der Erfolgs- und der Misserfolgsgruppe als praktisch bedeutsamer Effekt betrachtet werden. Nach

Cohen (1988, S. 24-27) lässt sich ein Effekt von d = .2 als kleiner, ein Effekt von d = .5 als mittlerer und ein Effekt von d = .8 als großer Effekt einordnen. Der hier erwartete Effekt von d = .6 ist also als annähernd mittlerer Effekt einzuordnen.

Die Berechnung des optimalen Stichprobenumfangs zur Absicherung eines Effekts von d = .6 erfolgte mit Hilfe der Statistik-Software JMP® 5.1 (SAS Institute Inc.). Das Programm berechnet die benötigte Stichprobengröße für ein experimentelles Design auf der Basis der folgenden vier durch den Untersuchungsplaner zu definierenden Größen:

- Irrtumswahrscheinlichkeit α
- Power
- erwartete Streuung der jeweiligen abhängigen Variablen
- erwartete Mittelwertsdifferenz.

Den allgemeinen Konventionen entsprechend (vgl. Bortz & Döring, S. 603) wurde hier für das α-Fehler-Niveau ein Wert von .05 und für die Power ein Wert von .8 festgelegt.

Die erwarteten Streuungen der Werte aus dem LPS-Subtest 4 und dem VKT-Subtest 7 lassen sich über die in den Testmanualen berichteten Streuungen in den Eichstichproben abschätzen. Schoppe (1975, S. 40) berichtet Streuungen für die einzelnen VKT-Subtests aus sechs unterschiedlichen Eichstichproben. Hierbei ergibt sich für den VKT-Subtest 7 eine durchschnittliche Streuung von s = 3.34. Innerhalb des LPS-Testmanuals (Horn, 1962) werden hingegen keine Streuungen für die Subtests berichtet. Daher wird für die Schätzung der Streuung des LPS-Subtests 4 auf die in den Untersuchungen von Greif sowie Troche, Rammstedt und Rammsayer ermittelten Streuungen zurückgegriffen. Greif (1972, S. 316) berichtet eine Streuung von s = 3.51 für den LPS-Subtest 4 aus einer Untersuchung mit 302 männlichen Personen im Alter von 17-45 Jahren. Troche et al. (2002, S. 117) berichten eine ähnliche Streuung von s = 3.21. Bei der Berechnung der Stichprobengröße wurde dementsprechend eine Streuung der abhängigen Variablen von s = 3.5 vorausgesetzt.

Aus der folgenden Formel zur Berechnung der Effektgröße d (vgl. Cohen, 1988, S.20) lässt sich nun bei gegebenen Werten für Effektgröße und Streuung die Mittelwertsdifferenz der Experimentalgruppen in Skalenpunkten ermitteln:

$$d = \frac{\overline{X_A} - \overline{X_B}}{S}$$

wobei:

d = Effektgröße

$\overline{X_A}$ = Mittelwert in der Gruppe A

$\overline{X_B}$ = Mittelwert in der Gruppe B

S = Streuung

Aus der Formel ergibt sich für die LPS- und die VKT-Leistung (bei d = .6 und s = 3.5) ein erwarteter Mittelwertunterschied von rund 2 Skalenpunkten zwischen den beiden Experimentalgruppen (Erfolgs- vs. Misserfolgsgruppe).

Die Berechnung der Stichprobengröße mit Hilfe von JMP® 5.1 auf der Grundlage der genannten Werte (Irrtumswahrscheinlichkeit, Power, Streuung der abhängigen Variablen, erwartete Mittelwertsdifferenz in Skalenpunkten) ergab eine optimale Stichprobengröße von N = 98 für die Gesamtstichprobe (N = 49 pro Experimentalgruppe).

Die Rekrutierung einer Stichprobe dieses Umfangs erwies sich aus zwei Gründen als schwierig. Zunächst standen zur Vergütung der Probanden für die Teilnahme an dem etwa zweistündigen Experiment insgesamt nur 500€ zur Verfügung. Darüber hinaus musste zur Sicherung der Naivität der Probanden auf Psychologiestudierende über dem ersten Fachsemester verzichtet werden. Insgesamt konnten unter diesen Rahmenbedingungen dennoch 101 Probanden für die Teilnahme am Experiment gewonnen werden. Vier Probanden äußerten bereits während des Experiments bzw. in der Nachbefragung Zweifel an der Richtigkeit der fingierten Leistungsrückmeldungen oder des dargestellten Versuchshintergrunds. Die Ergebnisse dieser vier Probanden wurden aus der Datenauswertung ausgeschlossen, sodass letztlich die Daten von 97 Probanden zur Auswertung vorlagen.

Bei den Probanden handelte es sich um Studierende unterschiedlicher Fachbereiche (insbesondere der Rechts- und Wirtschaftswissenschaften) der Universität Osnabrück sowie Gymnasiasten der Jahrgangsstufe 13. Die Probanden wurden durch Aushänge in der Universität (Studierende) bzw. durch direkte Ansprache der Schülervertretung (Gymnasiasten) akquiriert. Bereits im Zuge der Probandenakquisition wurde das Experiment als Untersuchung zur Erprobung von Testaufgaben für Bewerbungsverfahren angekündigt. Das durchschnittliche Alter der 39 männlichen und 58 weiblichen Versuchspersonen betrug 22.94 Jahre.

Die Probanden wurden den beiden Experimentalbedingungen (Erfolgs-/ Misserfolgsrückmeldung) zufällig zugeteilt. Kurzfristige Absagen von Probanden sowie der nachträgliche Ausschluss der vier Probanden (s.o.) führten insgesamt zu leicht unterschiedlich großen Experimentalgruppen von N = 45 (durchschnittliches Alter: M = 22.22 Jahre) für die Bedingung Erfolgsrückmeldung und N = 52 für die Bedingung Misserfolgsrückmeldung (durchschnittliches Alter: M = 23.60 Jahre). Die Probanden wurden mit einem Honorar von 5 € für die Teilnahme am Experiment vergütet.

4.4.2. Ablauf des Experiments

Die folgende Abbildung vermittelt zunächst einen Überblick über die einzelnen Schritte des Experiments:

| Im Vorfeld des Experiments | ⇒ | Experiment | ⇒ | Nachbefragung |

Persönlichkeitsvariablen:
Bearbeitung von STAXI
(Trait-Ärger) , SSI-K,
Hakemp

Messzeitpunkt 1:
EMO 16,
STAXI (State-Ärger),
qualitative Nachbefragung

1. Testaufgabe: fingierte
Leistungsrückmeldung

Messzeitpunkt 2:
EMO 16,
STAXI (State-Ärger),
qualitative Nachbefragung

Wdh. 1. Testaufgabe:
erneute fingierte
Leistungsrückmeldung

Messzeitpunkt 3:
EMO 16,
STAXI (State-Ärger),
qualitative Nachbefragung

Konvergente und
divergente Denkaufgabe in
permutierter Reihenfolge

Gedächtnis:
Retrospektive Befragung
zu Informationen und
Emotionen
(Messzeitpunkt 4) aus der
Rückmeldesituation

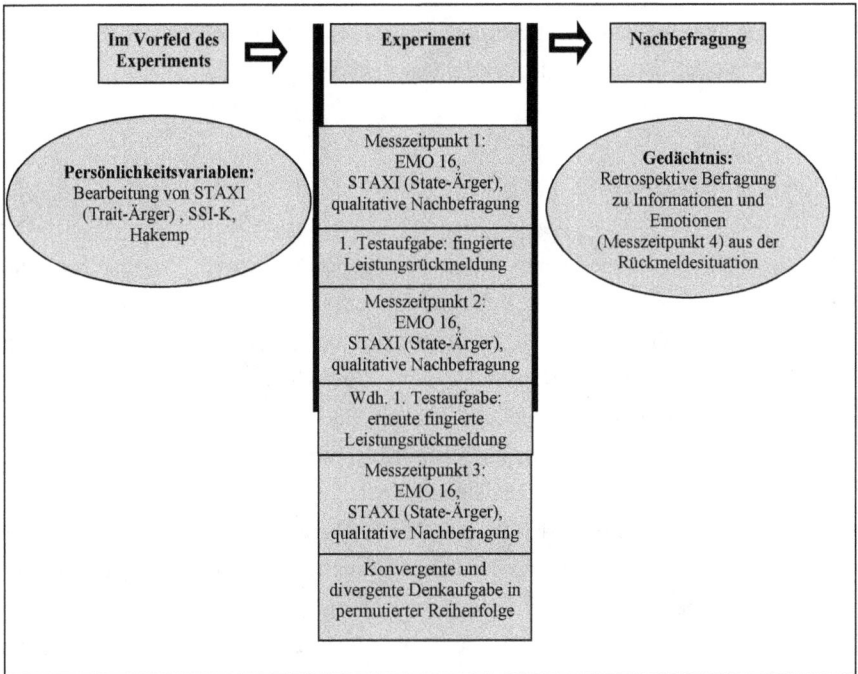

Abbildung 5: Gesamtablauf des Experiments im Überblick

4.4.2.1. Bearbeitung von Fragebögen im Vorfeld des Experiments

Um die zeitliche Dauer der einzelnen Versuchssitzungen auf ein zumutbares Maß zu beschränken, bearbeiteten die Probanden bereits im Vorfeld des Experiments die Fragebögen zu den in der Untersuchung relevanten Persönlichkeitsvariablen. Die Fragebögen wurden den Probanden entweder per Post zugeschickt oder von diesen in der Universität abgeholt. Bei den Fragebögen handelte es sich um die Ärger-Dispositionsskala des State-Trait-Ärgerausdrucks-Inventars (STAXI, vgl. Kap. 4.2.1.1.) zur Messung der habituellen Ärgerneigung (s. Anhang II), den HAKEMP-K 2000 (vgl. Kap. 4.2.2.1.) zur Messung der misserfolgsbezogenen Handlungs- und Lageorientierung (s. Anhang IV) sowie den SSI-K (vgl. Kap. 4.2.2.2.) zur Messung der Ausprägung von Selbststeuerungskompetenzen (s. Anhang V). Die

165

Fragebögen wurden von den Probanden ausgefüllt und der Versuchsleiterin[14] zu Beginn des Versuchstermins wieder ausgehändigt.

4.4.2.2. Experiment

Zu Beginn des Experiments wurden die Probanden begrüßt und erhielten eine schriftliche Erläuterung des Versuchshintergrunds. Dabei wurde den Probanden der Versuchshintergrund in Form der bereits in der Vorstudie eingesetzten Cover-Story erklärt (s. Kap. 4.3.2.). Die Cover-Story stellte die während des Experiments zu bewältigenden Aufgaben als Intelligenztestaufgaben dar, die eine Prognose des zukünftigen Berufserfolgs ermöglichen sollten. Der Einsatz der Cover-Story erfolgte, wie bereits oben beschrieben, um ein emotionales Involvement der Probanden in das Versuchsgeschehen sowie die Naivität der Probanden bezüglich der tatsächlichen Fragestellungen der Untersuchung zu gewährleisten.

Anschließend bearbeiteten die Probanden den Befindlichkeitsfragebogen EMO 16[15] von Schmitz-Atzert und Hüppe (1996, vgl. Kap. 4.2.1.2. und Anhang III) sowie die Ärger-Zustandsskala des STAXI (vgl. Kap. 4.2.1.1. und Anhang I) zur Messung der Intensität des momentan erlebten Ärgers. Beide Instrumente wurden eingesetzt, um die Ausgangsbefindlichkeit der Probanden im Hinblick auf das Erleben von Ärger und Freude vor dem experimentellen Treatment zu erheben (*Messzeitpunkt (= MZP) 1*). Falls der jeweilige Proband im EMO 16 angegeben hatte, Freude oder Ärger zu erleben, waren darüber hinaus die folgenden Fragen schriftlich zu beantworten:

---

[14]Die einzelnen Versuchssitzungen wurden entweder von der Autorin der Arbeit oder einer Forschungspraktikantin geleitet.
[15]Der EMO 16 wurde den Probanden wie in der Vorstudie ohne das Item „Sexuelle Erregung" vorgelegt (vgl. Kap. 4.3.2.).

> *1. „Sie haben zu Anfang der Untersuchung im Fragebogen angegeben, Freude zu erleben. Worüber oder worauf haben Sie sich gefreut, das heißt, worauf bezog sich Ihre Freude?"*
>
> *2. „Sie haben zu Anfang der Untersuchung im Fragebogen angegeben, Ärger zu erleben. Worüber haben Sie sich geärgert, das heißt, worauf bezog sich ihr Ärger?"*

Im Anschluss an die Befragung zur emotionalen Befindlichkeit wurden die Probanden mit Hilfe einer schriftlichen Aufgabeninstruktion (s. Anhang VIII) und zusätzlicher mündlicher Erläuterungen von der Versuchsleiterin in die erste Aufgabe am Computer eingewiesen. Um sicherzustellen, dass die Probanden die Aufgabenstellung tatsächlich verstanden hatten, konnten sich diese innerhalb eines ersten vierminütigen Probelaufs mit der Aufgabenstellung am Computer vertraut machen. Im Anschluss an diesen Probelauf bestand zusätzlich die Möglichkeit, weitere Verständnisfragen zu stellen. Anschließend startete die Versuchsleiterin die Aufgabe am Rechner und verließ den Raum. Die Probanden konnten während der Aufgabenbearbeitung von der Versuchsleiterin im Nebenraum durch einen Einwegspiegel beobachtet werden.

Bei der ersten Aufgabe handelte es sich um die bereits in der Vorstudie eingesetzte Aufgabe, bei der die Probanden am Computer in einer Reihe von 81 Buchstabensymbolen, die im Abstand von drei Sekunden auf dem Bildschirm erschienen, eine mehrfach wiederkehrende Serie von vier Symbolen erkennen mussten (s. Kap. 4.3.1.). Die gesamte Aufgabe bestand aus fünf Teilaufgaben mit der beschriebenen Aufgabenstellung und dauerte etwa 25 Minuten. Nach jeder der fünf Teilaufgaben erhielten die Probanden über den Bildschirm die Anweisung, durch die Bestätigung einer Schaltfläche den Lösungszettel aufzurufen und dort die Lösung (s.o.: es musste jeweils das erste Symbol der wiederkehrenden Viererserie anhand von sechs Attributen beschrieben werden) einzutragen. Anschließend sollten die Probanden durch Bestätigung einer weiteren Schaltfläche die folgende Teilaufgabe starten. Nach der vollständigen Bearbeitung aller fünf Teilaufgaben erschien auf dem Bildschirm der folgende Hinweis:

> *„Ihr Testergebnis erhalten Sie, wenn Sie mit der Maus auf das folgende Symbol klicken.“*

Durch Mausklick auf eine auf dem Bildschirm sichtbare Schaltfläche erhielten die Probanden daraufhin je nach Zugehörigkeit zu einer der Experimentalgruppen entweder eine Erfolgsrückmeldung (*„Bei den bewältigten Aufgaben haben 91 von 100 Personen schlechter abgeschnitten als Sie! Note: Sehr gut.“*) oder eine Misserfolgsrückmeldung (*„Bei den bewältigten Aufgaben haben nur 9 von 100 Personen schlechter abgeschnitten als Sie! Note: Mangelhaft.“*).

Anschließend betrat die Versuchsleiterin wieder den Raum, erkundigte sich nach dem bei der Aufgabe erzielten Ergebnis und bat die Probanden, erneut den EMO 16 sowie die Ärger-Zustandsskala des STAXI zu beantworten (*MZP2*). Wie bei der Erhebung der Ausgangsbefindlichkeit wurden die Probanden, die im EMO 16 das Erleben von Freude oder Ärger angegeben hatten, gebeten, die folgenden Fragen schriftlich zu beantworten:

> *1. „Sie haben im Anschluss an die Bewältigung von Aufgabe 1 im Fragebogen angegeben, Freude zu erleben. Worüber oder worauf haben Sie sich gefreut, das heißt, worauf bezog sich Ihre Freude?“*
>
> *2. „Sie haben im Anschluss an die Bewältigung von Aufgabe 1 im Fragebogen angegeben, Ärger zu erleben. Worüber haben Sie sich geärgert, das heißt, worauf bezog sich ihr Ärger?“*

Die Antworten der Probanden auf die genannten Fragen dienten später im Rahmen der Auswertung (vgl. Kap. 5.1.1.2.) in erster Linie zur Kategorisierung der aufgetretenen Ärgerarten (vgl. Kap. 3.1., Hypothese 5: selbstbezogener Ärger, aufgabenbezogener Ärger, sozialer Ärger). Darüber hinaus konnte mit Hilfe dieser Fragen kontrolliert werden, ob die jeweils berichtete Freude bzw. der jeweils berichtete Ärger tatsächlich durch die experimentelle Leistungssituation begründet war oder aber leistungsexterne Ursachen hatte. Über die oben genannten Fragen hinaus wurden zusätzlich im Vergleich zum

MZP 1 aufgetretene Veränderungen in der Intensität der erlebten Freude oder des erlebten Ärgers hinterfragt. Hierzu dienten die folgenden Fragen[16]:

1. *„Ihre Angaben in den Fragebögen zeigen, dass Sie sich im Anschluss an Aufgabe 1 weniger/stärker freuten als zu Anfang der Untersuchung. Bitte beschreiben Sie, woran es gelegen hat, dass Sie sich nach der Aufgabe 1 weniger/stärker freuten!"*

2. *„Ihre Angaben in den Fragebögen zeigen, dass Sie sich im Anschluss an Aufgabe 1 weniger/stärker ärgerten als zu Anfang der Untersuchung. Bitte beschreiben Sie, woran es gelegen hat, dass Sie sich nach der Aufgabe 1 weniger/stärker ärgerten!"*

Die diesbezüglichen Angaben der Probanden dienten in der Auswertung als zusätzlicher Anhaltspunkt für die Kategorisierung der Ärgerreaktionen.

Nach dieser zweiten Befindlichkeitsbefragung erfolgte der zweite Durchgang zur Bearbeitung der beschriebenen Aufgabe am Computer. Zu Beginn des zweiten Durchgangs wurden die Probanden instruiert, ihre Leistung möglichst weiter zu verbessern. Das Vorgehen bei der Aufgabenbewältigung entsprach dem Vorgehen des ersten Durchgangs. Nach Beendigung des zweiten Durchgangs erhielten die Probanden beider Bedingungen jeweils eine im Vergleich zum ersten Durchgang noch extremere Leistungsrückmeldung (Erfolg: *„Bei den bewältigten Aufgaben haben 95 von 100 Personen schlechter abgeschnitten als Sie! Note: Sehr gut."* bzw. Misserfolg: *„Bei den bewältigten Aufgaben haben nur 5 von 100 Personen schlechter abgeschnitten als Sie! Note: Mangelhaft."*). Auch die Befindlichkeitsbefragung (*MZP 3*) im Anschluss an diese Leistungsrückmeldung entsprach vollständig der Befindlichkeitsbefragung nach der ersten Leistungsrückmeldung (EMO 16, Ärger-Zustandsskala des STAXI, qualitative Nachbefragung).

In der nächsten Phase des Experiments erhielten die Probanden eine schriftliche Instruktion zu einer von zwei weiteren Aufgaben (die Reihenfolge der beiden Aufgaben wurde permutiert), mit deren Hilfe die kognitive Leistung

---

[16]Je nachdem, ob sich die Intensität der erlebten Freude oder des erlebten Ärgers vermindert oder erhöht hatte, wurde dem Probanden nur die jeweils darauf abgestimmte Variante der Frage gestellt.

der Probanden bei der Lösung einer konvergenten und einer divergenten Aufgabe nach der Leistungsrückmeldung erfasst werden sollte.

Zur Erfassung der Leistung bei der Bewältigung konvergenter Denkanforderungen (Ziel: Auffinden der einzig richtigen Lösung) wurde der Subtest 4 zur Messung der so genannten „Denkfähigkeit" aus dem Leistungs-Prüf-System (LPS) von Horn (1962) eingesetzt (s. Anhang VI). Die Leistung bei der Bewältigung divergenter Denkanforderungen (Ziel: Produktion möglichst vieler kreativer Lösungen) wurde mit Hilfe des Subtests 7 „Ungewöhnliche Verwendungen" aus dem Verbalen Kreativitäts-Test (VKT) von Schoppe (1975) erfasst (s. Anhang VII). Beide Aufgaben wurden in Kapitel 4.2.3. bereits ausführlich beschrieben. Die zur Aufgabenbearbeitung zur Verfügung stehenden Zeiten wurden von der Versuchsleiterin mit Hilfe einer Stoppuhr gemessen. Nach Ablauf der jeweils vorgegebenen Zeit mussten die Probanden die Aufgabenbearbeitung beenden.

Nach der Bearbeitung der beiden Aufgaben wurde mit den Probanden noch ein Nachbefragungstermin (etwa zwei Wochen nach dem Experiment) vereinbart. Die Probanden erhielten die Auskunft, innerhalb dieses zweiten Termins erfolge eine Rückmeldung der erzielten Ergebnisse bei den letzten zwei Aufgaben des Experiments. Tatsächlich diente die Nachbefragung dazu, die langfristige Erinnerung der Probanden an die bei der letzten Leistungsrückmeldung übermittelten Informationen sowie an ihre emotionale Befindlichkeit in dieser Situation zu überprüfen (vgl. Kap. 3.3.2., Forschungsfragen 2-4). Schließlich wurden die Probanden verabschiedet.

Der gesamte Ablauf des Experiments nahm etwa zwei Stunden in Anspruch.

4.4.2.3. Nachbefragung und Aufklärung der Probanden

Zwei Wochen nach dem Experiment erschienen die Probanden zu einem zweiten Termin in der Universität. Eine Probandin nahm den Nachbefragungstermin nicht wahr, sodass die Nachbefragung mit insgesamt 96 Probanden realisiert werden konnte.

Die Versuchsleiterin legte den Probanden zwei Fragebögen vor. Der erste Fragebogen (s. Anhang IX) enthielt die folgende Instruktion:

> *„Liebe Untersuchungsteilnehmerin, lieber Untersuchungsteilnehmer,*
> *im ersten Untersuchungstermin erhielten Sie nach der Bewältigung der*
> *Computeraufgabe per Bildschirm eine Rückmeldung über die von Ihnen*
> *erzielte Leistung. Die Computeraufgabe wurde von Ihnen in zwei*
> *Durchgängen bearbeitet. Bitte denken Sie jetzt an die Situation zurück, in der*
> *sie nach Beendigung des zweiten Durchgangs das von Ihnen erzielte Ergebnis*
> *am Bildschirm abgelesen haben. Bitte beantworten Sie dann **möglichst genau***
> *folgende Fragen... "*

Es folgten vier Fragen zu zentralen und peripheren Informationen aus der Rückmeldungssituation. Als zentrale Information aus der Rückmeldungssituation wurde das jeweils erzielte Ergebnis (Leistung im Vergleich zu anderen Personen, Note) und als periphere Information aus der Rückmeldungssituation die Gestaltung der Bildschirmoberfläche während der Leistungsrückmeldung (Farbe der Bildschirmoberfläche, Schriftfarbe des Textes) erfragt (in Klammern ist hier jeweils die korrekte Antwort angegeben):

> 1. *„Wie viele Personen hatten bei der Computeraufgabe schlechter abgeschnitten als Sie? "* (richtige Antwort je nach Bedingung: 91 von 100 bzw. 91% oder 9 von 100 bzw. 9%)
> 2. *„Welche Note haben Sie erhalten? "* (richtige Antwort je nach Bedingung: sehr gut oder mangelhaft)
> 3. *„Welche Farbe hatte die Bildschirmoberfläche, auf der Sie ihr Ergebnis abgelesen haben? "* (richtige Antwort: blau)
> 4. *„Welche Schriftfarbe hatte der Text auf der Bildschirmoberfläche? "* (richtige Antwort: gelb)

Bei der Auswertung der Antworten kann später analysiert werden, ob sich die Häufigkeit korrekt erinnerter Information mit der thematischen Zentralität der Informationen (zentrale vs. periphere Informationen) verändert (vgl. Kap. 3.3.2.: Forschungsfrage 2) Darüber hinaus erfolgt ein Vergleich der Experimentalgruppen hinsichtlich der Häufigkeit der jeweils korrekt erinnerten Informationen (vgl. Kap. 3.3.2.: Forschungsfrage 3).

Nach der Beantwortung dieser Fragen erhielten die Probanden erneut den EMO 16 (*MZP4*) mit der folgenden schriftlichen Instruktion:

> „Erinnern Sie sich bitte mit Hilfe der vorgegebenen Wörter an Ihren Gefühlszustand *direkt nach der zweiten Rückmeldung* über Ihre Leistung bei der Computeraufgabe im ersten Untersuchungstermin."

Die retrospektiv eingeschätzte emotionale Befindlichkeit zum MZP4 kann in der Auswertung mit den Angaben der Probanden zum MZP3 innerhalb des Experiments verglichen werden. Dadurch kann ermittelt werden, wie genau die Probanden ihre emotionale Befindlichkeit aus der Rückmeldungssituation retrospektiv einschätzen (vgl. Kap 3.3.2.: Forschungsfrage 4).

Nach der Beantwortung beider Fragebögen wurden alle Probanden über den tatsächlichen Versuchshintergrund und die fingierten Leistungsrückmeldungen aufgeklärt. In diesem Zusammenhang befragte die Versuchsleiterin die Probanden noch einmal bezüglich der Glaubwürdigkeit des experimentellen Settings. Wie oben bereits erwähnt, ergab sich hierbei der Ausschluss von vier der ursprünglich 101 Probanden.

Im Anschluss an die Beschreibung der zur Operationalisierung der hypothesenrelevanten Variablen eingesetzten Instrumente und Aufgaben sowie des experimentellen Ablaufs befasst sich Kapitel 5 nun mit der Auswertung und Darstellung der Ergebnisse.

5. Auswertung und Ergebnisse

Das fünfte Kapitel teilt sich insgesamt in die Darstellung der hypothesenbezogenen Ergebnisse (s. Kap. 5.1.) sowie die Darstellung der Ergebnisse zu den explorativen Fragestellungen (s. Kap. 5.2.) auf.

Das Subkapitel 5.1.1. beschäftigt sich zunächst mit den Ergebnissen zur *Intensität und Qualität (Differenzierbarkeit leistungsbezogener Ärgerarten) der Freude- und Ärgerreaktionen* (Hypothesengruppe I) infolge experimenteller Erfolgs- und Misserfolgsrückmeldungen. Darauf aufbauend werden die *kognitiven Leistungen* (s.o.: LPS- und VKT-Aufgabe) der Erfolgs- und Misserfolgsbedingung unter Berücksichtigung der Persönlichkeitsdisposition *Handlungs- vs. Lageorientierung* als mögliche Moderatorvariable miteinander verglichen (Hypothesengruppe II). Wie bereits erwähnt, sollen Leistungsunterschiede zwischen den beiden Experimentalgruppen nur unter der Voraussetzung erwartet werden, dass sich beide Gruppen auch tatsächlich hinsichtlich ihrer emotionalen Befindlichkeit (Erleben von Ärger und Freude) nach den beiden Leistungsrückmeldungen unterscheiden. Insofern stellt die Bestätigung der Hypothesengruppe I als Nachweis der Wirksamkeit des experimentellen Treatments eine zentrale Voraussetzung für die Überprüfbarkeit der Hypothesengruppe II dar.

Demgegenüber widmet sich das Subkapitel 5.2. den aus den experimentellen Daten ableitbaren Hinweisen bezüglich der explorativ formulierten Fragen. Hierbei geht es zunächst um die Frage nach der *Eignung der Trait-Ärger-Skala des STAXI zur Vorhersage leistungsbezogener Ärgerreaktionen.* Darüber hinaus werden die Ergebnisse zur *Güte des Langzeitgedächtnisses für unterschiedliche Aspekte der experimentellen Rückmeldungssituation* (Güte der Erinnerung an thematisch zentrale und periphere Situationsaspekte sowie an die Intensität erlebter Emotionen unmittelbar nach der Rückmeldung) vorgestellt.

Alle im Zuge der Datenauswertung angestellten statistischen Berechnungen erfolgten mit Hilfe des Programms SPSS (Version 11.0.1).

5.1. Hypothesenbezogene Ergebnisse

5.1.1. Überprüfung der Hypothesengruppe I

5.1.1.1. Überprüfung der Hypothesen 1 bis 4: Intensität von Ärger und Freude vor und nach experimentellen Leistungsrückmeldungen

Wie bereits in Kapitel 4.2. dargestellt, wurde die aktuelle emotionale Befindlichkeit der Probanden mit Hilfe des EMO 16 sowie der Ärger-Zustandsskala des STAXI jeweils vor den Leistungsrückmeldungen (MZP1), nach der ersten Leistungsrückmeldung (MZP2) und nach der zweiten Leistungsrückmeldung (MZP3) erhoben.

Den Annahmen der Hypothesengruppe I (vgl. Kap. 3.1.) folgend, ist zu erwarten, dass sich bei den Probanden der Bedingung Erfolgsrückmeldung die Intensität der erlebten Freude (vgl. Hypothese 1) und bei den Probanden der Bedingung Misserfolgsrückmeldung die Intensität des erlebten Ärgers (vgl. Hypothese 2) nach den Leistungsrückmeldungen im Vergleich zur Ausgangsbefindlichkeit erhöht.

Folglich wird weiterhin angenommen, dass sich beide Experimentalgruppen zu MZP2 und MZP3 hinsichtlich des Erlebens von Freude (höhere Freude in der Bedingung Erfolgsrückmeldung, vgl. Hypothese 3) und Ärger (höherer Ärger in der Bedingung Misserfolgsrückmeldung, vgl. Hypothese 4) signifikant voneinander unterscheiden. Ein solcher systematischer Unterschied ist zu MZP1 – also im Vorfeld der Leistungsrückmeldungen – nicht zu erwarten, sodass insgesamt von einem Interaktionseffekt zwischen Messzeitpunkt und Treatment (Erfolgs- vs. Misserfolgsrückmeldung) auszugehen ist.

Zur Überprüfung dieser Annahmen wurde eine zweifaktorielle MANOVA mit Messwiederholung auf einem Faktor (split plot design) durchgeführt. Hierbei stellen die Art der Leistungsrückmeldung (Zwischensubjektfaktor mit den Stufen Erfolgsrückmeldung und Misserfolgsrückmeldung) und der Messzeitpunkt (Innersubjektfaktor mit den Stufen MZP1, MZP2 und MZP3) die beiden unabhängigen Variablen dar. Die Werte auf der Skala Ärger des EMO 16 (ÄRGEMO), die Werte auf der Ärger-Zustandsskala des STAXI (ÄRGSTAXI) und die Werte auf der Skala Freude des EMO 16 (FREUEMO) gehen als abhängige Variablen in die MANOVA (α = .05) ein. Vor der inferenzstatistischen Analyse sei noch angemerkt, dass sich beide Experimentalgruppen hinsichtlich des mit dem STAXI (vgl. Kapitel 4.2.1.1.) gemessenen Trait-Ärgers (dispositionelle Neigung zu einer Erhöhung des Ärgerzustands in Ärger evozierenden Situationen) nicht unterscheiden (t = 1.28, df = 93, p = .203).

Tabelle 16 zeigt zunächst die deskriptive Statistik der abhängigen Variablen für beide Gruppen über die drei Messzeitpunkte hinweg:

Art der Leistungsrückmeldung	Abhängige Variable	Messzeitpunkt	M	SD
Erfolgsrückmeldung (N = 45)	ÄRGEMO	1	.27	.62
		2	.73	.99
		3	.49	.79
Misserfolgsrückmeldung (N =52)		1	.42	.89
		2	1.64	1.21
		3	1.19	1.22
Erfolgsrückmeldung (N=45)	ÄRGSTAXI	1	11.04	1.48
		2	11.31	2.51
		3	11.00	1.93
Misserfolgsrückmeldung (N=52)		1	11.73	2.95
		2	13.52	2.90
		3	13.60	3.50
Erfolgsrückmeldung (N=45)	FREUEMO	1	2.02	1.22
		2	2.62	1.28
		3	2.44	1.10
Misserfolgsrückmeldung (N=52)		1	2.06	1.13
		2	1.17	1.10
		3	1.25	1.25

Tabelle 16: Deskriptive Statistik (Mittelwerte und Standardabweichungen) der Bedingungen Erfolgs- und Misserfolgsrückmeldung zu den drei Messzeitpunkten für die beiden Ärger-Skalen und die Freude-Skala[17]

---

[17]Wie in Kapitel 4.2.1.2. bereits erläutert wurde, werden die Skalen Ärger und Freude des EMO 16 jeweils durch ein Item repräsentiert, das auf einer sechsstufigen Skala mit den verbalen Verankerungen „nicht vorhanden" (0), „sehr schwach" (1), „eher schwach" (2), „mittel" (3), „eher stark" (4), „sehr stark" (5) zu beantworten ist. Die Ärger-Zustandsskala des STAXI besteht aus zehn Items, die auf einer vierstufigen Skala mit den verbalen Verankerungen „überhaupt nicht" (1), „ein wenig" (2), „ziemlich" (3) und sehr (4) zu beantworten sind.

Während beide Gruppen im Vorfeld der Leistungsrückmeldungen annähernd gleich hohe Mittelwerte auf der Skala *Freude* (M = 2.02 vs. M = 2.06) aufweisen, ergeben sich in der Bedingung Erfolgsrückmeldung nach den beiden Leistungsrückmeldungen (M = 2,62 und M = 2,42) im Vergleich zum MZP1 (M = 2,02) erhöhte Mittelwerte (vgl. Hypothese 1). Darüber hinaus verringert sich das Erleben von Freude in der Bedingung Misserfolgsrückmeldung von MZP1 (M = 2,06) hin zu den beiden folgenden Messzeitpunkten (M = 1.17 bzw. M = 1.25), sodass ein Vergleich der beiden Gruppen nach den beiden Leistungsrückmeldungen insgesamt jeweils höhere Freude-Werte der Bedingung Erfolgsrückmeldung ergibt (vgl. Hypothese 3).

Auf beiden Ärgerskalen zeigen sich zu MZP1 nur geringfügig höhere Werte in der Bedingung Misserfolgsrückmeldung (EMO 16: M = .42 im Vergleich zu M = .27 in der Gruppe Erfolgsrückmeldung; STAXI: M = 11.73 im Vergleich zu M = 11.04 in der Gruppe Erfolgsrückmeldung). In der Bedingung Misserfolgsrückmeldung zeigen beide Skalen einen Anstieg des Ärgers von MZP1 hin zu den Messzeitpunkten nach den Leistungsrückmeldungen (vgl. Hypothese 2), wobei sich nur auf der Skala Ärger des EMO 16 eine leichte Abnahme des Ärgers von MZP2 hin zu MZP3 abbildet. Unerwartet zeigt sich auch in der Bedingung Erfolgsrückmeldung eine leichte Zunahme des Ärgers im Vergleich von MZP1 hin zu den beiden folgenden Messzeitpunkten, die allerdings von geringerem Ausmaß ist als die Veränderung des Ärgers in der Bedingung Misserfolgsrückmeldung, sodass zu den Messzeitpunkten 2 und 3 auf beiden Ärgerskalen jeweils höhere Mittelwerte der Bedingung Misserfolgsrückmeldung zu verzeichnen sind (vgl. Hypothese 4). Genaueren Aufschluss über die Ursachen des nach den Erfolgsrückmeldungen leicht erhöhten Ärgers werden die Ergebnisse aus der qualitativen Nachbefragung der Probanden in Kapitel 5.1.1.2. geben. Insgesamt zeigen die Mittelwerte darüber hinaus, dass sich das Erleben von Ärger und Freude nach der zweiten Leistungsrückmeldung im Vergleich zum Zeitpunkt nach der ersten Leistungsrückmeldung nicht wesentlich unterscheidet - tendenziell zeigt sich sogar eine leichte Verringerung der Werte von MZP2 hin zu MZP3. Die zweite Leistungsrückmeldung führt also weder in der Bedingung Erfolgsrückmeldung zu einer weiteren Steigerung der Freude noch in der Bedingung Misserfolgsrückmeldung zu einer weiteren Steigerung des Ärgers.

Die folgende Tabelle 17 zeigt die Ergebnisse der zweifaktoriellen MANOVA mit Messwiederholung auf dem Faktor Zeit auf der Grundlage der multivariaten Prüfstatistik von Pillai (vgl. Bortz, 1993, S. 553):

Effekt			Wert	F	Zähler df	Nenner df	Signifikanz
Zwischen den Subjekten	RÜCKMELD	Pillai-Spur	.28	12.05	3.00	93.00	.000
Innerhalb der Subjekte	ZEIT	Pillai-Spur	.38	9.15	3.00	90.00	.000
	ZEIT * RÜCKMELD	Pillai-Spur	.31	6.71	6.00	90.00	.000

Tabelle 17: Ergebnisse der multivariaten zweifaktoriellen Varianzanalyse mit den Faktoren Art der Leistungsrückmeldung (RÜCKMELD) und Zeit ($\alpha = .05$)

Wie die Ergebnistabelle zeigt, bestehen hoch signifikante Unterschiede hinsichtlich der drei abhängigen Variablen sowohl zwischen den drei Messzeitpunkten (Zeit) als auch zwischen den beiden Experimentalgruppen (RÜCKMELD). Darüber hinaus erweist sich die Interaktion zwischen den Faktoren Zeit und Art der Leistungsrückmeldung erwartungsgemäß als signifikant (vgl. Abbildungen 6 und 7). Damit kommt es in den beiden Gruppen über die drei Messzeitpunkte hinweg jeweils zu unterschiedlichen Veränderungen im Ausmaß der erlebten Freude bzw. des erlebten Ärgers. Um genauere Aussagen darüber treffen zu können, welche der drei abhängigen Variablen im Einzelnen zu den berichteten Signifikanzen auf multivariater Ebene beitragen, müssen zusätzlich die Ergebnisse der univariaten zweifaktoriellen Varianzanalysen mit Messwiederholung betrachtet werden.

Eine wesentliche Voraussetzung von Varianzanalysen mit Messwiederholung stellt die Homogenität der Varianz-Kovarianz-Matrix – sowohl die Varianzen der einzelnen Faktorstufen als auch die Kovarianzen zwischen allen Faktorstufen müssen homogen sein – dar. Eine Verletzung dieser Voraussetzung begünstigt progressive Entscheidungen, sodass häufiger signifikante Ergebnisse resultieren als dies nach dem angesetzten α-Fehler-Niveau zu erwarten wäre. Mögliche Verletzungen dieser Voraussetzung können durch eine Greenhouse-Geisser-Adjustierung der Freiheitsgrade in der Varianzanalyse kompensiert werden (vgl. Bortz, 1993, S. 324-328). Aus diesem Grund wurden die folgenden Varianzanalysen mit Messwiederholung jeweils auf der Basis von Greenhouse-Geisser-adjustierten Werten berechnet. Darüber hinaus enthalten die folgenden Ergebnistabellen mit dem partiellen Eta-Quadrat (vgl. Bortz, 1993, S.236/237) ein Maß zur Bestimmung der Effektgrößen. Die zusätzliche Berücksichtigung der Effektgrößen ist sinnvoll, da die Varianzanalyse im Falle größerer Stichroben auch unbedeutsame, kleine Effekte als signifikant ausweist. Das partielle Eta-Quadrat beziffert, wie viel Prozent der Varianz in der abhängigen Variablen durch die jeweilige unabhängige Variable aufgeklärt wird. Nach Cohen (1988, S.20-27) lässt sich ein Eta-Quadrat von .01 als kleiner, ein Eta-Quadrat von .06 als mittlerer und ein Eta-Quadrat von .14 als großer Effekt einordnen.

Faktor	Abhängige Variable		Quadratsumme	df	Mittel der Quadrate	F	Signifikanz	Partielles Eta-Quadrat
RÜCKMELD	ÄRGEMO		24.94	1.00	24.94	13.40	.000	.12
	ÄRGSTAXI		242.42	1.00	242.42	17.04	.000	.15
	FREUEMO		54.70	1.00	54.70	20.07	.000	.17
ZEIT	ÄRGEMO	Greenhouse-Geisser	34.34	1.91	18.02	32.41	.000	.25
	ÄRGSTAXI	Greenhouse-Geisser	61.07	1.94	31.56	8.46	.000	.08
	FREUEMO	Greenhouse-Geisser	1.93	1.94	.99	1.33	.267	.01
ZEIT * RÜCKMELD	ÄRGEMO	Greenhouse-Geisser	7.18	1.91	3.77	6.78	.000	.07
	ÄRGSTAXI	Greenhouse-Geisser	49.16	1.94	25.40	6.81	.000	.07
	FREUEMO	Greenhouse-Geisser	30.41	1.94	15.66	20.96	.000	.18

Tabelle 18: Ergebnisse der univariaten zweifaktoriellen Varianzanalysen mit den Faktoren Art der Leistungsrückmeldung (RÜCKMELD) und Zeit ($\alpha = .05$)

Die univariaten Varianzanalysen zeigen für alle abhängigen Variablen einen hoch signifikanten Haupteffekt des Faktors Art der Leistungsrückmeldung und einen hoch signifikanten Interaktionseffekt. Die Haupteffekte des Faktors Zeit zeigen sich nur für die beiden Ärgerskalen, nicht aber für die Skala Freude. Dies ist dadurch zu erklären, dass sich die Entwicklungen der beiden Gruppen auf der Skala Freude über die Zeit hinweg gegenseitig kompensieren (vgl. die deskriptive Statistik in Tabelle 16: Freude steigt in der Erfolgsbedingung über die Zeit an und fällt in ähnlich hohem Maße in der Misserfolgsbedingung ab), was für die Ärgerskalen nicht der Fall ist. Bezüglich der in dieser Arbeit formulierten Hypothesen über die Veränderung der Emotionen Ärger und Freude in den beiden Gruppen sind insbesondere die gefundenen Interaktionseffekte von Interesse. Diese sollen daher ausführlicher beschrieben und grafisch veranschaulicht werden.

Die Annahme eines Interaktionseffekts zwischen den Faktoren Zeit und Art der Leistungsrückmeldung hinsichtlich der abhängigen Variable *Freude* (FREUEMO) – erwartet wurde, dass sich die Bedingungen zu MZP1 nicht unterscheiden, aber zu MZP2 und MZP3 in der Bedingung Erfolgsrückmeldung mehr Freude berichtet wird (vgl. Hypothese 3) – wird durch den signifikanten Interaktionseffekt bestätigt. Der Interaktionseffekt kann mit einem partiellen Eta-Quadrat von .18 als großer Effekt eingeordnet werden. In der folgenden Abbildung 6 wird die beschriebene Interaktion grafisch veranschaulicht:

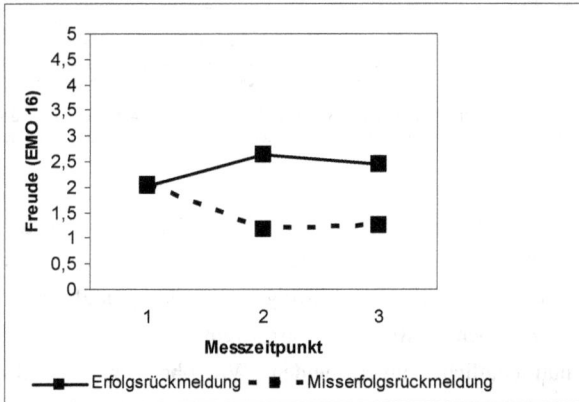

Abbildung 6: Grafische Darstellung der Interaktion zwischen Messzeitpunkt und der Art der Leistungsrückmeldung (Abhängige Variable Freude - gemessen mit dem EMO 16)

Das Interaktionsdiagramm verdeutlicht, dass beide Gruppen vor den Leistungsrückmeldungen ein annähernd gleiches Freude-Niveau aufweisen. Nach der ersten Leistungsrückmeldung nimmt die Freude in der Misserfolgsbedingung ab, während in der Erfolgsbedingung eine gegenläufige Entwicklung zu beobachten ist. Nach der zweiten Leistungsrückmeldung nähern sich die Mittelwerte beider Gruppen einander wieder etwas an.

Auch hinsichtlich der abhängigen Variable *Ärger* (gemessen mit dem EMO 16 sowie der Ärger-Zustandsskala des STAXI) war ein Interaktionseffekt zwischen den Faktoren Zeit und Art der Leistungsrückmeldung zu erwarten. Beide Gruppen sollten sich zu MZP1 zunächst nicht unterscheiden; zu MZP2 und MZP3 jedoch sollten in der Misserfolgsbedingung höhere Ärgerwerte auftreten als in der Erfolgsbedingung (vgl. Hypothese 4). Die in den univariaten Varianzanalysen (vgl. Tabelle 18) als hoch signifikant ausgewiesenen Interaktionseffekte (partielles Eta-Quadrat = .07) werden in den folgenden Interaktionsdiagrammen grafisch veranschaulicht:

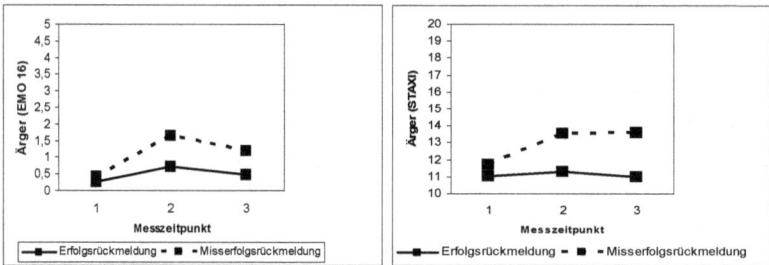

Abbildung 7: Grafische Darstellung der Interaktion zwischen Messzeitpunkt und der Art der Leistungsrückmeldung (Abhängige Variable Ärger - links: gemessen mit dem EMO 16, rechts: gemessen mit der Ärger-Zustandsskala des STAXI)

Auf beiden Ärgerskalen zeigen sich vor den Leistungsrückmeldungen geringfügig höhere Mittelwerte in der Misserfolgsbedingung. Nach der ersten Leistungsrückmeldung steigt der Ärger in der Erfolgsbedingung geringfügig, in der Misserfolgsbedingung jedoch in wesentlich größerem Ausmaß an, sodass sich beide Gruppen nun deutlicher unterscheiden. Wie oben im Zuge der Erläuterung der deskriptiven Statistik bereits erwähnt wurde, werden die Ergebnisse aus der qualitativen Nachbefragung (vgl. Kap. 5.1.1.2.) der Probanden später genaueren Aufschluss darüber geben, warum der Ärger auch in der Erfolgsgruppe zu MZP2 leicht ansteigt. Nach der zweiten Leistungsrückmeldung zeigen beide Ärgerskalen für die Erfolgsgruppe eine Abnahme des Ärgers an. Hinsichtlich der Entwicklung der Ärgerwerte in der Misserfolgsgruppe weichen die beiden Interaktionsdiagramme zu MZP3 etwas voneinander ab: Während die EMO 16-Mittelwerte nach der zweiten Misserfolgsrückmeldung absinken, bleiben die mit der Ärger-Zustandsskala erhobenen Mittelwerte etwa auf einem Niveau mit den Werten zu MZP2. Auch dieser Befund wird im Rahmen der Diskussion der Ergebnisse zur Hypothesengruppe 1 (vgl. Kap. 6.1.) wieder aufgegriffen.

Insgesamt lassen sich die Hypothesen 3 und 4 (Vgl. Kap. 3.1.) also bestätigen: Während sich beide Gruppen im Vorfeld der Leistungsrückmeldungen hinsichtlich der Ausprägung von Ärger und Freude nur wenig unterscheiden, zeigen sich nach den beiden Leistungsrückmeldungen jeweils ein höherer Ärger in der Bedingung Misserfolgsrückmeldung sowie eine höhere Freude in der Bedingung Erfolgsrückmeldung.

Darüber hinaus wurden in den Hypothesen 1 und 2 (vgl. Kap. 3.1.) auch Annahmen über signifikante Veränderungen *innerhalb der beiden Gruppen* zwischen MZP1 und den folgenden Messzeitpunkten formuliert. Mit der Hypothese 1 wurde angenommen, dass Probanden der Bedingung Erfolgsrückmeldung auf der Freude-Skala des EMO 16 sowohl zu MZP2 als auch zu MZP3 signifikant höhere Werte zeigen als zu MZP1. Dementsprechend wurde mit der Hypothese 2 vermutet, dass Probanden der Bedingung Misserfolgsrückmeldung auf der Ärger-Skala des EMO 16 sowie auf der Ärger-Zustandsskala des STAXI sowohl zu MZP2 als auch zu MZP3 signifikant höhere Werte zeigen als zu MZP1. Mit Hilfe der deskriptiven Statistik sowie der erstellten Interaktionsdiagramme konnte bereits auf deskriptiver Ebene gezeigt werden, dass die Gruppen sich über die Messzeitpunkte hinweg in ihrer emotionalen Befindlichkeit so verändern, wie dies in den Hypothesen 1 und 2 erwartet wurde. Zur inferenzstatistischen Absicherung dieser Veränderungen müssen jedoch zusätzlich getrennt für jede der beiden Gruppen Varianzanalysen mit Messwiederholung und darauf aufbauend paarweise Vergleiche der Mittelwerte für die drei Messzeitpunkte berechnet werden. Daher wurde zunächst nur mit den Daten aus der Bedingung *Erfolgsrückmeldung* eine multivariate Varianzanalyse mit Messwiederholung (Pillai-Spur, α = .05) berechnet. Da hierbei auf der multivariaten Ebene ein hoch signifikanter (p = .001) Effekt des Faktors Zeit auf die drei abhängigen Variablen bestätigt wurde, können die Ergebnisse auf der univariaten Ebene weiter analysiert werden (vgl. Tabelle 19):

Faktor	Abhängige Variable		Quadratsumme	df	Mittel der Quadrate	F	Signifikanz	Partielles Eta-Quadrat
ZEIT	ÄRGEMO	Greenhouse-Geisser	4.90	1.88	2.61	5.92	.005	.12
	ÄRGSTAXI	Greenhouse-Geisser	2.55	1.76	1.45	.42	.630	.01
	FREUEMO	Greenhouse-Geisser	8.55	1.52	5.63	7.22	.003	.14

Tabelle 19: Ergebnisse der univariaten Varianzanalyse mit Messwiederholung für die Bedingung Erfolgsrückmeldung (α = .05)

Wie erwartet, zeigen sich in der Gruppe Erfolgsrückmeldung signifikante Veränderungen der abhängigen Variable Freude über die drei Messzeitpunkte hinweg. Darüber hinaus erweisen sich auch die Veränderungen auf der Skala Ärger des EMO 16 als signifikant. Dies lässt sich, wie oben bereits ausgeführt wurde, vermutlich auf die Erhöhung der Ärgerwerte nach der ersten Leistungsrückmeldung zurückführen. Diesbezüglich genaueren Aufschluss geben die paarweisen Vergleiche zwischen den Mittelwerten der abhängigen Variablen zu den drei Messzeitpunkten mit Hilfe von abhängigen T-Tests mit Bonferoni-Adjustierung[18] (vgl. Tabelle 20).

Paarweiser Mittelwertsvergleich	Gepaarte Differenzen - Mittelwert	Gepaarte Differenzen - Standardabweichung	T	df	Sig. (2-seitig)
ÄRGEMO (MZP1) - ÄRGEMO (MZP2)	-.47	.99	-3.16	44.00	.003
ÄRGEMO (MZP1) - ÄRGEMO (MZP3)	-.22	.79	-1.87	44.00	.067
ÄRGEMO (MZP2) - ÄRGEMO (MZP3)	.24	.93	1.76	44.00	.086
ÄRGSTAXI (MZP1) - ÄRGSTAXI (MZP2)	-.27	2.30	-.77	44.00	.441
ÄRGSTAXI (MZP1) - ÄRGSTAXI (MZP3)	.04	2.13	.14	44.00	.889
ÄRGSTAXI (MZP2) - ÄRGSTAXI (MZP3)	.31	2.86	.73	44.00	.469
FREUEMO (MZP1) - FREUEMO (MZP2)	-.60	1.36	-2.97	44.00	.005
FREUEMO (MZP1) - FREUEMO (MZP3)	-.42	.99	-2.87	44.00	.006
FREUEMO (MZP2) - FREUEMO (MZP3)	.18	.86	1.39	44.00	.173

Tabelle 20: Paarweise Vergleiche der Mittelwerte der drei abhängigen Variablen zu drei Messzeitpunkten für die Bedingung Erfolgsrückmeldung mit Hilfe von abhängigen T-Tests

Erwartungsgemäß (vgl. Hypothese 1) ergeben sich in der Bedingung Erfolgsrückmeldung bezüglich der abhängigen Variable Freude für beide Messzeitpunkte nach den Erfolgsrückmeldungen signifikant höhere Mittelwerte als zu MZP1. Die in der Varianzanalyse (vgl. Tabelle 19) als signifikant ausgewiesenen Veränderungen auf der Skala Ärger des EMO 16 sind tatsächlich auf eine signifikante Erhöhung der Ärgerwerte von MZP1 hin zur ersten Erfolgsrückmeldung zurückzuführen. Da die Ärgerwerte sich aber nach der zweiten Erfolgsrückmeldung wieder verringern, ergibt der paarweise Vergleich zwischen MZP1 und MZP3 jedoch keinen signifikanten Unterschied. Die Mittelwerte auf der Ärger-Zustandsskala des STAXI unterscheiden sich über die Messzeitpunkte hinweg nicht.

Analog zur Bedingung Erfolgsrückmeldung wurde auch für die Bedingung *Misserfolgsrückmeldung* eine multivariate Varianzanalyse mit Messwiederholung (Pillai-Spur, $\alpha = .05$) berechnet. Der auf der multivariaten Ebene signifikante Effekt (p = .000) des Faktors Zeit auf die abhängigen

---

[18]Nach der Bonferoni-Korrektur ergibt sich bei einem familienweisen α von .05 bei drei paarweisen Vergleichen pro abhängige Variable für jeden Einzelvergleich eine Irrtumswahrscheinlichkeit von $\alpha/3 = .016$ (vgl. Bortz, 1993, S. 249; Diehl & Staufenbiel, 2001, S. 304/305).

Variablen berechtigte zu weiterführenden univariaten Varianzanalysen (vgl. Tabelle 21).

	Abhängige				Mittel der			Partielles
Faktor	Variable		Quadratsumme	df	Quadrate	F	Signifikanz	Eta-Quadrat
ZEIT	ÄRGEMO	Greenhouse-Geisser	39.09	1.80	21.74	31.03	.000	.38
	ÄRGSTAXI	Greenhouse-Geisser	115.86	1.61	72.14	14.02	.000	.22
	FREUEMO	Greenhouse-Geisser	24.97	1.83	13.65	14.86	.000	.23

Tabelle 21: Ergebnisse der univariaten Varianzanalysen mit Messwiederholung für die Bedingung Misserfolgsrückmeldung ($\alpha = .05$)

Wie in Tabelle 21 deutlich wird, bestehen bei allen drei abhängigen Variablen hoch signifikante Unterschiede zwischen den drei Messzeitpunkten. Tabelle 22 zeigt darauf aufbauend die paarweisen Vergleiche der Mittelwerte zu den drei Messzeitpunkten (wiederum anhand von abhängigen T-Tests mit Bonferoni-Adjustierung).

	Gepaarte Differenzen -	Gepaarte Differenzen -			
Paarweiser Mittelwertsvergleich	Mittelwert	Standardabweichung	T	df	Sig. (2-seitig)
ÄRGEMO (MZP1) - ÄRGEMO (MZP2)	-1.21	1.23	-7.13	51	.000
ÄRGEMO (MZP1) - ÄRGEMO (MZP3)	-.77	1.20	-4.63	51	.000
ÄRGEMO (MZP2) - ÄRGEMO (MZP3)	.44	.92	3.48	51	.001
ÄRGSTAXI (MZP1) - ÄRGSTAXI (MZP2)	-1.79	2.82	-4,58	51	.000
ÄRGSTAXI (MZP1) - ÄRGSTAXI (MZP3)	-1.87	3.46	-3.89	51	.000
ÄRGSTAXI (MZP2) - ÄRGSTAXI (MZP3)	-.08	2.21	-.25	51	.803
FREUEMO (MZP1) - FREUEMO (MZP2)	.88	1.13	5.64	51	.000
FREUEMO (MZP1) - FREUEMO (MZP3)	.81	1.47	3.96	51	.000
FREUEMO (MZP2) - FREUEMO (MZP3)	-.08	1.27	-.44	51	.663

Tabelle 22: Paarweise Vergleiche der Mittelwerte der drei abhängigen Variablen zu drei Messzeitpunkten für die Bedingung Misserfolgsrückmeldung mit Hilfe von abhängigen T-Tests

Die paarweisen Vergleiche bestätigen die Annahme (vgl. Hypothese 2), dass in der Misserfolgsgruppe jeweils nach beiden Misserfolgsrückmeldungen signifikant höhere Ärgerwerte (sowohl Ärgerskala des EMO 16 als auch Ärger-Zustandsskala des STAXI) auftreten als zu MZP1. Trotz einer Verringerung der Mittelwerte auf der Ärgerskala des EMO 16 von MZP2 hin zu MZP3 (vgl. Tabelle 22: Signifikanz des dritten paarweisen Vergleichs), bleibt der signifikante Unterschied zwischen der Ausgangsbefindlichkeit und der Messung nach der zweiten Misserfolgsrückmeldung erhalten. Über die beschriebenen Effekte auf den Ärgerskalen hinaus zeigt sich in den Vergleichen der Messzeitpunkte 2 und 3 mit der Ausgangsbefindlichkeit jeweils zusätzlich eine signifikante Abnahme der Freude.

Für die Analyse und Diskussion möglicher Leistungsunterschiede beider Experimentalgruppen im Kontext der Überprüfung der Hypothesengruppe II sind die Unterschiede der beiden Gruppen hinsichtlich der emotionalen Befindlichkeit nach der letzten Leistungsrückmeldung (MZP3), also unmittelbar vor der Bewältigung der beiden Folgeaufgaben, von besonderem Interesse. Neben der Ausprägung der spezifischen Emotionen Ärger und Freude wurden mit Hilfe des EMO 16 zu allen drei Messzeitpunkten auch 13 andere spezifische Emotionen erfasst (vgl. Kap. 4.2.1.2.), um mögliche Unterschiede beider Gruppen hinsichtlich weiterer spezifischer Emotionen kontrollieren zu können. Tabelle 23 zeigt zunächst die Mittelwerte und Standardabweichungen der beiden Gruppen bezüglich aller 15 Skalen des EMO 16 zu MZP3. In Tabelle 24 folgen dann die Ergebnisse der univariaten Varianzanalysen mit dem Faktor Art der Leistungsrückmeldung (Erfolgs vs. Misserfolgsrückmeldung) für die Skalen des EMO 16 zum dritten Messzeitpunkt.[19]

Skala (EMO 16)	Erfolgsrückmeldung M (SD)	Misserfolgsrückmeldung M (SD)
Abneigung	.71 (1.16)	1.48 (1.50)
Ärger	.49 (.79)	1.19 (1.22)
Neid	.16 (.61)	.27 (.60)
Langeweile	.87 (1.20)	1.06 (1.36)
Angst	.20 (.59)	.23 (.55)
Unruhe	.89 (1.19)	1.02 (1.20)
Traurigkeit	.20 (.50)	.37 (.63)
Sehnsucht	.36 (.83)	.54 (1.11)
Scham	.07 (.25)	.21 (.57)
Schuld	.09 (.36)	.13 (.53)
Freude	2.44 (1.10)	1.25 (1.25)
Stolz	1.63 (1.43)	.69 (1.16)
Mitgefühl	.49 (1.10)	.24 (.63)
Zuneigung	.76 (1.21)	.40 (.77)
Überraschung	1.69 (1.43)	1.25 (1.33)

Tabelle 23: Mittelwerte und Standardabweichungen (in Klammern) der beiden Experimentalgruppen für die EMO 16-Skalen zu MZP3

[19]Im Vorfeld der univariaten Analysen wurde der Einfluss des Faktors Art der Leistungsrückmeldung auf alle abhängigen Variablen zunächst mit Hilfe einer multivariaten Varianzanalyse (Pillai-Spur, α=.05) überprüft. Im Ergebnis zeigte sich eine signifikanter (p=.002) Effekt des Faktors Art der Leistungsrückmeldung auf die EMO 16-Skalen, sodass anschließend weiterführende univariate Analysen für die einzelnen abhängigen Variablen berechnet werden konnten.

Faktor	Abhängige Variable	Quadratsumme	df	Mittel der Quadrate	F	Signifikanz	Partielles Eta-Quadrat
Art der Leistungsrückmeldung (RÜCKMELD)	Abneigung	13.74	1	13.74	7.65	.007	.08
	Ärger	12.51	1	12.51	11.64	.001	.11
	Neid	.24	1	.24	.65	.423	.01
	Langeweile	1.09	1	1.09	.63	.428	.01
	Angst	.01	1	.01	.02	.900	.00
	Unruhe	.39	1	.39	.27	.605	.00
	Traurigkeit	.75	1	.75	2.26	.136	.03
	Sehnsucht	.91	1	.91	.89	.348	.01
	Scham	.55	1	.55	2.55	.114	.03
	Schuld	.06	1	.06	.26	.611	.00
	Freude	35.09	1	35.09	25.35	.000	.22
	Stolz	20.86	1	20.86	12.45	.001	.12
	Mitgefühl	1.63	1	1.63	2.04	.156	.02
	Zuneigung	3.35	1	3.35	3.24	.075	.04
	Überraschung	2.73	1	2.73	1.41	.238	.02

Tabelle 24: Ergebnisse der univariaten Varianzanalysen mit dem Faktor Art der Leistungsrückmeldung (RÜCKMELD) für die 15 Skalen des EMO 16 zu Messzeitpunkt 3

Aus den Tabellen 23 und 24 wird ersichtlich, dass sich die Experimentalgruppen zu Messzeitpunkt 3 hinsichtlich der spezifischen Emotionen Ärger, Freude, Abneigung und Stolz signifikant unterscheiden. Nach der zweiten Leistungsrückmeldung sind Ärger und Abneigung in der Bedingung Misserfolgsrückmeldung, Freude und Stolz in der Bedingung Erfolgsrückmeldung höher ausgeprägt. Diese Unterschiede zwischen den Gruppen können anhand der Werte für das partielle Eta-Quadrat für die Emotion Abneigung als mittlerer Effekt, für die Emotionen Ärger und Stolz als annähernd große Effekte sowie für die Emotion Freude als großer Effekt eingeordnet werden. Bezüglich der restlichen Emotionsskalen unterscheiden sich die beiden Gruppen nicht bedeutsam voneinander.

Insgesamt kann damit festgehalten werden, dass die in diesem Subkapitel durchgeführten Analysen die Hypothesen 1 bis 4 der Hypothesengruppe I zur Intensität von Ärger und Freude nach Erfolgs- und Misserfolgsrückmeldungen bestätigen: Erfolgs- und Misserfolgsgruppe unterscheiden sich im Anschluss an die beiden Leistungsrückmeldungen (bei annähernd gleichen Ausgangswerten zu MZP1) hinsichtlich der abhängigen Variablen Ärger und Freude signifikant in der jeweils erwarteten Richtung (vgl. Kap. 3.1., Hypothesen 3 und 4). Darüber hinaus bestätigen sich auch die Annahmen zu den quantitativen Veränderungen von Ärger und Freude innerhalb der beiden Gruppen (über die

Messzeitpunkte hinweg) jeweils in der erwarteten Richtung (vgl. Kap. 3.1., Hypothesen 1 und 2).

Als überraschend ist demgegenüber zu werten, dass sich die Ärgerwerte (nur auf der Ärgerskala des EMO 16) der Erfolgsgruppe nach der ersten Leistungsrückmeldung im Vergleich zur Ausgangsbefindlichkeit zunächst erhöhen. Ebenso unerwartet kommt es in der Misserfolgsgruppe nach der zweiten Leistungsrückmeldung zu einer Abnahme der Ärgerwerte (nur auf der Ärgerskala EMO 16) im Vergleich zum Messzeitpunkt nach der ersten Leistungsrückmeldung. Ansätze zur Erklärung dieser zunächst unplausiblen Veränderungen sollen nun im folgenden Subkapitel im Zuge der Auswertung der Daten aus den qualitativen Nachbefragungen zur emotionalen Befindlichkeit gewonnen werden.

5.1.1.2. Überprüfung der Hypothese 5: Differenzierbarkeit leistungsbezogener Ärgerarten

In der Hypothese 5 (vgl. Kap. 3.1) wurde angenommen, dass sich die nach den experimentellen Leistungsrückmeldungen auftretenden Ärgerreaktionen nach der Art des leistungsbezogenen Ärgers in selbstbezogenen, aufgabenbezogenen und sozialen Ärger differenzieren lassen. Zur Überprüfung dieser Annahme wurden die in den qualitativen Nachbefragungen zum Ärgererleben erhobenen schriftlichen Antworten der Probanden durch zwei unabhängige Rater (der Autorin dieser Arbeit und einer weiteren Diplom-Psychologin) kategorisiert. Die im theoretischen Abschnitt dieser Arbeit hergeleiteten Ärgerarten dienten hierbei als Einheiten des Kategoriensystems.

Mayring (2003) unterscheidet mit der Zusammenfassung, der Explikation und der Strukturierung drei grundlegende Techniken der qualitativen Inhaltsanalyse. Das hier gewählte Vorgehen entspricht einer inhaltlichen Strukturierung des qualitativen Materials anhand der Ärgerarten als Strukturierungsdimensionen mit Hilfe eines Leitfadens der jeweils Definitionen der einzelnen Kategorien, Ankerbeispiele und weitere Instruktionen zur Kodierung enthält. Die Ziele einer Strukturierung beschreibt Mayring wie folgt:

„Ziel der Analyse ist es, bestimmte Aspekte aus dem Material herauszufiltern, unter vorher festgelegten Ordnungskriterien einen Querschnitt durch das Material zu legen oder das Material aufgrund bestimmter Kriterien einzuschätzen" (Mayring, 2003, S.58).

Bevor im Einzelnen genauer auf die Auswertung der qualitativen Daten eingegangen wird, soll das im Experiment gewählte Vorgehen bei den qualitativen Nachbefragungen zum besseren Verständnis der Auswertungsschritte an dieser Stelle kurz wiederholt werden (vgl. Kap. 4.4.2.2). Jeder Proband, der zu den Messzeitpunkten 1 (zu Beginn des Experiments), 2 (nach der ersten Leistungsrückmeldung) oder 3 (nach der zweiten Leistungsrückmeldung) im Befindlichkeitsfragebogen EMO 16 angegeben hatte, Ärger zu erleben, wurde unmittelbar im Anschluss an die Bearbeitung des Befindlichkeitsfragebogens gebeten, die folgenden offenen Fragen schriftlich zu beantworten:

Ausgangsfrage (zu allen Messzeitpunkten):

„Sie haben zu Anfang der Untersuchung / im Anschluss an die Bewältigung von Aufgabe 1 / im Anschluss an die Bewältigung von Aufgabe 2[20] im Fragebogen angegeben, Ärger zu erleben. Worüber haben Sie sich geärgert, das heißt, worauf bezog sich ihr Ärger?"

Zusatzfrage (zu den Messzeitpunkten 2 und 3, falls sich die Intensität des Ärgers im Vergleich zu dem vorherigen Messzeitpunkt verändert hatte):

2. *„Ihre Angaben in den Fragebögen zeigen, dass Sie sich im Anschluss an Aufgabe 1 / im Anschluss an Aufgabe 2[21] weniger / stärker[22] ärgerten als zu Anfang der Untersuchung / nach der Aufgabe 1[23]. Bitte beschreiben Sie, woran es gelegen hat, dass Sie sich nach der Aufgabe 1 / Aufgabe 2[24] weniger / stärker ärgerten!"*

Während des Experiments wurde in analoger Weise verfahren, falls der jeweilige Proband innerhalb des EMO 16 angegeben hatte, Freude zu erleben. Die resultierenden Freudebeschreibungen wurden ebenfalls einer Kategorisierung unterzogen. Die Erhebung und Kategorisierung der Freudebeschreibungen diente keiner Hypothesenüberprüfung, ermöglichte aber eine im Vergleich zu den leistungsbezogenen Ärgerreaktionen gleichermaßen differenzierte Darstellung der leistungsbezogenen Freude. Darüber hinaus konnte durch die Ergänzung der quantitativen Befindlichkeitsdaten (EMO 16, STAXI) um die freien Beschreibungen auch hinsichtlich der aufgetretenen Freudereaktionen kontrolliert werden, ob die jeweils berichtete Freude auch tatsächlich in der Mehrzahl der Fälle durch die experimentell fingierte Leistungssituation begründet war oder aber leistungsexterne Ursachen hatte. Im Folgenden werden die Kategorisierung der freien Beschreibungen sowie die

---

[20]Je nach Messzeitpunkt wurde den Probanden die entsprechende Version der Frage vorgelegt.
[21]s. Fußnote 20
[22]Die Frageversion „weniger" wurde dem Probanden vorgelegt, wenn im Vergleich zum vorangegangenen Messzeitpunkt eine abnehmende Intensität des Ärgers im EMO 16 zu verzeichnen war. Bei einer Zunahme der Intensität des Ärgers war entsprechend die Frageversion „stärker" zu beantworten.
[23]s. Fußnote 20
[24]s. Fußnote 20

daraus resultierenden Ergebnisse jeweils getrennt für die Emotionen Ärger und Freude genauer beschrieben.

Kategorisierung der freien Ärgerbeschreibungen

Die Instruktion der beiden unabhängigen Rater zur Kategorisierung der freien Ärger- und Freudebeschreibungen erfolgte mit Hilfe eines schriftlichen Leitfadens (vgl. Anhang X). Dieser Leitfaden wurde von den Ratern im Vorfeld der Kategorisierungen gelesen. Darauf aufbauend bestand die Möglichkeit, etwaige Verständnisfragen hinsichtlich der schriftlichen Instruktion zu klären.

Der erste Teil des Leitfadens bestand aus einer genauen Beschreibung der Rahmenbedingungen der Datenerhebung. Diese Beschreibung sollte für beide Rater die Verständlichkeit der von den Probanden formulierten freien Antworten sicherstellen und enthielt folgende Informationen:

- Grobskizze des experimentellen Ablaufs
- Beschreibung der drei Messzeitpunkte der qualitativen Nachbefragung
- Beschreibung der zu den drei Messzeitpunkten von den Probanden zu beantwortenden offenen Fragen
- Ziel der Kategorisierung: Identifizierung qualitativ unterscheidbarer Arten von Ärger und Freude im Leistungskontext

Der zweite und dritte Teil des Leitfadens enthielt die Erläuterung des Kategoriensystems, das der Zuordnung der Freude- und Ärgerbeschreibungen einheitlich zugrunde gelegt werden sollte, sowie konkrete Anweisungen zur Kategorisierung. Das System zur Kategorisierung der Ärgerbeschreibungen bestand aus den in Kapitel 2.3. dieser Arbeit differenzierten leistungsbezogenen Ärgerarten „selbstbezogener Ärger", „aufgaben-/tätigkeitsbezogener Ärger" und „sozialer Ärger im Leistungskontext" sowie den Kategorien „leistungsexterner Ärger" und „Zuordnung nicht möglich". Die Kategorien wurden innerhalb des Leitfadens entsprechend den Ausführungen in Kapitel 2.3. folgendermaßen definiert:

---

1.   Leistungsexterner Ärger:

Der vom Probanden erlebte Ärger hat keinen Bezug zur Aufgabenbewältigung oder Leistungsrückmeldung, sondern bezieht sich auf Alltagsgeschehnisse (Bsp.: Streit mit der Freundin vor der Untersuchung).

2. Leistungsbezogener Ärger in drei möglichen Ausprägungen:

a) selbstbezogener Ärger:

Der Proband ärgert sich über das eigene Verhalten, mangelnde eigene Fähigkeiten und Anstrengungen und betrachtet diese als Ursache für das erzielte Leistungsergebnis. Er schreibt sich selbst die Verantwortlichkeit für das erreichte Ergebnis zu (Bsp.: Ärger über die mangelhafte eigene Konzentration bei der Aufgabe).

b) aufgaben-/tätigkeitsbezogener Ärger:

Der Proband ärgert sich über die Aufgabe bzw. Aufgabenstruktur (Bsp.: Ärger über langweilige oder aus subjektiver Sicht „sinnlose" Aufgaben).

c) sozialer Ärger im Leistungskontext:

Der Proband ärgert sich über Personen, die in den jeweiligen Leistungs-/ Aufgabenkontext involviert sind, also die Aufgabe entwickelt haben, die Aufgabenstellung erklären bzw. den Leistungsprozess durch ihr Verhalten aus subjektiver Sicht erschweren oder behindern (Bsp.: Ärger über die unzureichende Erklärung der Aufgabenstellung durch die Versuchsleiterin).

3. Zuordnung nicht möglich:

Die Ärgerbeschreibung kann den bisher genannten Kategorien nicht eindeutig zugeordnet werden.

Die Rater erhielten die freien Beschreibungen aller Probanden in der folgenden Form:

- die freien Beschreibungen jeweils eines Probanden (für Ärger *und* Freude) zu allen drei Messzeitpunkten wurden jeweils zusammengeheftet
- alle 124 Ärgerbeschreibungen wurden über alle 97 Probanden und drei Messzeitpunkte hinweg in roter Farbe laufend durchnumeriert[25]
- analog dazu wurden die 230 Freudebeschreibungen über alle 97 Probanden und drei Messzeitpunkte hinweg in blauer Farbe laufend durchnumeriert

Dem Leitfaden lag eine Tabelle bei, in der der jeweilige Rater die Ergebnisse der Kategorisierung der 124 Ärgerbeschreibungen eintragen konnte. Hierzu enthielt der Leitfaden die folgende Instruktion zur numerischen Codierung der Kategorien zu den Ärgerbeschreibungen (vgl. Anhang X):

„Ihre Aufgabe besteht darin, ein Rating der laufend durchnummerierten Beschreibungen mit Hilfe des oben erläuterten Kategoriensystems vorzunehmen. Benutzen Sie bei der Kategorisierung bitte jeweils die folgenden Ziffern:

Kategorie	Ziffer
leistungsexterner Ärger	1
selbstbezogener Ärger	2
aufgaben-/tätigkeitsbezogener Ärger	3
sozialer Ärger im Leistungskontext	4
Zuordnung nicht möglich	5.“

---

[25]Ein Beispiel zur Verdeutlichung: Wenn Poband 1 sich zu allen drei Messzeitpunkten geärgert hat, werden die entsprechenden Ärgerbeschreibungen mit den Ziffern 1, 2 und 3 nummeriert. Proband 2 ärgert sich nur zu den Messzeitpunkten 2 und 3. Die Nummerierung dieser beiden Ärgerbeschreibungen wird dann mit den Ziffern 4 und 5 fortgesetzt usw.

Auf der Grundlage der dargelegten schriftlichen Instruktion kategorisierten beide Rater die 124 Ärgerbeschreibungen unabhängig voneinander. Tabelle 25 zeigt die Kategorisierungen der Ärgerbeschreibungen durch die unabhängigen Rater in kreuztabellierter Form.

Rater 1	leistungsexterner Ärger	selbstbezogener Ärger	aufgaben-/ tätigkeitsbezogener Ärger	sozialer Ärger	Zuordnung nicht möglich
Rater 2					
leistungsexterner Ärger	17				
selbstbezogener Ärger	3	64	1		3
aufgaben-/ tätigkeitsbezogener Ärger	1	6	18	3	
sozialer Ärger				2	
Zuordnung nicht möglich		1		1	4

Tabelle 25: Kategorisierungen der Ärgerbeschreibungen durch zwei unabhängige Rater in kreuztabellierter Form

Wie Tabelle 25 zeigt, konnten insgesamt 105 von 124 Ärgerbeschreibungen durch beide Rater übereinstimmend einer der fünf Kategorien zugeordnet werden (Summe der Häufigkeiten auf der Diagonalen), wobei beide Rater übereinstimmend vier Ärgerbeschreibungen nicht eindeutig zuordnen konnten. Die Bestimmung der Urteilskonkordanz mit Hilfe von Cohen's Kappa ergab einen Wert von .749, was als gute Übereinstimmung gewertet werden kann (vgl. Bortz & Döring, 2003, S. 277; Landis & Koch, 1977, S. 165). Die 19 Ärgerbeschreibungen, die nicht übereinstimmend zugeordnet werden konnten, wurden von einem dritten Rater erneut kategorisiert. Der dritte Rater kategorisierte weitere acht Ärgerbeschreibungen übereinstimmend mit einem der ersten beiden Rater, sodass letztendlich 113 Ärgerbeschreibungen einer der fünf Kategorien zugeordnet wurden. Tabelle 26 zeigt die Häufigkeiten der Ärgerarten zu den einzelnen Messzeitpunkten zunächst für die Bedingung Misserfolgsrückmeldung (insgesamt 78 Ärgerfälle).

Kategorie/Ärgerart	MZP1	MZP2	MZP3
leistungsexterner Ärger	9	4	2
selbstbezogener Ärger		27	20
aufgaben-/tätigkeitsbezogener Ärger	1	3	5
sozialer Ärger im Leistungskontext		1	1
nicht zuzuordnen		3	2
Summe	10	38	30

Tabelle 26: Häufigkeiten der Ärgerarten zu den drei Messzeitpunkten für die Bedingung Misserfolgsrückmeldung

In der Bedingung Misserfolgsrückmeldung (N = 52) ärgerten sich 10 Probanden bereits im Vorfeld der Leistungsrückmeldungen (zu MZP1), wobei die Mehrzahl der Ärgerfälle (90%) nahe liegender Weise auf leistungsexterne Ursachen – Alltagsgeschehnisse werden als Auslöser des Ärgers genannt - zurückzuführen ist. Zu den Messzeitpunkten 2 und 3 wurden die Mehrzahl der Ärgerfälle dagegen als selbstbezogener Ärger klassifiziert. So wurden 71.1% der Ärgerfälle zu MZP2 und 66.7% der Ärgerfälle zu MZP3 als selbstbezogener Ärger eingeordnet. In deutlich geringerer Anzahl treten auch Fälle aufgaben- und tätigkeitsbezogenen (MZP2: 7.9%, MZP3: 16.7%) sowie sozialen Ärgers (MZP2: 2.6%, MZP3: 3.3%) auf. Leistungsexterner Ärger als von der Leistungssituation unabhängiger Ärger über Alltagsgeschehnisse lag zu den Messzeitpunkten 2 und 3 nur in insgesamt sechs Fällen vor (MZP2: 10.5%, MZP3: 6.7%). Der von den Probanden berichtete Ärger nach den Leistungsrückmeldungen ist also in einer sehr deutlichen Mehrheit der Fälle tatsächlich auf die experimentelle Leistungssituation zurückzuführen. Insgesamt fünf Ärgerbeschreibungen wurden von den Ratern übereinstimmend als nicht kategorisierbar beurteilt (MZP2: 7.9%, MZP3: 6.7%). Hierbei handelte es sich in der Regel um extrem kurze und damit nicht auswertbare Antworten der Probanden.

Zur Konkretisierung enthält Anhang XI für jede der fünf Kategorien exemplarisch einige schriftliche Antworten der Probanden aus der Bedingung Misserfolgsrückmeldung auf die oben bereits genannte Frage *„Sie haben zu Anfang der Untersuchung / im Anschluss an die Bewältigung von Aufgabe 1 / im Anschluss an die Bewältigung von Aufgabe 2*[26] *im Fragebogen angegeben,*

---

[26]Je nach Messzeitpunkt wurde den Probanden die entsprechende Version der Frage vorgelegt.

Ärger zu erleben. Worüber haben Sie sich geärgert, das heißt, worauf bezog sich ihr Ärger?" Wie bereits dargestellt (vgl. Kap. 5.1.1.1), zeigte sich bei der Auswertung der quantitativen Befindlichkeitsdaten in der Misserfolgsgruppe nach der zweiten Leistungsrückmeldung eine unerwartete Abnahme der Ärgerwerte auf der Ärgerskala des EMO 16 im Vergleich zum Messzeitpunkt nach der ersten Leistungsrückmeldung. Zur Erklärung dieses Befunds können nun die Antworten auf die Frage *„Ihre Angaben in den Fragebögen zeigen, dass Sie sich im Anschluss an Aufgabe 2 weniger ärgerten als nach der Aufgabe 1. Bitte beschreiben Sie, woran es gelegen hat, dass Sie sich nach der Aufgabe 2 weniger ärgerten!"* aus der qualitativen Nachbefragung herangezogen werden. Anhang XII enthält die wörtlichen Zitate der Antworten der 18 Probanden aus der Misserfolgsgruppe, bei denen sich der Ärgerwert auf der EMO 16-Skala von MZP2 hin zu MZP3 verringerte.

Insgesamt nennen die Probanden vor allem zwei Ursachen für den nach der zweiten Misserfolgsrückmeldung im Vergleich zur ersten Misserfolgsrückmeldung verminderten Ärger. Zunächst wird deutlich, dass einige der Probanden (vgl. Anhang XII: Probanden 27, 59, 72, 74, 80 und 86) nach dem zweiten gescheiterten Versuch, die Aufgabe erfolgreich zu bewältigen, in eine resignative bzw. gleichgültige Haltung der Aufgabe gegenüber verfallen sind, die den Ärger ablöst. Darüber hinaus betonen andere Probanden (vgl. Anhang XII: Probanden 49, 67, 78, 90, 126), dass die erste Misserfolgsrückmeldung ihre Erfolgserwartung bereits im Vorfeld des zweiten Durchgangs verringert hat, sodass das zweite Misserfolgserlebnis als weniger unerwartet und ärgerlich empfunden wird. Diese Ergebnisse werden in Kapitel 6 genauer diskutiert.

Wie bereits in Subkapitel 5.1.1.1. deutlich wurde, erlebten auch Probanden in der Bedingung Erfolgsrückmeldung zu den einzelnen Messzeitpunkten in der experimentellen Leistungssituation Ärger. Nachdem die Häufigkeiten der Ärgerarten zu den einzelnen Messzeitpunkten für die Bedingung Misserfolgsrückmeldung bereits dargestellt wurden (vgl. Tabelle 26), zeigt Tabelle 27 nun die entsprechenden Häufigkeiten der Ärgerarten für die Bedingung Erfolgsrückmeldung (insgesamt 35 Ärgerfälle):

Kategegorie/Ärgerart	MZP1	MZP2	MZP3
leistungsexterner Ärger	3	1	
selbstbezogener Ärger		11	8
aufgaben-/tätigkeitsbezogener Ärger	1	4	4
sozialer Ärger im Leistungskontext		2	1
Summe	**4**	**18**	**13**

Tabelle 27: Häufigkeiten der Ärgerarten zu den drei Messzeitpunkten für die Bedingung Erfolgsrückmeldung

In der Bedingung Erfolgsrückmeldung (N = 45) ärgerten sich insgesamt vier Probanden bereits im Vorfeld der Aufgabenbewältigung bzw. der Leistungsrückmeldungen, wobei es sich – wie in der Bedingung Misserfolgsrückmeldung - in der Mehrzahl der Fälle (3 von 4) um einen auf Alltagsgeschehnisse zurückführbaren Ärger handelte. Nach den Leistungsrückmeldungen berichtet jedoch nur noch ein Proband leistungsexternen Ärger, während 11 (61.1% der Ärgerfälle zu MZP2) bzw. 8 (61.5% der Ärgerfälle zu MZP3) Probanden trotz des zurückgemeldeten sehr guten Leistungsergebnisses selbstbezogenen Ärger äußern. Darüber hinaus zeigen sich – wiederum sehr viel seltener – auch Fälle aufgaben- und tätigkeitsbezogenen Ärgers (MZP2: 22.2%, MZP3: 30.8%) sowie sozialen Ärgers (MZP2: 11.1%, MZP3: 7.7%).

Analog zu der Darstellung der Ärgerarten in der Bedingung Misserfolgs-rückmeldung enthält Anhang XIII wieder für jede der Kategorien exemplarisch einige schriftliche Antworten der Probanden aus der Bedingung Erfolgsrückmeldung.

Wie die Auswertung der Ärgerbeschreibungen zeigt, treten nicht nur in der Bedingung Misserfolgsrückmeldung sondern auch in der Bedingung Erfolgsrückmeldung Fälle selbstbezogenen Ärgers auf. In der Erfolgsbedingung wurde den Probanden zu beiden Messzeitpunkten die Note „sehr gut" zurückgemeldet. Zusätzlich erhielten die Probanden die Information, dass 91 von 100 (MZP2) bzw. 95 von 100 (MZP3) der bisherigen Versuchsteilnehmer schlechter abgeschnitten hatten. Diese Rückmeldung implizierte, dass 9% (MZP2) bzw. 5% (MZP3) der restlichen Versuchsteilnehmer ein mindestens gleich gutes Ergebnis erzielt hatten. Die in Anhang XIII zitierten Beschreibungen zur Kategorie „selbstbezogener Ärger" zeigen, dass diese objektiv als Erfolg zu wertende Rückmeldung bei einzelnen Probanden dennoch zu Ärger über die mangelnde eigene Konzentration oder Geschwindigkeit bei der Aufgabenbewältigung führte, was auf eine hohe individuelle Leistungsnorm der betroffenen Probanden hindeutet. Dies erklärt auch die zunächst überraschend erscheinende Zunahme der EMO 16-Ärgerwerte von MZP1 hin zu MZP2 (vgl. Kap. 5.1.1.1.): Auch nach den Erfolgsrückmeldungen ärgerten sich Probanden über eine aus ihrer subjektiven Perspektive zu schlechte Leistung. Darüber hinaus treten zu MZP2 auch Fälle aufgabenbezogenen (4 Fälle) und sozialen Ärgers (2 Fälle) auf, die zwar auf die Leistungssituation, nicht aber auf das erzielte Ergebnis zurückzuführen sind.

Insgesamt lassen sich die beiden Experimentalgruppen sowohl hinsichtlich der Häufigkeit der Ärgerfälle nach den beiden Leistungsrückmeldungen als auch hinsichtlich der prozentualen Häufigkeiten der einzelnen leistungsbezogenen Ärgerarten vergleichen. Wie zu erwarten war, treten in der Gruppe Misserfolgsrückmeldung nach den beiden Leistungsrückmeldungen insgesamt mehr – konkret mehr als doppelt so viele (68 gegenüber 31) – Ärgerfälle auf als in der Bedingung Erfolgsrückmeldung. Tabelle 28 zeigt die prozentualen Häufigkeiten der leistungsbezogenen Ärgerarten (Auftretenshäufigkeit der jeweiligen leistungsbezogenen Ärgerart relativiert an der Gesamtzahl der zu dem jeweiligen Messzeitpunkt aufgetretenen Ärgerfälle) in beiden Gruppen noch einmal im Vergleich:

	selbstbezogener Ärger		aufgaben-/ tätigkeitsbezogener Ärger		sozialer Ärger	
	MZP2	MZP3	MZP2	MZP3	MZP2	MZP3
Misserfolgsrückmeldung	71.1	66.7	7.9	16.7	2.6	3.3
Erfolgsrückmeldung	61.1	61.5	22.2	30.8	11.1	7.7

Tabelle 28: Vergleich der Auftretenshäufigkeiten leistungsbezogener Ärgerarten in den beiden Experimentalgruppen nach den Leistungsrückmeldungen (in %)

Aufgaben- und tätigkeitsbezogener Ärger sowie sozialer Ärger kommen in der Gruppe Erfolgsrückmeldung im Verhältnis häufiger vor, während selbstbezogener Ärger in der Bedingung Misserfolgsrückmeldung häufiger auftritt. Dies erscheint plausibel, da die Rückmeldung eines extrem schlechten Ergebnisses im Vergleich zu einer sehr guten Leistungsrückmeldung die Wahrscheinlichkeit erhöhen sollte, dass eigene Fähigkeiten oder eigene Anstrengungen in den Fokus der Aufmerksamkeit gerückt werden. Dennoch ist auffällig, dass selbstbezogener Ärger in *beiden* Gruppen unter den Ärgerarten jeweils am häufigsten genannt wird und die anderen Ärgerarten vergleichsweise selten auftreten. Dieses Ergebnis kann unter anderem auch auf die spezifischen Rahmenbedingungen der experimentellen Leistungsrückmeldungen (z.b.: Leistungsrückmeldung am Computerbildschirm anstatt durch eine Person) zurückgeführt werden und ist in Kapitel 6 noch ausführlicher zu diskutieren.

Insgesamt sprechen die dargestellten Ergebnisse im Sinne der Hypothese 5 dafür, dass sich nach experimentellen Leistungsrückmeldungen mit dem selbstbezogenen, dem aufgabenbezogenen und dem sozialen Ärger tatsächlich unterschiedliche leistungsbezogene Ärgerarten differenzieren lassen.

Kategorisierung der freien Freudebeschreibungen

Der Aufbau des schriftlichen Leitfadens zur Instruktion der unabhängigen Rater wurde bereits im Zusammenhang mit der Darstellung zur Kategorisierung der Ärgerbeschreibungen erläutert. Das System zur Kategorisierung der Freudebeschreibungen wurde auf der Grundlage der von Pekrun und Frese (1992) im Rahmen einer Taxonomie der Leistungsemotionen (vgl. Kap. 2.1.1, Kap. 2.4.) eingeführten Differenzierung leistungsbezogener Freudearten erstellt. Wie bereits im theoretischen Abschnitt dieser Arbeit dargestellt wurde, unterscheiden die Autoren mit Vorfreude, Lern- und Arbeitsfreude sowie Ergebnisfreude drei leistungsbezogene Freudearten. In Anlehnung an die Ausführungen von Pekrun und Frese (1992, S. 185-189) bestand das Kategoriensystem aus den leistungsbezogenen Freudearten „Vorfreude", „aufgaben- und tätigkeitsbezogene Freude"[27] und „Ergebnisfreude" sowie den beiden zusätzlichen Kategorien „leistungsexterne Freude" und „Zuordnung nicht möglich". Die Kategorien wurden innerhalb des Leitfadens folgendermaßen definiert:

---

[27]Pekrun und Frese (1992, S.185) sowie Pekrun und Jerusalem (1996, S. 7) verwenden die Begriffe „enjoyment" bzw. „Lern- und Arbeitsfreude" zur Bezeichnung der prozessbezogenen Freude (vgl. auch Kap. 2.1.1.). In dieser Arbeit wird die prozessbezogene Freude in Analogie zu der Ärgerkategorie „aufgaben- und tätigkeitsbezogener Ärger" als „aufgaben- und tätigkeitsbezogene Freude" bezeichnet.

---

1. Leistungsexterne Freude:

Die vom Probanden erlebte Freude hat keinen Bezug zur Aufgabenbewältigung oder Leistungsrückmeldung, sondern bezieht sich auf Alltagsgeschehnisse (Bsp.: Freude über das schöne Wetter).

2. Leistungsbezogene Freude in drei möglichen Ausprägungen:

a) Vorfreude

Der Proband freut sich auf die bevorstehende (und subjektiv relativ sicher erfolgreiche) Aufgabenbewältigung und betrachtet sie als positive Herausforderung bzw. als Möglichkeit, etwas Neues zu erfahren/zu lernen.

b) aufgaben-/tätigkeitsbezogene Freude:

Der Proband erlebt Freude und Spaß während der Aufgabenbewältigung. Er freut sich unabhängig vom Ergebnis über die Aufgabe/Tätigkeit selbst.

c) ergebnisbezogene Freude:

Der Proband freut sich über einen Erfolg bzw. ein gutes Abschneiden beider gestellten Aufgabe.

3. Zuordnung nicht möglich:

Die Freudebeschreibung kann den bisher genannten Kategorien nicht eindeutig zugeordnet werden.

Dem Leitfaden lag genau wie für die Ärgerbeschreibungen (s.o.) eine Tabelle bei, in der der jeweilige Rater die Ergebnisse der Kategorisierung der insgesamt 230 Freudebeschreibungen eintragen konnte. Hierzu enthielt der Leitfaden die folgende Instruktion zur numerischen Codierung der Kategorien zu den Freudebeschreibungen (vgl. Anhang X).

„Ihre Aufgabe besteht darin, ein Rating der laufend durchnummerierten Beschreibungen mit Hilfe des oben erläuterten Kategoriensystems vorzunehmen. Benutzen Sie bei der Kategorisierung bitte jeweils die folgenden Ziffern:

Kategorie	Ziffer
leistungsexterne Freude	1
Vorfreude	2
aufgaben-/tätigkeitsbezogene Freude	3
ergebnisbezogene Freude	4
Zuordnung nicht möglich	5."

Auf der Grundlage des im Leitfaden vorgegebenen Systems kategorisierten beide Rater die 230 Freudebeschreibungen unabhängig voneinander. Tabelle 29 zeigt die Kategorisierungen der Ärgerbeschreibungen durch die unabhängigen Rater in kreuztabellierter Form.

Rater 1	Rater 2 leistungsexterne Freude	Vorfreude	aufgaben-/ tätigkeitsbezogene Freude	ergebnisbezogene Freude	Zuordnung nicht möglich
leistungsexterne Freude	57	1			
Vorfreude	1	50	2	1	1
aufgaben-/ tätigkeitsbezogene Freude		2	12	6	8
ergebnisbezogene Freude		3		60	
Zuordnung nicht möglich	9	2		2	13

Tabelle 29: Kategorisierungen der Freudebeschreibungen durch zwei unabhängige Rater in kreuztabellierter Form

Insgesamt konnten 192 von 230 Freudebeschreibungen übereinstimmend einer der fünf Kategorien zugeordnet werden (vgl. Tabelle 29). Hierbei wurden 13 Freudebeschreibungen übereinstimmend als nicht kategorisierbar beurteilt. Die Bestimmung der Urteilskonkordanz mit Hilfe von Cohen's Kappa ergab einen Wert von .784, was als gute Übereinstimmung gewertet werden kann (vgl. Bortz & Döring, 2003, S. 277; Landis & Koch, 1977, S. 165). Dieser Kappa-Wert ist nur geringfügig höher als die für die Ratings der Ärgerbeschreibungen ermittelte Urteilskonkordanz (s.o.: Cohen´s Kappa = .749). Die 38 Freudebeschreibungen, die im Zuge der beiden Erstratings nicht übereinstimmend kategorisiert werden konnten, wurden wiederum von einem dritten Rater kategorisiert. Der dritte Rater kategorisierte weitere 26 Freudebeschreibungen übereinstimmend mit einem der ersten beiden Rater, sodass letztendlich 218 Freudebeschreibungen einer der fünf Kategorien zugeordnet wurden. Im Folgenden werden wieder getrennt für beide Experimentalgruppen die Auftretenshäufigkeiten der einzelnen Freudearten sowie exemplarische Beispiele zu den einzelnen Kategorien dargestellt. Tabelle 30 enthält zunächst die Häufigkeiten der Freudearten zu den drei Messzeitpunkten für die Bedingung Erfolgsrückmeldung.

Kategegorie/Freudeart	MZP1	MZP2	MZP3
leistungsexterne Freude	14	2	3
Vorfreude	24	1	2
aufgaben-/tätigkeitsbezogene Freude		2	2
ergebnisbezogene Freude		31	32
nicht zuzuordnen	1	2	3
Summe	39	38	42

Tabelle 30: Häufigkeiten der Freudearten zu den drei Messzeitpunkten für die Bedingung Erfolgsrückmeldung

Die im Vorfeld der experimentellen Leistungssituation von den Probanden der Bedingung Erfolgsrückmeldung (N = 45) berichtete Freude wurde in 38 von 39 Fällen als leistungsexterne Freude über Alltagsgeschehnisse oder als Vorfreude auf die bevorstehende Aufgabenbewältigung eingeordnet: 35.9 % der Freudefälle zu MZP1 sind als leistungsextern und 61.5% als Vorfreude einzuordnen. Nach der ersten Leistungsrückmeldung verändert sich diese Häufigkeitsverteilung deutlich: Während leistungsexterne Freude jetzt nur noch in 2 Fällen (5.3%) und Vorfreude auf die noch bevorstehenden Aufgaben nur noch in einem Fall (2.6%) auftritt, bezieht sich die berichtete Freude in der überwiegenden Mehrzahl (81.6%) auf das bei der ersten Aufgabe erzielte sehr gute Ergebnis. Aufgaben- bzw. tätigkeitsbezogene Freude tritt zu MZP2 dagegen nur sehr selten auf (2 Fälle, 5.3%). Die nach der zweiten Leistungsrückmeldung zu beobachtenden Häufigkeiten der Freudearten entsprechen in etwa (vgl. Tabelle 30: geringfügige Unterschiede) den

Häufigkeiten zu MZP2. Insgesamt ist die von den Probanden nach den Leistungsrückmeldungen im EMO 16 berichtete Freude nur in 5 von 80 Fällen auf eindeutig leistungsexterne Ursachen zurückzuführen.

Zur Konkretisierung enthält Anhang XIV wieder für jede der Kategorien exemplarisch einige schriftliche Antworten der Probanden aus der Bedingung Erfolgsrückmeldung auf die in der qualitativen Nachbefragung gestellte Frage *„Sie haben zu Anfang der Untersuchung / im Anschluss an die Bewältigung von Aufgabe 1 / im Anschluss an die Bewältigung von Aufgabe 2[28] im Fragebogen angegeben, Freude zu erleben. Worüber oder worauf haben Sie sich gefreut, das heißt, worauf bezog sich ihre Freude?"*

Wie aus den Beispielen für die Kategorie „nicht zuzuordnen" ersichtlich wird (vgl. Anhang XIV), handelt es sich hierbei in zwei Fällen um Freudebeschreibungen, deren mangelnde Qualität keine Kategorisierung zuließ (vgl. Anhang XIV: Nr.64, Nr. 221). In den übrigen vier Fällen äußern die Probanden Freude im Sinne einer *Erleichterung* darüber, dass die Aufgabenbewältigung bald oder bereits abgeschlossen ist. In diesen Fällen bezieht sich die berichtete Freude inhaltlich zwar auf den Kontext der Aufgabenbewältigung – sie kann insofern nicht als leistungsextern bezeichnet werden – stellt sich aber weder als Freude über Charakteristika der Aufgabe noch als rein ergebnisbezogene Freude dar.

Tabelle 31 zeigt nun die Häufigkeiten der Freudearten zu den drei Messzeitpunkten für die Bedingung Misserfolgsrückmeldung.

Kategegorie/Freudeart	MZP1	MZP2	MZP3
leistungsexterne Freude	20	11	11
Vorfreude	20	4	1
aufgaben-/tätigkeitsbezogene Freude		9	6
ergebnisbezogene Freude			
nicht zuzuordnen	1	9	7
Summe	41	33	25

Tabelle 31: Häufigkeiten der Freudearten zu den drei Messzeitpunkten für die Bedingung Misserfolgsrückmeldung

Auch in der Bedingung Misserfolgsrückmeldung (N = 52) berichten Probanden vor und auch nach den Leistungsrückmeldungen im EMO 16 das Erleben von

---

[28]Je nach Messzeitpunkt wurde den Probanden die entsprechende Version der Frage vorgelegt.

Freude. Die Anzahl der Freudefälle nimmt jedoch – anders als in der Bedingung Erfolgsrückmeldung – über die Messzeitpunkte hinweg stetig ab. Im Vorfeld der Leistungsrückmeldungen zeigen sich keine Unterschiede zwischen der Erfolgs- und der Misserfolgsgruppe: Auch in der Misserfolgsgruppe tritt Freude in 40 von 41 Fällen als leistungsexterne (48.8%) oder als Vorfreude auf die zu bewältigenden Aufgaben (48.8%) auf. Nach den beiden Leistungsrückmeldungen jedoch wird in der Misserfolgsgruppe kein einziger Fall von ergebnisbezogener Freude, aber im Vergleich zur Erfolgsgruppe wesentlich häufiger aufgaben- und tätigkeitsbezogene (MZP2: 27.3%, MZP3: 24%) sowie leistungsexterne Freude (MZP2: 33.3%, MZP3: 33.3%) berichtet. Auffällig ist die recht große Zahl von Freudebeschreibungen (insgesamt 16 Fälle nach den beiden Leistungsrückmeldungen) die aus der Sicht von mindestens zwei Ratern dem Kategoriensystem nicht eindeutig zuzuordnen waren. Anhang XV enthält exemplarische Fälle aus den einzelnen Kategorien (wörtliche Zitate der Probandenantworten), die dem Leser wieder einen konkreten Einblick in die einzelnen Kategorien vermitteln.

Wie die zur Kategorie aufgaben-/tätigkeitsbezogene Freude angeführten Beispiele zeigen (vgl. Anhang XV), freuen sich einzelne Probanden trotz des als „mangelhaft" zurückgemeldeten Ergebnisses über die Möglichkeit, sich mit der für sie neuartigen Aufgabe auseinanderzusetzen und die eigenen Fähigkeiten im Umgang mit dem Aufgabentypus über die zwei Durchgänge hinweg weiter zu entwickeln. Unter den Freudefällen, die nicht eindeutig zugeordnet werden konnten, finden sich wiederholt solche Antworten, in denen mehrere unterschiedliche Ursachen für das Erleben von Freude zum jeweiligen Messzeitpunkt genannt werden (vgl. Anhang XV: Nr. 48, 49, 197), und – ebenso wie in der Erfolgsgruppe – Fälle von Erleichterung über die Tatsache, dass die Aufgabenbearbeitung am Computer abgeschlossen ist (vgl. Anhang XV: Nr. 74, 167).

Abschließend sollen beide Experimentalgruppen einander noch einmal hinsichtlich der Häufigkeit der Freudefälle nach den beiden Leistungsrückmeldungen als auch hinsichtlich der prozentualen Häufigkeiten der einzelnen leistungsbezogenen Freudearten gegenübergestellt werden. Erwartungsgemäß wird das Erleben von Freude nach Erfolgsrückmeldungen häufiger genannt als nach Misserfolgsrückmeldungen (80 gegenüber 58 Fällen), wobei dieser Unterschied in der Auftretenshäufigkeit weniger deutlich ausfällt als bei der Emotion Ärger (s.o.). Einen vergleichenden Überblick zu den prozentualen Häufigkeiten der Freudearten (Auftretenshäufigkeit der jeweiligen leistungsbezogenen Freudeart relativiert an der Gesamtzahl der zu dem jeweiligen Messzeitpunkt aufgetretenen Freudefälle) in den beiden Gruppen gibt Tabelle 32. Dabei wird noch einmal deutlich, dass leistungsbezogene Freude bei den Probanden der Erfolgsgruppe am häufigsten auf das sehr gute Ergebnis und bei den Probanden der Misserfolgsgruppe vornehmlich auf die Aufgabe selbst bezogen ist.

	Vorfreude		aufgaben-/ tätigkeitsbezogene Freude		ergebnisbezogene Freude	
	MZP2	MZP3	MZP2	MZP3	MZP2	MZP3
Erfolgsrückmeldung	2.6	4.8	5.3	4.8	81.6	76.2
Misserfolgsrückmeldung	12.1	4.0	27.3	24.0	0	0

Tabelle 32: Vergleich der Auftretenshäufigkeiten leistungsbezogener Freudearten in den beiden Experimentalgruppen nach den Leistungsrückmeldungen (in %)

Auch die Ergebnisse zur Kategorisierung der Freudebeschreibungen werden in der Ergebnisdiskussion zur Hypothesengruppe I (vgl. Kap. 6.1.) wieder aufgegriffen.

5.1.1.3. Fazit zur Überprüfung der Hypothesengruppe I

In Kapitel 5.1.1. wurden die Annahmen zur Intensität und Qualität von Freude- und Ärgerreaktionen nach experimentellen Erfolgs- und Misserfolgsrückmeldungen überprüft. Die Bestätigung der Hypothesengruppe I wurde unter Bezugnahme auf die theoretischen Ausführungen innerhalb dieser Arbeit (vgl. Kap. 2) als Voraussetzung für die Überprüfbarkeit der Hypothesengruppe II betrachtet: Nur wenn sich die beiden Experimentalgruppen im Anschluss an die zweite Leistungsrückmeldung (MZP3) hinsichtlich der Emotionen Ärger und Freude auch tatsächlich unterscheiden – also das experimentelle Treatment erfolgreich war – können die in der Hypothesengruppe II formulierten Leistungsunterschiede bei den kognitiven Folgeaufgaben erwartet werden.

In diesem Kapitel konnte gezeigt werden, dass sich beide Experimentalgruppen hinsichtlich der nach der zweiten Leistungsrückmeldung erlebten Freude bzw. des zu diesem Zeitpunkt erlebten Ärgers unterscheiden. Die Freude zum Messzeitpunkt 3 ist bei den Probanden der Bedingung Erfolgsrückmeldung signifikant höher ausgeprägt, während Probanden der Bedingung Misserfolgsrückmeldung einen signifikant höheren Ärger berichten. Diese Unterschiede sind als Effekte von mittlerer (Ärger) bis hoher (Freude) Größe und damit als durchaus bedeutsam einzuordnen. Darüber hinaus ist zu beachten, dass sich die beiden Gruppen zu MZP3 auch hinsichtlich der Intensität der Emotionen Stolz (stärker ausgeprägt in der Bedingung Erfolgsrückmeldung) und Abneigung (stärker ausgeprägt in der Bedingung Misserfolgsrückmeldung) unterscheiden.

In der Auswertung der qualitativen Daten ließen sich die nach den Leistungsrückmeldungen aufgetretenen Ärgerfälle erwartungsgemäß nach dem Bezugspunkt des Ärgers in selbstbezogenen, aufgabenbezogenen und sozialen Ärger ausdifferenzieren. Dabei trat selbstbezogener Ärger in beiden Gruppen nach den Leistungsrückmeldungen unter den Ärgerarten am häufigsten auf. Freude wird demgegenüber in der Erfolgsgruppe am häufigsten auf das Ergebnis bezogen und in der Misserfolgsgruppe am häufigsten als Freude bzw. Spaß an der Aufgabenbearbeitung selbst erlebt.

Insgesamt kann auf dem Hintergrund der dargestellten Ergebnisse nun die Hypothesengruppe II zu den Leistungsunterschieden beider Gruppen bei den kognitiven Folgeaufgaben überprüft werden.

5.1.2. Überprüfung der Hypothesengruppe II (Hypothesen 6 bis 9)

Im Zuge der Beschreibung des experimentellen Ablaufs (vgl. Kap. 4.4.2.) wurde bereits dargelegt, dass die Probanden im Anschluss an die zweimalige Erfolgs- bzw. Misserfolgsrückmeldung in permutierter Reihenfolge zwei kognitive Aufgaben zu bearbeiten hatten. Hierbei handelte es sich um den LPS-Subtest 4 als Aufgabe mit konvergenten Denkanforderungen (vgl. Kap. 4.2.3.1.) sowie um den VKT-Subtest 7 „Ungewöhnliche Verwendungen" als Aufgabe mit divergenten Denkanforderungen (vgl. Kap. 4.2.3.2.).

In der Hypothesengruppe II wurde aufbauend auf die Annahmen der Hypothesengruppe I (Unterschiede der Gruppen hinsichtlich des Erlebens von Ärger und Freude) angenommen, dass die Gruppe Misserfolgsrückmeldung bei beiden Aufgaben schlechtere Leistungen zeigt als die Gruppe Erfolgsrückmeldung (vgl. Hypothesen 6 und 7). Darüber hinaus wurde erwartet, dass sich die Gruppenzugehörigkeit in Abhängigkeit von der Ausprägung der Persönlichkeitsdisposition zur misserfolgsbezogenen Handlungs-/ Lageorientierung unterschiedlich auf die Leistung bei den kognitiven Aufgaben auswirkt: Für misserfolgsbezogen Lageorientierte wird in der Bedingung Misserfolgsrückmeldung eine schlechtere Leistung erwartet als in der Bedingung Erfolgsrückmeldung. Misserfolgsbezogen Handlungsorientierte hingegen sollten sich in der Bedingung Misserfolgsrückmeldung im Vergleich zur Bedingung Erfolgsrückmeldung hinsichtlich ihrer Leistungen nicht unterscheiden (vgl. Hypothesen 8 und 9).

Die misserfolgsbezogene Handlungs- bzw. Lageorientierung der Probanden wurde mit Hilfe des Instruments HAKEMP-K 2000 erfasst. Wie bereits beschrieben wurde (vgl. Kap. 4.2.2.1.), besteht die Skala HOM/LOM des HAKEMP-K 2000 aus sechs Situationsbeschreibungen mit einem jeweils dichotomen Antwortformat. Für die Berechnung des Testwerts auf der Skala HOM/LOM werden die von der jeweiligen Person ausgewählten *handlungsorientierten* Antwortalternativen summiert, sodass ein Testwert zwischen 0 und 6 resultiert (je höher der Testwert, desto handlungsorientierter ist die Person). HOM/LOM-Werte lagen insgesamt nur für 94 der 97 Probanden vor, da drei Probanden der Versuchsleiterin die im Vorfeld des Experiments auszufüllenden Persönlichkeitsfragebögen nicht wieder aushändigten. Die Mittelwerte beider Experimentalgruppen auf der Skala HOM/LOM (M = 2.53, SD = 1.65 für die Bedingung Erfolgs- und M = 2.90, SD = 1.81 für die Bedingung Misserfolgsrückmeldung) zeigen – wie dies infolge der Randomisierung der Probanden zu erwarten war – keinen signifikanten Unterschied (t = -1.02, df = 92, p = .310).

Zur varianzanalytischen Auswertung wurde die Gesamtstichprobe mit Hilfe eines Median-Splits in die beiden Untergruppen „misserfolgsbezogene Handlungsorientierung" (HOM) und „misserfolgsbezogene Lageorientierung" (LOM) aufgeteilt (Median als Cut-Off-Wert zur Trennung der beiden Gruppen).

Der Median ist der Wert, der eine nach ihrer Größe geordnete Messwertreihe halbiert, sodass jeweils genau 50% der Messwerte über und unter dem Median liegt (vgl. Bortz, 1993, S. 38). Liegt eine gerade Anzahl von Fällen vor, ergibt sich der Median aus der Berechnung des Mittelwerts aus den beiden mittleren Fällen der geordneten Messwertreihe. Im Falle der 94 HOM/LOM-Werte nehmen die beiden mittleren Fälle der geordneten Messwertreihe (47. und 48. Wert) den Wert 3 an. Demnach ergäbe sich als Median der Wert 3. Allerdings liegen sowohl unter dem 47. als auch über dem 48. Wert der Messwertreihe weitere Fälle mit dem Wert 3 (Häufigkeit des Messwerts 3 = 19), sodass dieser Wert für eine Halbierung der Verteilung nicht genau genug ist. Zur Berechnung von Medianwerten für Verteilungen mit mehrfach besetzten mittleren Messwerten eignet sich das Verfahren der linearen Interpolation (vgl. Benninghaus, 1998, S. 126-131; Bortz, 1993, S.38). Hierbei wird der Medianwert durch die folgende Formel bestimmt (vgl. Benninghaus, 1998, S. 130):

$$\tilde{x} = U + \left[\frac{\frac{1}{2}N - F_u}{F_m} \right] Kb$$

wobei:

$\tilde{x}$ = Median

U = exakte untere Grenze des Medianintervalls

N = Anzahl der Fälle

F_u = kumulierte Häufigkeit unterhalb des Medianintervalls

F_m = Häufigkeit im Medianintervall und

Kb = Intervallbreite

Die Anwendung dieser Formel auf die Werte der Skala HOM/LOM führt zur Berechnung eines Medianwerts von 2.66. Dementsprechend wurden für die varianzanalytische Auswertung alle Probanden mit einem HOM/LOM-Wert von

0, 1 oder 2 der Gruppe LOM (N = 44) und alle Probanden mit einem HOM/LOM-Wert von 3, 4, 5 oder 6 der Gruppe HOM (N = 50) zugeordnet.

Die Skala HOM/LOM des HAKEMP-K 2000 misst interindividuelle Unterschiede in der Selbststeuerungs*effizienz*, also in der Fähigkeit, *vorhandene* Selbststeuerungskompetenzen zur Affektregulation in bedrohlichen Situationen einzusetzen. (vgl. Kap. 2.5.2.1. und 4.2.2.1.). Um später mögliche Effekte der misserfolgsbezogenen Handlungs- und Lageorientierung auf Leistungen nach Erfolgs- und Misserfolgsrückmeldungen genauer interpretieren zu können, erscheint es interessant, die nach Median-Split gebildeten Gruppen auch hinsichtlich der Ausprägung von Selbststeuerungs*kompetenzen* zu vergleichen. Dieser Vergleich erfolgte mit Hilfe einer zweifaktoriellen MANOVA (Pillai-Spur, α = .05) mit den Faktoren HOM/LOM und RÜCKMELD (Art der Leistungsrückmeldung) und den Werten der Probanden auf den elf Subskalen des SSI-K (Selbststeuerungsinventar; vgl. Kap. 4.2.2.2.) als abhängige Variablen. Im Ergebnis zeigt sich auf multivariater Ebene ein hoch signifikanter (p = .000) Effekt des Faktors HOM/LOM auf die abhängigen Variablen, aber weder ein signifikanter Haupteffekt des Faktors RÜCKMELD (p = .325) noch ein signifikanter Interaktionseffekt (p = .289). Da kein Interaktionseffekt vorliegt, kann davon ausgegangen werden, dass die hinsichtlich der Ausprägung von Selbststeuerungskompetenzen gefundenen Unterschiede zwischen Handlungs- und Lageorientierten (Haupteffekt HOM/LOM) unabhängig von der Zugehörigkeit zu einer der Experimentalgruppen Gültigkeit haben. Die deskriptive Statistik (Mittelwerte, Standardabweichungen) für die elf SSI-K-Subskalen differenziert nach den Faktoren Art der Leistungsrückmeldung und misserfolgsbezogene Handlungs-/Lageorientierung enthält Anhang XVI. Tabelle 33 zeigt die weiterführenden univariaten Vergleiche für den multivariat signifikanten Haupteffekt HOM/LOM:

Auswertung und Ergebnisse

Faktor	Abhängige Variable	Quadratsumme	df	Mittel der Quadrate	F	Signifikanz	Partielles Eta-Quadrat
	SSI-K I: Selbstmotivierung:						
HOM/LOM	Motivations- und Emotionskontrolle	31.40	1.00	31.40	5.74	.019	.06
	SSI-K I: Aktivierungskontrolle: Selbstaktivierung und Selbstberuhigung	30.02	1.00	30.02	6.38	.013	.07
	SSI-K I: Selbstbestimmung: Selbstkongruenz und Optimismus	49.87	1.00	49.87	9.22	.003	.09
	SSI-K II: Besonnenheit: Initiativmangel und Energiedefizit	8.19	1.00	8.19	1.26	.264	.01
	SSI-K II: Abwägen: Aufschieben und Fremdbestimmtheit	3.84	1.00	3.84	.43	.515	.00
	SSI-K II: Selbstkritik: Intrusionsneigung und niedrige Impulskontrolle	10.72	1.00	10.72	1.84	.178	.02
	SSI-K III: Zielfixierung: Vorsatzauffrischung und Pflichtbewusstsein	42.11	1.00	42.11	9.63	.003	.10
	SSI-K III: Konformität: Introjektionsneigung und negative Selbstmotivierung	27.28	1.00	27.28	4.38	.039	.05
	SSI-K III: Besorgtheit: Grübeln und Lähmung nach Misserfolg	176.32	1.00	176.32	53.64	.000	.37
	SSIK IV: Allgemeine Stressbelastung: Belastung	127.81	1.00	127.81	4.29	.041	.05
	SSIK V: Allgemeine Stressbelastung: Bedrohung	.60	1.00	.60	.02	.884	.00

Tabelle 33: Ergebnisse der univariaten zweifaktoriellen Varianzanalysen für den Faktor HOM/LOM ($\alpha = .05$)

Die Bedeutung der einzelnen SSI-K Subskalen wurde bereits in Kapitel 4.2.2.2. erläutert. Die drei Subskalen der Skala SSI-K I erfassen die Ausprägung selbstregulatorischer Kompetenzen, die Subskalen der Skala SSI-K II erfassen die Disposition zur Willenshemmung (als Verlust von Selbststeuerungskompetenzen oder Effizienzdefizit in belastenden Situationen, die das Erleben positiver Emotionen schwächen) und die Subskalen der Skala SSI-K III erfassen die Disposition zur Selbsthemmung (als Verlust von Selbststeuerungskompetenzen oder Effizienzdefizit in bedrohlichen Situationen, die das Erleben negativer Emotionen erhöhen). Bei den SSI-K-Skalen IV und V handelt es sich um Items zur Messung der allgemeinen Stressbelastung („life-stress"), wiederum differenziert nach Belastung (SSI-K IV) und Bedrohung

(SSI-K V). Die Ergebnisse in Tabelle 33 zeigen, dass sich signifikante Unterschiede der Gruppen HOM und LOM auf allen drei Subskalen der Skala SSI-K I, auf allen drei Subskalen der Skala SSI-K III und auf der Skala SSI-K IV ergeben. Die Gruppen unterscheiden sich dabei jeweils in der folgenden Richtung:

- **Subskala Selbstmotivierung (SSI-K I):** Diese Subskala erfasst, inwieweit die Person auch unangenehmen Situationen etwas Positives abgewinnen und sich „bei Laune halten" kann. Die Gruppe HOM zeigt einen höheren Mittelwert auf dieser Skala.
- **Subskala Aktivierungskontrolle (SSI-K I):** Hierbei geht es darum, inwieweit die Person auch bei Schwierigkeiten und Herausforderungen wach und aktiv ist und Anspannung und Nervosität gezielt abbauen kann. Die Gruppe HOM zeigt einen höheren Mittelwert auf dieser Skala.
- **Subskala Selbstbestimmung (SSI-K I):** Selbstbestimmung beschreibt das Ausmaß der Identifikation mit eigenen Zielen und Handlungen. Die Gruppe HOM zeigt einen höheren Mittelwert auf dieser Skala.
- **Subskala Zielfixierung (SSI-K III):** Personen mit hoher Zielfixierung machen sich geplante Aktivitäten immer wieder bewusst und haben Angst davor, Vorgenommenes zu vergessen (Pflichtbewusstsein). Die Gruppe LOM zeigt einen höheren Mittelwert auf dieser Skala.
- **Subskala Konformität (SSI-K III):** Die Subskala Konformität misst die individuelle Tendenz, fremde Ziele zu übernehmen, um es anderen Personen recht zu machen. Darüber hinaus neigen Personen mit hohen Konformitätswerten dazu, sich über die Imagination der negativen Konsequenzen einer Handlungsunterlassung zu motivieren. Die Gruppe LOM zeigt einen höheren Mittelwert auf dieser Skala.
- **Subskala Besorgtheit (SSI-K III):** Personen mit hohen Werten auf der Skala Besorgtheit denken lange über Misserfolge und andere unangenehme Erlebnisse nach. Sie haben Schwierigkeiten, handlungsblockierende Gedanken und Gefühle abzuschalten. Die Gruppe LOM zeigt einen höheren Mittelwert auf dieser Skala.
- **Subskala Belastung (SSI-K IV):** Hierbei geht es um das Ausmaß an erlebter Belastung durch allgemeine Lebensumstände, die zu einer

Schwächung positiver Emotionen beitragen (z.B. Umstände in Ausbildung/Beruf, unerfüllte Ansprüche an die Lebensgestaltung, unerreichte Ideale). Die Gruppe LOM zeigt einen höheren Mittelwert auf dieser Skala.

Insgesamt zeigt der Vergleich der mit Hilfe eines Median-Splits gebildeten Gruppen HOM und LOM anhand der Skalen des SSI-K also, dass sich die misserfolgsbezogen lageorientierten Probanden gegenüber den misserfolgsbezogen handlungsorientierten Probanden neben einer geringeren *Effizienz beim Einsatz von Selbststeuerungskompetenzen in bedrohlichen Situationen* (Situationen, die das Erleben negativer Emotionen erhöhen) auch durch eine geringere Ausprägung von Selbststeuerungskompetenzen – also ein *Kompetenzdefizit* – auszeichnen. Damit verfügen Lageorientierte in der vorliegenden Untersuchung generell über geringere Komeptenzen zur Kontrolle handlungsblockierender Gefühle und Gedanken (geringere Emotions-, Motivations- und Aktivierungskontrolle) als Handlungsorientierte und sind darüber hinaus deutlich anfälliger für eine Schwächung vorhandener Kompetenzen in einer belastenden Misserfolgssituation (höhere Besorgtheit). Konkret ist also davon auszugehen, dass lageorientierte Probanden nach den experimentellen Misserfolgsrückmeldungen weitaus größere Schwierigkeiten haben sollten, den misserfolgsbezogenen Ärger und die damit verbundenen belastenden Kognitionen so herabzuregulieren, dass die individuellen Kompetenzen zur Bewältigung der kognitiven Folgeaufgaben (LPS- und VKT-Aufgabe) auch tatsächlich optimal eingesetzt werden können. Hinsichtlich der Subskalen der Skala Willenshemmung (SSI-K II: Verlust von Selbststeuerungskompetenzen oder Effizienzdefizit in belastenden Situationen, die das Erleben *positiver* Emotionen schwächen) unterscheiden sich die misserfolgsbezogen Handlungs- und Lageorientierten in dieser Untersuchung nicht.

Zur Überprüfung der zu Anfang dieses Subkapitels genannten Annahmen der Hypothesengruppe II wird nun eine zweifaktorielle MANOVA mit den Faktoren „Art der Leistungsrückmeldung" (RÜCKMELD) und „misserfolgsbezogene Handlungs-/Lageorientierung" (HOM/LOM) berechnet. Die Leistungen der Probanden bei der VKT-Aufgabe (Anzahl produzierter „ungewöhnlicher

Verwendungsarten") und bei der LPS-Aufgabe (Anzahl richtig gelöster Zeilen) bilden die beiden abhängigen Variablen des Designs. Vor der inferenzstatistischen Analyse zeigen die Tabellen 34 und 35 zunächst die deskriptive Statistik (Mittelwerte, Standardabweichungen) für die abhängigen Variablen Leistung bei der LPS-Aufgabe und Leistung bei der VKT-Aufgabe differenziert nach den unabhängigen Variablen Art der Leistungsrückmeldung und misserfolgsbezogene Handlungs-/Lageorientierung.

Art der Leistungsrückmeldung	HOM/LOM	M (SD)
Erfolgsrückmeldung	HOM	29.87 (3.67)
	LOM	32.86 (3.44)
	Gesamt	31.37 (3.56)
Misserfolgsrückmeldung	HOM	29.70 (4.05)
	LOM	29.45 (3.28)
	Gesamt	29.58 (3.67)

Tabelle 34: Deskriptive Statistik (Mittelwerte und Standardabweichungen) für die abhängige Variable „Leistung bei der LPS-Aufgabe"

Bei der LPS-Aufgabe (konvergente Denkaufgabe) zeigen sich für die Probanden der Bedingung Erfolgsrückmeldung insgesamt höhere Leistungen als für die Probanden der Bedingung Misserfolgsrückmeldung. Während bei Lageorientierten in der Bedingung Erfolgsrückmeldung höhere Leistungen auftreten als in der Bedingung Misserfolgsrückmeldung, unterscheiden sich die Leistungen Handlungsorientierter in beiden Bedingungen kaum. Insgesamt erreichen Lageorientierte bei der Lösung der LPS-Aufgabe über beide Bedingungen hinweg höhere Werte als Handlungsorientierte ($M = 31.16$ gegenüber $M = 29.79$).

Art der Leistungsrückmeldung	HOM/LOM	M (SD)
Erfolgsrückmeldung	HOM	14.30 (4.69)
	LOM	12.41 (3.55)
	Gesamt	13.36 (4.12)
Misserfolgsrückmeldung	HOM	12.81 (4.05)
	LOM	13.68 (3.82)
	Gesamt	13.25 (3.93)

Tabelle 35: : Deskriptive Statistik (Mittelwerte und Standardabweichungen) für die abhängige Variable „Leistung bei der VKT-Aufgabe"

211

Bei der VKT-Aufgabe (divergente Denkaufgabe) unterscheiden sich die Leistungen beider Experimentalbedingungen kaum. Lageorientierte zeigen in der Bedingung Misserfolgsrückmeldung höhere Werte als in der Bedingung Erfolgsrückmeldung, während sich für Handlungsorientierte vergleichsweise höhere Werte in der Bedingung Erfolgsrückmeldung beobachten lassen. Insgesamt erreichen Handlungsorientierte bei der Lösung der VKT-Aufgabe über beide Bedingungen hinweg geringfügig höhere Werte als Lageorientierte (M = 13.56 gegenüber M = 13.05).

In Tabelle 37 folgen nun die Ergebnisse der zweifaktoriellen MANOVA auf der Grundlage der Prüfstatistik von Pillai (α = .05).

Effekt		Wert	F	Zähler df	Nenner df	Signifikanz	Partielles Eta-Quadrat
HOM/LOM	Pillai-Spur	.04	1.85	2.00	89.00	.164	.04
RÜCKMELD	Pillai-Spur	.06	2.78	2.00	89.00	.068	.06
HOM/LOM * RÜCKMELD	Pillai-Spur	.08	3.70	2.00	89.00	.029	.08

Tabelle 36: Ergebnisse der multivariaten zweifaktoriellen Varianzanalyse mit den Faktoren Art der Leistungsrückmeldung (RÜCKMELD) und misserfolgsbezogene Handlungs-/Lageorientierung (HOM/LOM)

Die MANOVA weist zunächst einen signifikanten Interaktionseffekt mittlerer Effektgröße (vgl. Cohen, 1988) der Faktoren HOM/LOM und RÜCKMELD auf die abhängigen Variablen aus. Für den Faktor HOM/LOM ergibt sich kein signifikanter Haupteffekt. Der Faktor RÜCKMELD verfehlt auf der multivariaten Ebene knapp die Signifikanz (p = .068).

Zur Analyse von Unterschieden der Gruppen hinsichtlich einzelner abhängiger Variablen ist es notwendig, der multivariaten Varianzanalyse univariate Analysen folgen zu lassen. Methodischen Erwägungen folgend, sollten nur solche Effekte zusätzlich auf der univariaten Ebene analysiert werden, die zuvor in der multivariaten Analyse als signifikant ausgewiesen wurden. Folgt man diesem methodischen Argument, kann hier nur der Interaktionseffekt univariat analysiert werden. Allerdings zeigt sich für den Faktor RÜCKMELD multivariat ein Effekt mittlerer Größe, der die Signifikanz nur knapp verfehlt. Aus inhaltlicher Perspektive erscheint es daher im Sinne der auf die einzelnen abhängigen Variablen bezogenen Hypothesen dieser Arbeit aufschlussreich, mögliche Effekte des Faktors RÜCKMELD differenziert nach dem Aufgabentyp zu betrachten. Aus diesem Grund wurden trotz des genannten methodischen Einwands auch für den Faktor RÜCKMELD univariate Analysen durchgeführt. Tabelle 38 zeigt die Ergebnisse der univariaten zweifaktoriellen Varianzanalysen ($\alpha = .05$).

Faktor	Abhängige Variable	Quadratsumme	df	Mittel der Quadrate	F	Signifikanz	partielles Eta-Quadrat
RÜCKMELD	LPS	74.55	1	74.55	5.61	.020	.06
	VKT	.27	1	.27	.02	.898	.00
RÜCKMELD * HOM/LOM	LPS	61.36	1	61.36	4.62	.034	.05
	VKT	44.51	1	44.51	2.70	.104	.03

Tabelle 37: Ergebnisse der univariaten zweifaktoriellen Varianzanalysen für den Haupteffekt RÜCKMELD sowie den Interaktionseffekt

Auf univariater Ebene zeigt sich, dass sich die Experimentalgruppen hinsichtlich der Leistung bei der LPS-Aufgabe tatsächlich signifikant unterscheiden: Probanden der Bedingung Erfolgsrückmeldung schneiden hier signifikant besser ab als Probanden der Bedingung Misserfolgsrückmeldung (vgl. auch deskriptive Statistiken in Tab. 34). Darüber hinaus erweist sich auch die Interaktion der Faktoren RÜCKMELD und HOM/LOM hinsichtlich der LPS-Leistung als signifikant. Im Gegensatz dazu lassen sich für die abhängige Variable „Leistung bei der VKT-Aufgabe" weder ein Haupteffekt des Faktors RÜCKMELD noch ein Interaktionseffekt bestätigen.

Im Folgenden soll der Interaktionseffekt auf die abhängige Variable „Leistung bei der LPS-Aufgabe" anhand von Interaktionsdiagrammen genauer analysiert werden. Diese Analyse ist von zentraler Bedeutung, da die Art eines vorliegenden Interaktionseffekts über die globale Interpretierbarkeit signifikanter Haupteffekte (hier: Faktor RÜCKMELD) entscheidet (vgl. Bortz & Döring, 2003, S. 534-536). Zur Darstellung eines Interaktionseffekts aus einem zweifaktoriellen Design kann pro Faktor (hier: für die Faktoren RÜCKMELD und HOM/LOM) ein Interaktionsdiagramm erstellt werden. Verlaufen die Graphen in *beiden* Diagrammen jeweils gleichsinnig (z.B. beide aufsteigend oder absteigend), spricht man von einer *ordinalen* Interaktion. Verlaufen die Graphen nur in *einem* der Diagramme gleichsinnig, liegt eine *hybride* Interaktion vor. Schließlich handelt es sich um eine *disordinale* Interaktion, wenn die Graphen in keinem der Diagramme gleichsinnig verlaufen. Bei ordinalen Interaktionen dürfen beide Haupteffekte, bei hybriden Interaktionen nur ein Haupteffekt und bei disordinalen Interaktionen keiner der Haupteffekte

213

global interpretiert werden. Die Abbildung 8 zeigt die Interaktionsdiagramme für die Faktoren RÜCKMELD und HOM/LOM (abhängige Variable: LPS).

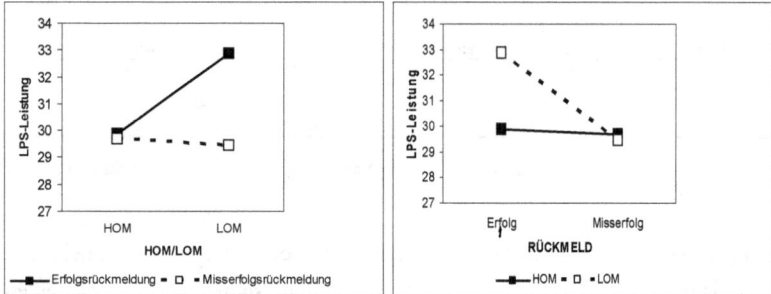

Abbildung 8: Interaktionsdiagramme für die Faktoren HOM/LOM (links) und RÜCKMELD (rechts)

Wie aus den Interaktionsdiagrammen in Abbildung 8 ersichtlich wird, handelt es sich hier um eine hybride Interaktion, bei der nur der Faktor RÜCKMELD global interpretiert werden kann. Innerhalb des Interaktionsdiagramms für den Faktor HOM/LOM verhalten sich die Graphen gegenläufig: In der Bedingung Misserfolgsrückmeldung geht Handlungsorientierung (HOM) mit einer *schlechteren* Leistung aber in der Bedingung Erfolgsrückmeldung mit einer *besseren* Leistung einher als Lageorientierung (LOM). Im Gegensatz dazu verlaufen beide Graphen innerhalb des Interaktionsdiagramms für den Faktor RÜCKMELD gleichsinnig: Die LPS-Leistung ist sowohl bei Vorliegen einer misserfolgsbezogenen Handlungs- als auch bei Vorliegen einer misserfolgsbezogenen Lageorientierung in der Bedingung Misserfolgsrückmeldung schlechter als in der Bedingung Erfolgsrückmeldung. Dabei ist allerdings zu berücksichtigen, dass der Unterschied für die Faktorstufe Handlungsorientierung marginal ist (M = 29.87 für die Bedingung Erfolgsrückmeldung vs. M = 29.70 für die Bedingung Misserfolgsrückmeldung).

Insgesamt finden die in der Hypothesengruppe II formulierten Hypothesen zur Leistung bei der konvergenten Denkaufgabe (LPS) nach Erfolgs- und Misserfolgsrückmeldungen (Hypothesen 6 und 8) Bestätigung: Nach Misserfolgsrückmeldungen werden bei der LPS-Aufgabe schlechtere Leistungen gezeigt als nach Misserfolgsrückmeldungen. Misserfolgsbezogen

Lageorientierte zeigen nach Misserfolgsrückmeldungen schlechtere Leistungen als nach Erfolgsrückmeldungen. Misserfolgsbezogen Handlungsorientierte hingegen zeigen im Vergleich beider Bedingungen annähernd gleich gute Leistungen.

Dagegen lassen sich die Hypothesen 7 und 9 zur Leistung bei der divergenten Denkaufgabe nicht bestätigen: Zwischen den beiden Rückmeldungsbedingungen bestehen keine Unterschiede hinsichtlich der Leistung bei der VKT-Aufgabe. Darüber hinaus ergeben sich keine signifikanten Interaktionseffekte der Faktoren Art der Leistungsrückmeldung und misserfolgsbezogene Handlungs-/ Lageorientierung. Allerdings kann auf der Grundlage der deskriptiven Statistik festgestellt werden, dass misserfolgsbezogen Handlungsorientierte der Bedingung Erfolgsrückmeldung bessere Leistungen zeigen als misserfolgsbezogen Handlungsorientierte der Bedingung Misserfolgsrückmeldung. Für misserfolgsbezogen Lageorientierte zeigt sich eine gegenläufige Tendenz. Diese Ergebnisse werden in Kapitel 6.2. ausführlich diskutiert.

5.2. Ergebnisse zu den explorativen Fragestellungen

5.2.1. Überprüfung der Validität der Trait-Ärger-Skala des STAXI in einer Leistungssituation (Forschungsfrage 1)

Im Vorfeld des Experiments wurden die Probanden gebeten, die Items der Trait-Ärger-Skala aus dem State-Trait-Ärgerausdrucks-Inventar (Schwenkmezger et al., 1992) auszufüllen (vgl. Kap. 4.2.1.1.). Die Trait-Ärger-Skala (10 Items) erfasst die Neigung, in Ärger evozierenden Situationen mit einer Erhöhung des Zustandsärgers zu reagieren und lässt sich weiter in die Subskalen Ärger-Temperament (Neigung, Ärger auch ohne Provokation zu erleben und auszudrücken) und Ärger-Reaktion (Tendenz zu Ärgerreaktionen nach Provokationen wie Kritik oder ungerechte Behandlung) unterteilen (vgl. Kap. 2.3.3.). Die Ärger-Zustandsskala (State-Ärger, 10 Items) des STAXI wurde den

Probanden im Vorfeld der Leistungsrückmeldungen (MZP1) und jeweils nach den beiden Leistungsrückmeldungen (MZP2, MZP3) vorgelegt.

In Kapitel 2.3.3. wurden die Items der Ärger-Dispositionsskala vorgestellt. Bei der Betrachtung der einzelnen Items fiel auf, dass sich die Ärger-Dispositionsskala vorrangig auf die Operationalisierung des prototypischen sozialen Ärgers – als Ärger über das Verhalten anderer Personen – konzentriert (s. insbesondere die Items der Subskala Ärger-Reaktion). Zur Erinnerung werden die Trait-Ärger-Items (Subskala Ärger-Temperament: Items 1,2,3,8 und 9; Subskala Ärger-Reaktion: Items 4,5,6,7 und 10) an dieser Stelle noch einmal aufgeführt:

---

1. „Ich werde schnell ärgerlich."

2. „Ich rege mich leicht auf."

3. „Ich bin ein Hitzkopf."

4. „Es macht mich zornig, wenn ich vor anderen kritisiert werde."

5. „Ich bin aufgebracht, wenn ich etwas gut mache und ich schlecht beurteilt werde."

6. „Wenn ich etwas vergeblich mache, werde ich böse."

7. „Ich koche innerlich, wenn ich unter Druck gesetzt werde."

8. „Wenn ich gereizt werde, könnte ich losschlagen."

9. „Wenn ich wütend werde, sage ich häßliche Dinge."

10. „Es ärgert mich, wenn ausgerechnet ich korrigiert werde."

In den in dieser Arbeit angestellten theoretischen Überlegungen (vgl. insbesondere Kap. 2.3.2.) wurde allerdings vermutet, dass gerade Situationen der Leistungsbewertung ein hohes Potential zur Auslösung *selbstbezogener* Ärgerreaktionen – als Ärger über die eigene mangelnde Anstrengung und Fähigkeit im betreffenden Anforderungsbereich – bergen, sodass Ärger im Leistungskontext auf der theoretischen Ebene nicht auf das Erleben sozialen Ärgers beschränkt werden sollte. Tatsächlich zeigte sich auch bei der hypothesenbezogenen Auswertung der experimentellen Daten (vgl. Kap. 5.1.1.2.), dass 71.1% (MZP2) bzw. 66.7% (MZP3) der nach den Misserfolgsrückmeldungen aufgetretenen Ärgerfälle als selbstbezogener Ärger, aber nur 2.6% (MZP2) und 3.3% (MZP3) der nach den

Misserfolgsrückmeldungen aufgetretenen Ärgerfälle als sozialer Ärger eingestuft wurden. Insgesamt erscheint es daher interessant, der Frage nachzugehen, inwieweit die Werte der Probanden auf der Trait-Ärger-Skala mit den nach den Misserfolgsrückmeldungen (MZP2, MZP3) erhobenen State-Ärger-Werten korrelieren.

Tabelle 39 zeigt die Produkt-Moment-Korrelationen (N = 50[29], α = .05) zwischen den Trait-Ärger-Werten bzw. den Werten auf den beiden Trait-Ärger-Subskalen Ärger-Temperament und Ärger-Reaktion einerseits und den State-Ärger-Werten (MZP2, MZP3) nach den Misserfolgsrückmeldungen andererseits.

		Trait-Ärger (Gesamtskala)	Ärger-Temperament (Subskala)	Ärger-Reaktion (Subskala)
State-Ärger (MZP2)	Korrelation nach Pearson	.31	.40	.09
	Signifikanz (2-seitig)	.027	.004	.528
State-Ärger (MZP3)	Korrelation nach Pearson	.27	.29	.15
	Signifikanz (2-seitig)	.056	.04	.314

Tabelle 38: Korrelationen zwischen Trait-Ärger-Werten und State-Ärger-Werten nach den Misserfolgsrückmeldungen (MZP2, MZP3)

Nach Cohen (1988) sind Korrelationen von .10 als schwacher, von .30 als mittlerer und von .50 als starker Effekt einzuordnen. Tabelle 38 zeigt mittlere Korrelationen von .31 (MZP2) und .27 (MZP3) zwischen der gesamten Trait-Ärger-Skala und den State-Ärger-Werten nach den Misserfolgsrückmeldungen. Dies entspricht einem Determinationskoeffizienten (r²) von etwa .10 (MZP2) bzw. .07 (MZP3), sodass der gemeinsame Varianzanteil beider Variablen auf 7 bis 10% beziffert werden kann. Unterteilt man die Trait-Ärger-Skalen in die beiden Subskalen Ärger-Temperament und Ärger-Reaktion und korreliert die Subskalenwerte mit den State-Ärger-Werten, lässt sich aus den resultierenden Korrelationswerten (vgl. Tabelle 38) jedoch ablesen, dass die berichteten Korrelationen mittlerer Größe zwischen der gesamten Trait-Ärger-Skala und den State-Ärger-Werten im Wesentlichen auf die Items der Subskala Ärger-Temperament zurückzuführen sind: Die Korrelationen zwischen der Subskala

---

[29]Trait-Ärger-Werte lagen insgesamt nur für 50 der 52 Probanden aus der Bedingung Misserfolgsrückmeldung vor, da zwei Probanden dieser Experimentalbedingung der Versuchsleiterin die im Vorfeld des Experiments auszufüllenden Persönlichkeitsfragebögen nicht wieder aushändigten.

Ärger-Temperament und den State-Ärger-Werten fallen insgesamt höher aus (MZP2: $r = .40$ / $r^2 = .16$ bzw. MZP3: $r = .29$ / $r^2 = .08$) als die Korrelationen unter Einbezug aller Trait-Ärger-Items. Im Gegensatz dazu zeigen die State-Ärger-Werte nur sehr schwache, nicht signifikante Korrelationen mit der Subskala Ärger-Reaktion.

Die nach den experimentellen Misserfolgsrückmeldungen auftretenden Ärgerreaktionen zeigen also nur schwache Zusammenhänge mit der Neigung, auf Kritik oder als unfair erlebte Behandlung im sozialen Kontext mit einer Erhöhung des Zustandsärgers zu reagieren (Ärger-Reaktion). Substantielle Zusammenhänge der Ärgerreaktionen nach den Misserfolgsrückmeldungen zeigen sich aber mit der dispositionellen Neigung, sich auch ohne Provokation durch andere Personen zu ärgern. Insgesamt ist zur Vorhersage der im Experiment aufgetretenen Ärgerreaktionen nach Misserfolg die Subskala Ärger-Temperament besser geeignet als die Gesamtskala zum Trait-Ärger. Dieses Ergebnis zur Forschungsfrage 1 wird im Zusammenhang mit den Ergebnissen zur Hypothesengruppe I in Kapitel 6.1. diskutiert.

5.2.2. Das Langzeitgedächtnis für Aspekte der Rückmeldungssituation (Forschungsfragen 2 bis 4)

In Kapitel 2.6. wurden vor dem Hintergrund bisheriger Forschungsbefunde zum autobiographischen Gedächtnis erste Überlegungen zur Güte des Langzeitgedächtnisses für unterschiedliche Aspekte von Rückmeldungssituationen als emotional getönte wichtige biographische Situationen angestellt. Hierbei wurden folgende explorative Fragen formuliert (vgl. Kap. 3.3.2.):

Forschungsfrage 2:
Erinnern sich die Probanden beider Bedingungen zwei Wochen nach dem Experiment gleich gut oder besser (Häufigkeit der richtigen Nennungen) an thematisch zentrale als an thematisch periphere Informationen aus der Situation der zweiten Leistungsrückmeldung im Experiment?

Forschungsfrage 3:

Erinnern sich Probanden der Bedingung Misserfolgsrückmeldung zwei Wochen nach dem Experiment gleich gut oder besser als Probanden der Bedingung Erfolgsrückmeldung (Häufigkeit der richtigen Nennungen) an die einzelnen Informationen aus der Situation der zweiten Leistungsrückmeldung im Experiment?

Forschungsfrage 4:

Wie genau können sich Personen an die Intensität der unmittelbar nach der Leistungsrückmeldung erlebten Emotionen Ärger und Freude langfristig erinnern? Zeigen sich also signifikante Unterschiede zwischen den zu MZP3 berichteten EMO 16-Werten auf den Skalen Ärger und Freude und den zu MZP4 retrospektiv erinnerten EMO 16-Werten auf den Skalen Ärger und Freude?

Um diesen Forschungsfragen nachgehen zu können, wurden die Probanden gebeten, zwei Wochen nach dem Experiment zu einer Nachbefragung zu erscheinen (vgl. Kap. 4.4.2.3.). Hier wurden den Probanden[30] zunächst jeweils 2 Fragen zu thematisch zentralen und zu thematisch peripheren Aspekten der zweiten Rückmeldungssituation im Experiment gestellt. Als zentrale Information aus der Rückmeldungssituation wurde das jeweils über den Bildschirm im zweiten Durchgang rückgemeldete Ergebnis (Leistung im Vergleich zu anderen Personen, Note) und als periphere Information aus der Rückmeldungssituation die Gestaltung der Bildschirmoberfläche während der Leistungsrückmeldung (Farbe der Bildschirmoberfläche, Schriftfarbe des Textes) erfragt. Zur Erinnerung enthält der folgende Kasten noch einmal die vier gestellten Fragen (in Klammern ist jeweils die korrekte Antwort angegeben):

---

[30]Da ein Proband an dem zweiten Versuchstermin nicht teilnahm, liegen die entsprechenden Daten nur für 96 der 97 Probanden vor.

Auswertung und Ergebnisse

---

1. *Wie viele Personen hatten bei der Computeraufgabe schlechter abgeschnitten als Sie?"* (richtige Antwort je nach Bedingung: 91 von 100 bzw. 91% oder 9 von 100 bzw. 9%)
2. *„Welche Note haben Sie erhalten?"* (richtige Antwort je nach Bedingung: sehr gut oder mangelhaft)
3. *„Welche Farbe hatte die Bildschirmoberfläche, auf der Sie ihr Ergebnis abgelesen haben?"* (richtige Antwort: blau)
4. *„Welche Schriftfarbe hatte der Text auf der Bildschirmoberfläche?"* (richtige Antwort: gelb)

Über diese Fragen hinaus erhielten die Probanden erneut den EMO 16 (MZP4) mit der Instruktion, sich mit Hilfe des Fragebogens an ihren Gefühlszustand direkt nach der zweiten Leistungsrückmeldung im ersten Untersuchungstermin zu erinnern. Die zum MZP4 retrospektiv eingeschätzte emotionale Befindlichkeit mit den Angaben der Probanden zum MZP3 verglichen werden.

Zur Beantwortung der Forschungsfragen 2 und 3 werden die Häufigkeiten richtiger und falscher Antworten auf die vier gestellten Fragen zu zentralen und peripheren Aspekten der Rückmeldungssituation analysiert. Tabelle 39 zeigt die absoluten Häufigkeiten richtig und falsch erinnerter Informationen aus der Rückmeldungssituation für beide Experimentalgruppen

Erfragte Information	Art der Leistungsrückmeldung	Häufigkeit der richtigen/falschen Antworten	
		richtig	falsch
erreichte Note	Erfolgsrückmeldung (N = 45)	39	6
	Misserfolgsrückmeldung (N = 51)	42	9
	Gesamt	81	15
Anzahl der Personen, die schlechter abgeschnitten haben	Erfolgsrückmeldung (N = 45)	27	18
	Misserfolgsrückmeldung (N = 51)	34	17
	Gesamt	61	35
Farbe der Bildschirmoberfläche	Erfolgsrückmeldung (N = 45)	36	9
	Misserfolgsrückmeldung (N = 51)	38	13
	Gesamt	74	22
Textfarbe	Erfolgsrückmeldung (N = 45)	21	24
	Misserfolgsrückmeldung (N = 51)	20	31
	Gesamt	41	55

Tabelle 39: Häufigkeiten richtig und falsch erinnerter Informationen aus der Rückmeldungssituation für beide Experimentalgruppen

Über die Gesamtstichprobe hinweg zeigt sich noch zwei Wochen nach den Leistungsrückmeldungen eine recht gute Erinnerungsleistung der Probanden:

- 84.4% aller Probanden erinnern sich richtig an die beim zweiten Aufgabendurchgang erzielte Note.
- 63.5% aller Probanden erinnern sich richtig an den Prozentsatz der Personen, die im zweiten Aufgabendurchgang schlechter abgeschnitten hatten.
- 77% aller Probanden erinnern sich richtig an die Farbe der Bildschirmoberfläche bei der zweiten Leistungsrückmeldung.
- 42.7% aller Probanden erinnern sich richtig an die Schriftfarbe des Textes auf der Bildschirmoberfläche bei der zweiten Leistungsrückmeldung.

Mit Hilfe von Binomialtests ($\alpha = .05$) kann statistisch überprüft werden, ob die Anzahl richtiger Antworten auf die einzelnen Fragen tatsächlich von der Zufallswahrscheinlichkeit ($p = .50$) abweicht, also überzufällig richtig bzw. falsch auf die einzelnen Fragen geantwortet wurde. Tabelle 40 zeigt die diesbezüglichen Ergebnisse:

Erfragte Information	Kategorie	Beobachteter Anteil	Testanteil	Signifikanz
erreichte Note	richtig	.84	.50	.000
	falsch	.16		
Anzahl der Personen, die schlechter abgeschnitten haben	richtig	.64	.50	.011
	falsch	.36		
Farbe der Bildschirmoberfläche	richtig	.77	.50	.000
	falsch	.23		
Textfarbe	falsch	.57	.50	.185
	richtig	.43		

Tabelle 40: Vergleich des Anteils richtig und falsch erinnerter Informationen mit Hilfe von Binomialtests ($\alpha = .05$)

Aus den Ergebnissen der Binomialtests ist zu entnehmen, dass die Probanden sich überzufällig häufig richtig an die beiden zentralen Situationsaspekte (Note, Anzahl der Personen, die schlechter abgeschnitten haben) und an einen der beiden peripheren Situationsaspekte (Farbe der Bildschirmoberfläche) erinnern (dies gilt auch bei Alpha-Adjustierung mit $\alpha = .05/4 = .0125$). Hinsichtlich des zweiten peripheren Situationsaspekts (Textfarbe) weicht weder der Anteil richtiger noch der Anteil falscher Antworten von der Zufallswahrscheinlichkeit ab. Insgesamt erinnern sich die Probanden also überzufällig häufig an beide thematisch zentralen Situationsaspekte, aber nur an einen thematisch peripheren Situationsaspekt.

Darüber hinaus wurde untersucht (vgl. Forschungsfrage 3), ob *zwischen* den Experimentalgruppen Unterschiede in der Güte der Erinnerung an die einzelnen erfragten Informationen bestehen. Bereits auf der deskriptiven Betrachtungsebene (vgl. Tabelle 40) wird deutlich, dass sich beide Experimentalgruppen hinsichtlich der Häufigkeiten richtiger und falscher Antworten auf die einzelnen Fragen kaum unterscheiden. Dementsprechend zeigten sich auch bei der Berechnung von Vier-Felder-Chi²-Tests (Variable Art der Leistungsrückmeldung mit den Ausprägungen Erfolgs- vs. Misserfolgsrückmeldung und Variable Antwort mit den Ausprägungen richtige Antwort vs. falsche Antwort) für jede einzelne der vier Fragen keinerlei signifikante Häufigkeitsunterschiede[31].

Mit der Forschungsfrage 4 wurde schließlich nach der Genauigkeit gefragt, mit der die Probanden die Intensität der nach der zweiten Leistungsrückmeldung erlebten Emotionen (MZP3) zwei Wochen nach dem Experiment (MZP4) einschätzen können. Falls die Probanden die Intensität einzelner Emotionen deutlich unter- oder überschätzen, sollten varianzanalytisch signifikante Unterschiede zwischen den Messzeitpunkten 3 und 4 beobachtbar sein. Hierzu wurde eine zweifaktorielle MANOVA (Pillai-Spur, $\alpha = .05$) mit den Faktoren Art der Leistungsrückmeldung (Erfolgsrückmeldung vs. Misserfolgsrückmeldung) und Zeit (Messzeitpunkte 3 und 4) berechnet. Auf dem Hintergrund der *explorativen* Fragestellung werden neben den EMO 16-Skalen Ärger und Freude auch die übrigen 13 Skalen des EMO 16 (Messzeitpunkte 3 und 4) in die MANOVA einbezogen. Aufgrund von Missings

---

[31]Ergebnisse der Vier-Felder-Chi²-Tests für die einzelnen Fragen:
Frage nach der erzielten Note: Chi² (1) = .337; p = .561; N = 96
Frage, nach der Anzahl der Personen, die schlechter abgeschnitten haben: Chi² (1) = .459; p = .498; N = 96
Frage nach der Farbe der Bildschirmoberfläche: Chi² (1) = .408; p = .523; N = 96
Frage nach der Schriftfarbe des Textes: Chi² (1) = .542; p = .461; N = 96

bei einzelnen Emotionsskalen liegen insgesamt nur von 88 der 96 befragten Probanden vollständige Wertepaare (Skalenwerte für beide Messzeitpunkte) vor. Im Ergebnis zeigt sich auf multivariater Ebene eine hoch signifikanter Effekt (p = .000) des Faktors Zeit (hoch signifikante Unterschiede zwischen den Befindlichkeitswerten zu MZP3 und MZP4) auf die abhängigen Variablen, aber kein signifikanter Interaktionseffekt (p = .400). Da kein Interaktionseffekt vorliegt, kann davon ausgegangen werden, dass die hinsichtlich der Emotionsskalen gefundenen Unterschiede zwischen den beiden Messzeitpunkten unabhängig von der Zugehörigkeit zu einer der Experimentalgruppen Gültigkeit haben. Die deskriptive Statistik (Mittelwerte und Standardabweichungen) der insgesamt 15 Emotionsskalen für die Bedingungen Erfolgs- und Misserfolgsrückmeldung zu den Messzeitpunkten 3 und 4 findet sich in Anhang XVII. Tabelle 41 zeigt die weiterführenden univariaten Vergleiche für den multivariat hoch signifikanten Effekt des Faktors Zeit:

Faktor	Abhängige Variable		Quadratsumme	df	Mittel der Quadrate	F	Signifikanz	Partielles Eta-Quadrat
ZEIT	Abneigung	Greenhouse-Geisser	.04	1.00	.04	.05	.831	.00
	Ärger	Greenhouse-Geisser	6.48	1.00	6.48	16.19	.000	.16
	Neid	Greenhouse-Geisser	.25	1.00	.25	1.50	.225	.02
	Langeweile	Greenhouse-Geisser	.10	1.00	.10	.18	.669	.00
	Angst	Greenhouse-Geisser	.18	1.00	.18	1.14	.289	.01
	Unruhe	Greenhouse-Geisser	2.59	1.00	2.59	5.74	.019	.06
	Traurigkeit	Greenhouse-Geisser	3.50	1.00	3.50	8.75	.004	.09
	Sehnsucht	Greenhouse-Geisser	.53	1.00	.53	1.96	.165	.02
	Scham	Greenhouse-Geisser	1.82	1.00	1.82	5.26	.024	.06
	Schuld	Greenhouse-Geisser	.14	1.00	.14	.96	.330	.01
	Freude	Greenhouse-Geisser	.21	1.00	.21	.32	.574	.00
	Stolz	Greenhouse-Geisser	.53	1.00	.53	.94	.335	.01
	Mitgefühl	Greenhouse-Geisser	.04	1.00	.04	.17	.681	.00
	Zuneigung	Greenhouse-Geisser	1.53	1.00	1.53	.49	.037	.05
	Überraschung	Greenhouse-Geisser	10.46	1.00	10.46	8.89	.004	.09

Tabelle 41: Ergebnisse der univariaten zweifaktoriellen Varianzanalysen für den Faktor ZEIT ($\alpha = .05$)

In Tabelle 41 zeigen sich für die Emotionen Ärger, Unruhe, Traurigkeit, Scham, Zuneigung und Überraschung signifikante Unterschiede zwischen der nach der zweiten Leistungsrückmeldung berichteten (MZP3) und der nach zwei Wochen retrospektiv eingeschätzten (MZP4) Emotionsintensität. Dabei wird die Intensität der zu MZP3 erlebten Emotionen Ärger, Traurigkeit und Scham zu MZP4 in beiden Experimentalgruppen nachträglich überschätzt und die Intensität der Emotionen Unruhe, Zuneigung und Überraschung zu MZP4 in beiden Experimentalgruppen nachträglich unterschätzt (vgl. deskriptive Statistik in Anhang XVII). Freude (und auch Stolz) zählt hingegen zu den Emotionen, deren Intensität sehr genau erinnert wird. Für die Skala Ärger ist der Unterschied zwischen den Messzeitpunkten als großer Effekt und für die übrigen fünf Emotionsskalen als mittlerer Effekt einzuordnen (vgl. partielles Eta-Quadrat). Insgesamt kann damit festgestellt werden, dass die Erinnerung der Probanden beider Bedingungen an ihre emotionale Befindlichkeit deutlich negativer ausfällt als die Einschätzung der emotionalen Befindlichkeit direkt nach der zweiten Leistungsrückmeldung: Die Intensität negativer Emotionen wie Ärger, Traurigkeit und Scham (die Emotion Unruhe stellt hier die Ausnahme dar) wird aus der Erinnerung heraus überschätzt, positive Emotionen wie Zuneigung hingegen unterschätzt.

Die Befunde zu den Forschungsfragen 2-4 lassen sich wie folgt zusammenfassen:

- Die Probanden erinnern sich insgesamt überzufällig häufig an die beiden thematisch zentralen Situationsaspekte, aber nur an einen peripheren Situationsaspekt.
- Zwischen den beiden Experimentalgruppen bestehen keine Unterschiede hinsichtlich der Güte der Erinnerung an die erfragten Situationsaspekte.
- Probanden beider Bedingungen können sich recht genau an die Intensität der nach den Leistungsrückmeldungen erlebten Freude erinnern. Der nach den Leistungsrückmeldungen erlebte Ärger jedoch wird (dies gilt auch für Traurigkeit und Scham) in der Erinnerung retrospektiv höher eingeschätzt als in der Situation selbst, sodass die emotionale Befindlichkeit insgesamt negativer erinnert wird als dies in der Situation selbst berichtet wurde.

Die berichteten Ergebnisse zu den Forschungsfragen 2 bis 4 werden im Zusammenhang mit den Ergebnissen zur Hypothesengruppe II in Kapitel 6.2. diskutiert.

6. Zusammenfassung und Diskussion der Ergebnisse

Die in Kapitel 5 dargestellten Ergebnisse werden im Folgenden noch einmal zusammengefasst und diskutiert. Sowohl die Ergebnisse zur Hypothesengruppe I als auch die zur Forschungsfrage 1 gewonnenen Befunde geben Aufschluss über die Intensität und Qualität von Freude- und Ärgerreaktionen nach Erfolgs- und Misserfolgsrückmeldungen - also über die Auswirkungen von Leistungsrückmeldungen auf die *emotionale Befindlichkeit*.

Dem gegenüber beziehen sich die Ergebnisse zur Hypothesengruppe II und zu den Forschungsfragen 2-4 auf *kognitive Folgeleistungen* im Anschluss an Erfolgs- und Misserfolgsrückmeldungen, die zu Freude- bzw. Ärgerreaktionen geführt haben: So wurden in der Hypothesengruppe II Annahmen zu Unterschieden der Experimentalgruppen in Bezug auf kurzfristig nach den Leistungsrückmeldungen zu bewältigende *Leistungen aus dem Bereich des problemlösenden Denkens* formuliert. Die Forschungsfragen 2-4 beschäftigten sich schließlich mit der Güte der langfristigen Erinnerung an unterschiedliche Aspekte der Rückmeldungssituation als *Gedächtnisleistung* zwei Wochen nach dem Experiment.

Aufgrund der genannten inhaltlichen Zusammenhänge werden in Kapitel 6.1. zunächst die Ergebnisse der Hypothesengruppe I und der Forschungsfrage 1 diskutiert. In Kapitel 6.2. folgt dann die Diskussion der Ergebnisse zur Hypothesengruppe II und zu den Forschungsfragen 2-4.

6.1. Ärger und Freude nach experimentellen Leistungsrückmeldungen

6.1.1. Hypothesengruppe I: Hypothesen 1 bis 4

Innerhalb der theoretischen Ausführungen (vgl. insbesondere Kap. 2.2.) wurde unter Rückgriff auf Theorien und Befunde zur Entstehung von Leistungsemotionen angenommen, dass Ärger und Freude zu den am häufigsten auftretenden Leistungsemotionen nach Erfolgs- und Misserfolgserlebnissen zählen. Darauf aufbauend wurden in der Hypothesengruppe I Annahmen zur Intensität von Ärger- und Freudereaktionen nach experimentellen Erfolgs- und Misserfolgsrückmeldungen formuliert (vgl. Kap. 3.1., Hypothesen 1 bis 4). Es wurde erwartet, dass sich für die Experimentalgruppen bei gleicher Ausgangsbefindlichkeit über die Messzeitpunkte (Ausgangsbefindlichkeit, Befindlichkeit nach der ersten und Befindlichkeit nach der zweiten Leistungsrückmeldung) hinweg jeweils unterschiedliche Veränderungen in der Ausprägung der Emotionen ergeben. In der Bedingung Erfolgsrückmeldung sollte sich im Vergleich zur Ausgangsbefindlichkeit nach beiden Leistungsrückmeldungen eine erhöhte Freude zeigen, während in der Bedingung Misserfolgsrückmeldung nach beiden Leistungsrückmeldungen ein im Vergleich zur Ausgangsbefindlichkeit erhöhter Ärger berichtet werden sollte (vgl. Hypothesen 1 und 2). Darüber hinaus wurde erwartet, dass sich beide Gruppen nach den Leistungsrückmeldungen jeweils hinsichtlich der Intensität der berichteten Freude und des berichteten Ärgers in der genannten Richtung signifikant unterscheiden (vgl. Hypothesen 3 und 4).

Die Annahmen der Hypothesengruppe I konnten insgesamt bestätigt werden (vgl. Kap. 5.1.1.1.). Probanden der Bedingung Erfolgsrückmeldung zeigten jeweils nach beiden Leistungsrückmeldungen eine im Vergleich zur Ausgangsbefindlichkeit signifikant erhöhte Freude (vgl. Tabellen 19 und 20), während Probanden der Bedingung Misserfolgsrückmeldung einen im Vergleich zur Ausgangsbefindlichkeit hoch signifikant erhöhten Ärger berichteten (vgl. Tabellen 21 und 22). Diese Veränderungen über die drei Messzeitpunkte hinweg können in Anlehnung an Cohen (1988) als große Effekte eingeordnet werden. Über die mit der Hypothesengruppe I erwarteten Veränderungen hinaus zeigte sich in der Bedingung Misserfolgsrückmeldung zusätzlich eine im Vergleich zur Ausgangsbefindlichkeit hoch signifikant reduzierte Freude (vgl. Tabellen 21 und 22). Die experimentellen Misserfolgsrückmeldungen gingen also nicht nur mit einem erhöhten Ärgererleben, sondern auch mit reduzierter Freude einher. Dieser Befund ist auch bei der Analyse von Leistungsunterschieden der Gruppen im Rahmen der Diskussion zur Hypothesengruppe II (vgl. Kap. 6.2.1.) zu berücksichtigen.

Über die berichteten Effekte hinaus ließen sich bezüglich der Befindlichkeitsveränderungen über die Messzeitpunkte hinweg zwei weitere diskussionswürdige Ergebnisse beobachten. Hierzu zählt zunächst die überraschende Erhöhung der Ärgerwerte in der Bedingung Erfolgsrückmeldung nach der ersten Leistungsrückmeldung. Im Anschluss an die erste Erfolgsrückmeldung erlebten die Probanden im Durchschnitt mehr Ärger als zu Beginn des Experiments - für die Ärger-Skala aus dem EMO 16 wird dieser Unterschied sogar signifikant. Obwohl der genannte Unterschied zwischen den beiden Messzeitpunkten deutlich geringer ausfällt als in der Misserfolgsbedingung, ist dieses Ergebnis erklärungsbedürftig. Aufschluss über die Ursachen der Zunahme von Ärger in der Erfolgsbedingung geben die Ergebnisse aus den qualitativen Nachbefragungen der Probanden. Die Angaben der Probanden zeigen anschaulich (vgl. Kap. 5.1.1.2.), dass nicht nur nach Misserfolgsrückmeldungen, sondern auch nach extrem positiv formulierten Leistungsrückmeldungen (die Erfolgsrückmeldung implizierte, dass nur 9% (erste Leistungsrückmeldung, MZP2) bzw. 5% (zweite Leistungsrückmeldung, MZP3) der restlichen Versuchsteilnehmer ein gleich gutes oder besseres Ergebnis erzielt hatte, zusätzlich erhielten die Probanden die Note „sehr gut") selbstbezogener Ärger über eine aus der subjektiven Sicht des jeweiligen Probanden zu schlechte Leistung erlebt wurde. So berichteten trotz der objektiv als Erfolg zu wertenden Rückmeldung insgesamt 11 Probanden zu MZP2 und noch 8 Probanden zu MZP3 Ärger über die mangelnde eigene Konzentration oder Geschwindigkeit bei der Aufgabenbewältigung. Nach der ersten Erfolgsrückmeldung traten darüber hinaus auch vier Fälle aufgabenbezogenen Ärgers (Ärger über Charakteristika der zu bewältigenden Aufgabe) und zwei Fälle sozialen Ärgers (Ärger über das Verhalten der Versuchsleiterin bei der Aufgabeninstruktion) auf. Damit kann festgehalten werden, dass leistungsbezogener Ärger – insbesondere bei Vorliegen einer hohen individuellen Leistungsnorm – auch nach Leistungsrückmeldungen auftreten kann, die nach externen Kriterien als Erfolg zu werten sind - dies allerdings nicht in derselben Häufigkeit wie nach Misserfolgsrückmeldungen.

Schließlich veranschaulicht dieses Ergebnis noch einmal sehr deutlich, wie schwierig es ist, experimentelle Bedingungen zu entwickeln, die innerhalb der Gruppen auch homogen als Erfolgs- oder Misserfolgssituation erlebt werden, sodass letztlich zwei Gruppen resultieren, die sich anhand des Freude- und

Ärgererlebens bedeutsam unterscheiden und bezüglich kognitiver Folgeleistungen aussagekräftig miteinander zu vergleichen sind.

Als erwartungsdiskrepant kann darüber hinaus auch der folgende Befund betrachtet werden: Weder der Ärger in der Misserfolgsbedingung noch die Freude in der Erfolgsbedingung nehmen nach der zweiten Leistungsrückmeldung im Vergleich zum Zeitpunkt nach der ersten Leistungsrückmeldung weiter zu, obwohl die Leistungsrückmeldungen im zweiten Durchgang jeweils noch etwas extremer formuliert waren (vgl. 4.4.2.2.). Der Verlauf der Mittelwerte auf den EMO 16-Skalen zeigt für die Skala Freude sogar einen leichten und für die Skala Ärger einen etwas deutlicheren Abfall der Werte von der ersten Leistungsrückmeldung hin zur zweiten Leistungsrückmeldung an (vgl. Abbildungen 6 und 7), wobei signifikante Unterschiede zwischen den Werten nach der zweiten Leistungsrückmeldung und zu Beginn des Versuchs jedoch bestehen bleiben (s.o). Eine Ergänzung des Hauptexperiments um eine weitere, jeweils noch extremere Leistungsrückmeldung wurde bei der Planung des Experiments ursprünglich mit dem Ziel vorgenommen, das Treatment zu verschärfen und damit die beiden Bedingungen hinsichtlich der emotionalen Befindlichkeit direkt vor der Bewältigung der kognitiven Folgeaufgaben extremer voneinander abzugrenzen (vgl. Kap. 4.3.3.). In Anbetracht der geschilderten Ergebnisse kann jedoch vermutet werden, dass die zusätzliche Leistungsrückmeldung eher zu einer Gewöhnung der Probanden an die sehr positive oder negative Leistungssituation beigetragen hat. Dies stützen auch die Ergebnisse aus den qualitativen Nachbefragungen, in denen die Probanden zu den Ursachen des nach der zweiten Leistungsrückmeldung wieder reduzierten Ärgers befragt wurden (vgl. Kap. 5.1.1.2.). Hier berichteten einige der Probanden der Bedingung Misserfolgsrückmeldung, nach dem zweiten gescheiterten Versuch einer erfolgreichen Aufgabenbewältigung in eine resignative oder gleichgültige Haltung der Aufgabe gegenüber verfallen zu sein, die den Ärger ablöste (Bsp.: *„eine gewisse Gleichgültigkeit löst den Ärger ab"*). Darüber hinaus stellten andere Probanden fest, dass die erste Misserfolgsrückmeldung ihre Erfolgserwartung bereits im Vorfeld des zweiten Durchgangs verringert hatte, sodass das zweite Misserfolgserlebnis als weniger unerwartet und ärgerlich empfunden wurde (Bsp.: *„Das erste Ergebnis war ein Schock. Das 2. war zu* *erwarten. Und ich bin mit mir zufrieden.* "). Auf der inhaltlichen Ebene deutet dies zunächst darauf hin, dass die Intensität erlebten Ärgers nach einer Misserfolgsrückmeldung davon abhängig ist, wie hoch die betroffenen Personen ihre Erfolgsaussichten bei der Aufgabenbewältigung im Voraus einschätzen. Hinsichtlich der Gestaltung des Experiments in der vorliegenden Arbeit hätte demnach zugunsten deutlicher Befindlichkeitsunterschiede der beiden Gruppen besser auf die zweite Leistungsrückmeldung verzichtet werden sollen. Diese Empfehlung sollte in Folgeexperimenten unbedingt berücksichtigt werden.

Eine Analyse der Unterschiede beider Gruppen hinsichtlich der emotionalen Befindlichkeit nach der *letzten* Leistungsrückmeldung (MZP3), also unmittelbar vor der Bewältigung der kognitiven Folgeaufgaben, ist von besonderem Interesse, weil Leistungsunterschiede beider Gruppen in Anlehnung an die theoretischen Ausführungen in Kapitel 2.5. nur erwartet werden können, wenn sich beide Gruppen zu MZP3 hinsichtlich der Ausprägung der Emotionen Ärger und Freude auch tatsächlich unterscheiden. Die diesbezügliche Auswertung ergab hoch signifikante Unterschiede beider Gruppen auf der Freude- und auf der Ärger-Skala. Bei der Betrachtung der restlichen 13 im Experiment eingesetzten EMO 16-Skalen fällt auf, dass sich beide Gruppen zusätzlich noch auf zwei weiteren Befindlichkeitsskalen unterscheiden: Probanden der Bedingung Erfolgsrückmeldung erleben nach der zweiten Leistungsrückmeldung signifikant weniger Abneigung sowie signifikant mehr Stolz als Probanden der Bedingung Misserfolgsrückmeldung. Auf allen übrigen Befindlichkeitsskalen (darunter auch Angst, Traurigkeit, Schuld und Scham) ergeben sich keine signifikanten Mittelwertunterschiede der Gruppen. Es erscheint insgesamt nicht verwunderlich, dass sich die Gruppen gerade hinsichtlich der Emotionen Freude und Stolz sowie Abneigung und Ärger unterscheiden. So wurde bereits bei der Beschreibung des Fragebogens EMO 16 (vgl. Kap. 4.2.1.2.) darauf hingewiesen, dass auch Schmitz-Atzert und Hüppe (1996) in Faktorenanalysen an Daten aus 12 unterschiedlichen Fragebogenuntersuchungen und Experimenten feststellen konnten, dass einige Emotionsskalen – dazu zählten Abneigung und Ärger und seltener auch Freude und Stolz – wiederholt hoch auf einem Faktor luden. Diese gemeinsamen Ladungen traten jedoch nicht durchgängig in allen Untersuchungen auf, sodass die Autoren zu dem Schluss kamen, dass die Kovarianzen der Skalen als situationsabhängig betrachtet werden können. Gerade für leistungsbezogene Situationen erscheint es plausibel, dass Freude und Stolz über gute Leistungsergebnisse sowie Ärger und Abneigung in Misserfolgssituationen als miteinander verwandte Emotionen betrachtet werden können. Allerdings muss bei der Diskussion der Ergebnisse zur Hypothesengruppe II (Leistungsunterschiede der Gruppen) berücksichtigt werden, dass sich die Experimentalgruppen nicht ausschließlich bezüglich der spezifischen Emotionen Ärger und Freude, sondern auch bezüglich der verwandten Emotionen Stolz und Abneigung unterscheiden.

Trotz der bedeutsamen Unterschiede der Gruppen hinsichtlich der Emotionen Ärger und Freude darf bei der späteren Interpretation der Ergebnisse zur Hypothesengruppe II ebenfalls nicht unberücksichtigt bleiben, dass die für den Zeitpunkt nach der zweiten Leistungsrückmeldung berichteten Mittelwerte auf den Emotionsskalen Ärger und Freude für sich betrachtet eher einer schwachen bis mittleren Ausprägung beider Emotionen entsprechen. Ein Mittelwert von 1.19 für den Ärger zu MZP3 in der Misserfolgsbedingung entspricht auf der sechsstufigen EMO 16-Skala einem sehr bis eher schwach ausgeprägten Ärger, ein Mittelwert von 2.44 für die Freude zu MZP3 in der Erfolgsbedingung entspricht einer eher schwach bis mittleren Ausprägung von Freude. Es ist davon auszugehen, dass nach realen Leistungsrückmeldungen im Alltag mit stärkeren emotionalen Reaktionen der Betroffenen zu rechnen ist, da Leistungsrückmeldungen in Ausbildung und Beruf in der Regel mit Konsequenzen für Aufstiegsmöglichkeiten, Gehaltsentwicklung oder den Zugang zu weiterführenden Ausbildungseinrichtungen verbunden sind. In der experimentellen Leistungssituation wurden Maßnahmen ergriffen, die das emotionale Involvement der Probanden erhöhen sollten. So wurden den Probanden die während des Experiments zu bewältigenden Aufgaben als Intelligenztestaufgaben dargestellt, die eine Prognose des zukünftigen Berufserfolgs ermöglichen sollten. Zusätzlich wurden die Leistungsrückmeldungen möglichst extrem formuliert. Dennoch ist den Probanden aber – anders als in alltäglichen Leistungssituationen – bewusst, dass das erzielte Leistungsergebnis faktisch keine weiteren Konsequenzen nach sich zieht, was die Bedeutsamkeit der Leistungsergebnisse und somit auch die resultierenden emotionalen Reaktionen reduziert. Diesbezüglich unterliegen die im Laborexperiment gewonnenen Ergebnisse zur Intensität der Freude- und Ärgerreaktionen nach Erfolgs- und Misserfolgsrückmeldungen also einer eingeschränkten externen Validität im Sinne einer eingeschränkten Übertragbarkeit auf reale Leistungssituationen.

Insgesamt kann - trotz der notwendigen kritischen Würdigung der Ergebnisse – jedoch festgehalten werden, dass nach den experimentellen Leistungsrückmeldungen die für die Gruppen erwarteten Veränderungen in der Intensität von Ärger und Freude zu beobachten sind und die Gruppen sich hinsichtlich beider Emotionen nach der letzten Leistungsrückmeldung in der erwarteten Richtung unterscheiden. Darüber hinaus zeigt sich bei einem Vergleich der Höhe der Mittelwerte aller 15 EMO 16-Skalen zum letzten Messzeitpunkt (vgl. Tabelle 23), dass Freude in der Bedingung Erfolgsrückmeldung unter den positiven Emotionen die höchste Ausprägung aufweist und Ärger und Abneigung die in der Misserfolgsbedingung unter den negativen Emotionen am höchsten ausgeprägten Emotionen darstellen. Damit sprechen die Ergebnisse tatsächlich dafür, dass in Rückmeldungssituationen besonders häufig mit Ärger und Freude reagiert wird. Es erscheint also lohnenswert, dass sich die Forschung zur Leistungsemotionalität zukünftig nicht nur der leistungsbezogenen Angst, sondern auch den Leistungsemotionen Ärger und Freude genauer widmet. Mit der Diskussion der Ergebnisse zur Qualität von Freude- und Ärgerreaktionen nach Leistungsrückmeldungen beschäftigt sich nun das folgende Kapitel. Im Mittelpunkt des Interesses steht dabei die Beschäftigung mit der Frage nach der Differenzierbarkeit unterschiedlicher leistungsbezogener Ärgerarten.

6.1.2. Hypothesengruppe I: Hypothese 5 und Forschungsfrage 1

Im theoretischen Teil dieser Arbeit (vgl. Kap. 2.2. und 2.3.) wurde aufgezeigt, dass bisherige psychologische Theorien und Taxonomien zur Leistungsemotionalität leistungsbezogenen Ärger weitgehend auf den *sozialen Ärger*, als Ärger über das Verhalten anderer Personen, die in den jeweiligen Leistungs-/Aufgabenkontext eingebunden sind, beschränken. Unter Rückgriff auf neuere Befunde aus der „Affective Educational Psychology" sowie die

Sequenztheorie emotionaler Differenzierung von Scherer (1984, 1993) und eine Klassifikation Ärger auslösender Situationen von Weber (1994) wurde die Annahme formuliert, dass neben dem sozialen Ärger weitere leistungsbezogene Ärgerarten differenziert werden können (vgl. Hypothese 5). Hierzu zählt der *aufgabenbezogene Ärger*, als Ärger über Charakteristika zu bewältigender Aufgaben oder über zur Verfügung stehende Arbeitsmittel, und vor allem der *selbstbezogene Ärger*. Selbstbezogener Ärger richtet sich hingegen auf das eigene Verhalten sowie mangelnde eigene Fähigkeiten oder Anstrengungen, die das Leistungsergebnis aus subjektiver Sicht negativ beeinflusst haben und damit gegen individuelle oder externe Leistungsnormen verstoßen.

Zur Überprüfung der Frage, ob sich durch experimentelle Leistungsrückmeldungen tatsächlich unterschiedliche Ärgerarten hervorrufen lassen, wurden die von den Probanden angefertigten freien Ärgerbeschreibungen mit Hilfe eines Kategoriensystems klassifiziert (vgl. Kap. 5.1.1.2.). Über die formulierte Hypothese 5 hinausgehend, wurde bezüglich der Emotion Freude analog verfahren. Dies ermöglichte eine zusätzliche Kontrolle bezüglich der Frage, ob die von den Probanden der Erfolgsrückmeldung berichtete Freude auch tatsächlich auf die experimentelle Leistungssituation zurückzuführen war. Zunächst sollen die Ergebnisse zur Qualität der Freudereaktionen kurz zusammengefasst werden. Da die Ergebnisse zur Qualität der Ärgerreaktionen hypothesenrelevant sind, werden diese anschließend ausführlicher diskutiert und mit den Ergebnissen zur Forschungsfrage 1 verbunden.

Über beide Bedingungen und alle Messzeitpunkte hinweg konnten insgesamt 218 Freudefälle mit Hilfe des Kategoriensystems (leistungsexterne Freude, Vorfreude, aufgaben-/tätigkeitsbezogene Freude, ergebnisbezogene Freude, nicht zuzuordnen) klassifiziert werden (vgl. Kap. 5.1.1.2.). Es zeigte sich, dass Freude nach den Erfolgsrückmeldungen in rund 80% der Fälle als ergebnisbezogene Freude auftrat. Leistungsexterne Freude kommt nach den Leistungsrückmeldungen nur noch in zwei (MZP2) bzw. drei Fällen (MZP3) vor, sodass sich also die überwiegende Mehrzahl der Freudefälle in der Erfolgsbedingung tatsächlich auch auf die experimentelle Leistungssituation bezieht. Auch in der Bedingung Misserfolgsrückmeldung berichteten die Probanden im EMO 16 Freude, dies jedoch zu den Messzeitpunkten 2 und 3 in geringerer Intensität als Probanden der Bedingung Misserfolgsrückmeldung (vgl. Kap. 5.1.1.1. und 6.1.1.). Die berichtete Freude in der Misserfolgsbedingung hat allerdings nahe liegender Weise andere Ursachen als in der Erfolgsbedingung: Nach den Leistungsrückmeldungen tritt kein einziger Fall ergebnisbezogener Freude auf – zumeist stellt sich Freude hier als leistungsexterne Freude über Alltagsgeschehnisse oder als aufgaben-/ tätigkeitsbezogene, aber ergebnisunabhängige Freude an der Aufgabenbewältigung dar. Insgesamt ist besonders auffällig, dass Freude an der Aufgabe bzw. Aufgabenbearbeitung nach Erfolgsrückmeldungen seltener auftritt als nach Misserfolgsrückmeldungen. Dieses Ergebnis erinnert an den aus der motivationspsychologischen Literatur bekannten Korrumpierungseffekt (deCharms, 1968; Lepper, Greene & Nisbett, 1973). Der Korrumpierungseffekt bezeichnet das Phänomen, dass sich bei Personen, die für die Bewältigung von Aufgaben belohnt werden (hier: positive Leistungsrückmeldung), die aus der Bewältigung der Aufgabe selbst resultierende (intrinsische) Freude reduziert.

Vorrangiges Ziel der qualitativen Nachbefragungen stellte der Nachweis der Differenzierbarkeit unterschiedlicher leistungsbezogener Ärgerarten dar. Über beide Bedingungen und alle Messzeitpunkte hinweg konnten insgesamt 124 Ärgerfälle mit Hilfe des Kategoriensystems (leistungsexterner Ärger, selbstbezogener Ärger, aufgaben-/tätigkeitsbezogener Ärger, sozialer Ärger, nicht zuzuordnen) klassifiziert werden (vgl. Kap. 5.1.1.2.). Wie oben bereits erwähnt wurde, traten nicht nur in der Bedingung Misserfolgsrückmeldung, sondern auch in der Bedingung Erfolgsrückmeldung Fälle leistungsbezogenen Ärgers auf. Nach den Erfolgsrückmeldungen wurde allerdings erwartungsgemäß wesentlich seltener Ärger berichtet. Sowohl in der Erfolgs- als auch in der Misserfolgsbedingung wurde die Mehrzahl der aufgetretenen Ärgerfälle als selbstbezogener Ärger klassifiziert. Die Antworten der Probanden zeigen (vgl. Kap. 5.1.1.2.), dass es sich hierbei um Ärger über die mangelnde Konzentration auf die Aufgabe, über Fehler aufgrund von Vergesslichkeit oder über das aus subjektiver Sicht zu langsame Auffinden von Lösungsstrategien handelte. Zum Teil gaben die Probanden wortwörtlich an, sich über sich selbst oder ihre eigene schlechte Leistung zu ärgern. Weiterhin ist auffällig, dass die Probanden beider Bedingungen im Vergleich zur Auftretenshäufigkeit selbstbezogenen Ärgers eher selten aufgabenbezogenen und sozialen Ärger erlebten.

Aus den Antworten der Probanden, die sich nach einer Erfolgsrückmeldung selbstbezogen ärgerten, wird deutlich, dass diese trotz der extrem positiv formulierten Leistungsrückmeldungen mit ihrer Leistung unzufrieden waren (Bsp.: *„der Ärger bezog sich auf meine Leistung, da ich, wenn ich mich mehr konzentriert hätte, zufriedener sein könnte"*). Dies zeigt, dass selbstbezogener Ärger auch nach der Rückmeldung sehr guter Ergebnisse auftreten kann, wenn diese den individuellen Leistungsstandards der betroffenen Person nicht genügen, also mit einer internen Leistungsnorm unvereinbar sind. Dieses Ergebnis lässt sich mit der in Kapitel 2.3.1.5. ausgeführten Emotionstheorie Scherers (1984, 1993) verbinden: Scherer geht davon aus, dass das Erleben von Ärger damit verbunden ist, dass sowohl die interne als auch die externe Normvereinbarkeit eines Ereignisses als gering eingeschätzt werden. Unter externer Normvereinbarkeit wird dabei die Vereinbarkeit des Ereignisses mit sozialen Normen, kulturellen Konventionen und Erwartungen persönlich bedeutsamer Personen verstanden. Interne Normvereinbarkeit betrifft die Vereinbarkeit mit inneren Verhaltensstandards bzw. dem Selbstkonzept. Im Falle selbstbezogenen Ärgers nach der Rückmeldung eines sehr guten Leistungsergebnisses liegt offenbar trotz gegebener externer Normvereinbarkeit des Leistungsergebnisses eine Unvereinbarkeit mit hohen persönlichen Leistungsstandards vor.

Insgesamt fällt also über beide Experimentalgruppen hinweg auf, dass eine sehr große Mehrheit aller aufgetreten Ärgerfälle als selbstbezogener Ärger einzuordnen ist. Es muss berücksichtigt werden, dass dieses Ergebnis durch die Gestaltung der Leistungsrückmeldungen im Experiment beeinflusst ist: Innerhalb des Experiments wurden den Probanden die Leistungsrückmeldungen per Computer mitgeteilt, da sich in der Vorstudie gezeigt hatte, dass die Übermittlung sehr guter bzw. mangelhafter Leistungsergebnisse durch die Versuchsleiterin bei einigen Probanden zu Zweifeln hinsichtlich der Glaubwürdigkeit der Leistungsrückmeldungen führte. Leistungsrückmeldungen im schulischen und beruflichen Kontext werden allerdings nur selten computergestützt, sondern in den meisten Fällen mündlich durch die bewertende Person kommuniziert. Daher kann davon ausgegangen werden, dass Ärger infolge von Leistungsrückmeldungen im schulischen oder beruflichen Alltag wesentlich häufiger als in dem hier durchgeführten Experiment als sozialer

Ärger über eine vermeintlich unfaire, oder unsachlich bzw. destruktiv formulierte Bewertung auftreten wird.

Trotz dieser Einschränkung hinsichtlich der externen Validität der Ergebnisse veranschaulichen diese eindrücklich, dass in Leistungssituationen neben dem sozialen Ärger auch andere Ärgerarten auftreten, die im Rahmen bisheriger psychologischer Forschung nicht systematisch berücksichtigt werden. Psychologische Ärgertheorien und Taxonomien zur Leistungsemotionalität, wie die in Kapitel 2.1.1. eingeführte Taxonomie der Leistungsemotionen von Pekrun und Frese (1992), sind um den aufgabenbezogenen und insbesondere um den selbstbezogenen Ärger zu ergänzen.

Diese Forderung wird durch die Ergebnisse zur Forschungsfrage 1 (vgl. Kap. 5.2.1.) zusätzlich unterstrichen. Hier wurde der Frage nachgegangen, inwieweit die mit der Trait-Ärger-Skala des STAXI (Schwenkmezger et al., 1992) erhobenen Werte mit den nach den Leistungsrückmeldungen in der Misserfolgsbedingung erhobenen Werten auf der Ärger-Zustandsskala des STAXI korrelieren. Die Trait-Ärger-Skala des STAXI erfasst die dispositionelle Neigung, in Ärger evozierenden Situationen mit einer Erhöhung des Zustandsärgers zu reagieren, sodass für die Probanden der Bedingung Misserfolgsrückmeldung zunächst positive Korrelationen zwischen den Trait- und State-Werten zu erwarten sind. Allerdings liegt der Konstruktion der Trait-Ärger-Skala ein Ärgerkonzept zugrunde, das Ärger in der Tradition psychologischer Ärgertheorien ausschließlich als sozialen Ärger versteht (vgl. Kap. 2.3.3.). So gehören insgesamt fünf der zehn Items der Trait-Ärger-Skala zur Subskala Ärger-Reaktion, die die Neigung erfasst, auf Kritik oder als unfair erlebte Behandlung im sozialen Kontext mit einer Erhöhung des Zustandsärgers zu reagieren. Die restlichen fünf Items bilden die Subskala Ärger-Temperament. Hier geht es um die Neigung, auch ohne eine Provokation durch andere Personen Ärger zu erleben.

Wie oben bereits dargestellt, handelte es sich bei der Mehrzahl der nach den experimentellen Misserfolgsrückmeldungen auftretenden Ärgerreaktionen allerdings um einen selbstbezogenen Ärger der Probanden, der sich *nicht* auf das Verhalten anderer Personen bezog. Dementsprechend erschien es fraglich, ob mit substantiellen Zusammenhängen der Trait- und State-Werte zu rechnen ist. Tatsächlich konnte gezeigt werden, dass für die State-Ärger-Werte zwar signifikante Korrelationen mit der Subskala Ärger-Temperament, nicht aber mit der Subskala Ärger-Reaktion (Operationalisierung sozialen Ärgers) auftraten. Daraus resultierte, dass die nach den experimentellen Leistungsrückmeldungen aufgetretenen Ärgerreaktionen insgesamt stärker mit der Subskala Ärger-Temperament als mit der Gesamtskala zum Trait-Ärger korrelierten.

Insgesamt ergaben sich damit erste Hinweise darauf, dass die Differenzierung unterschiedlicher Ärgerarten auch Implikationen für die Gestaltung und den Einsatz von Fragebogeninstrumenten zur Messung sowohl aktueller Ärgerreaktionen als auch der Ärgerneigung mit sich führt: Selbstbezogene Ärgerreaktionen können offenbar nur schlecht durch Mess-Skalen zur Ärgerdisposition prognostiziert werden, deren Konstruktion ein soziales Ärgerkonzept zugrunde liegt (Subskala Ärger-Reaktion). Es erscheint wünschenswert, diesen ersten Hinweisen mit Hilfe weiterer Studien weiter nachzugehen. Langfristig könnte daraus nicht nur eine Erweiterung und Differenzierung bestehender Ärgertheorien, sondern auch bereits existierender Instrumente zur Messung von Ärger und Ärgerdisposition resultieren.

6.2. Kognitive Leistungen nach experimentellen Leistungsrückmeldungen

6.2.1. Hypothesengruppe II: Hypothesen 6 und 7

In Kapitel 2.5. des theoretischen Abschnitts wurden erste explorative Befunde zu den kognitiven und motivationalen Korrelaten prüfungsbezogenen Ärgers (spezifische Kognitionen, Lernmotivation und kognitive Ressourcen; vgl. Hofmann, 1997) mit bereits vorliegenden Ergebnissen zu Leistungsbeeinträchtigungen unter Prüfungsangst verbunden. Auf der Grundlage der dargestellten Befunde wurde angenommen, dass Ärger nach einer Misserfolgsrückmeldung mit einer Zunahme von aufgabenirrelevanten, selbstwertbelastenden Kognitionen verbunden ist, die zu Aufmerksamkeits- und Konzentrationsdefiziten führen und so kognitive Folgeleistungen beeinträchtigen. Freude nach Erfolgsrückmeldungen sollte im Gegensatz zu

Ärger mit einer Zunahme direkt aufgabenrelevanter Gedanken verbunden sein und insbesondere die Leistung bei der Lösung kreativer Aufgaben bzw. bei der Bewältigung divergenter Denkanforderungen begünstigen (Denkstil-Hypothese, vgl. Kuhl, 1983, 2001).

Folglich wurden – unter der Prämisse, dass sich zwischen beiden Experimentalbedingungen nach der letzten Leistungsrückmeldung signifikante Unterschiede auf den eingesetzten Freude- und Ärger-Skalen in der erwarteten Richtung nachweisen lassen - für die Probanden der Bedingung Misserfolgsrückmeldung bei der Lösung sowohl der Folgeaufgabe mit konvergenten Denkanforderungen (LPS-Aufgabe) als auch der Folgeaufgabe mit divergenten Denkanforderungen (VKT-Aufgabe) durchschnittlich schlechtere Leistungen erwartet als für die Probanden der Bedingung Erfolgsrückmeldung (vgl. Kap. 3.2., Hypothesen 6 und 7). Die Auswertung der Ergebnisse zur Hypothesengruppe I hat zunächst die erwarteten *Befindlichkeitsunterschiede* bestätigt: Probanden der Bedingung Misserfolgsrückmeldung erlebten signifikant mehr Ärger und Abneigung und signifikant weniger Freude und Stolz als Probanden der Bedingung Erfolgsrückmeldung. Hierbei trat nach den Misserfolgsrückmeldungen besonders häufig selbstbezogener Ärger, nach den Erfolgsrückmeldungen besonders häufig ergebnisbezogene Freude auf.

Die in den Hypothesen 6 und 7 erwarteten *Leistungsunterschiede* ließen sich allerdings nur für die Folgeleistungen bei der konvergenten Aufgabe bestätigen: Probanden der Bedingung Erfolgsrückmeldung konnten im LPS-Subtest 4 innerhalb von acht Minuten signifikant mehr Zeilen lösen als Probanden der Bedingung Misserfolgsrückmeldung. Der gefundene Leistungsunterschied zwischen den Gruppen ist mit Cohen (1988) als Effekt mittlerer Größe einzuordnen (partielles Eta-Quadrat = .06). Hinsichtlich der Leistung bei der divergenten Aufgabe zeigten sich erwartungskonträr keine signifikanten Leistungsunterschiede beider Gruppen.

Dieses Ergebnismuster erscheint auf dem Hintergrund der bisherigen Ausführungen zunächst schwer interpretierbar. Dennoch lassen sich mit Hilfe einer Gesamtbetrachtung des experimentellen Ablaufs bzw. einer vergleichenden Betrachtung der Charakteristika der im Experiment eingesetzten Aufgaben zumindest Vermutungen darüber anstellen, warum nur bei der konvergenten Denkaufgabe, nicht aber bei der Kreativitätsaufgabe die erwarteten Leistungsunterschiede zu beobachten waren. Bei der im Experiment eingesetzten Aufgabe, nach deren Bewältigung die fingierten Leistungsrückmeldungen erfolgten, wurden den Probanden vierminütige Folgen von je 81 Symbolen über den Computerbildschirm präsentiert. In den Symbolreihen mussten die Probanden eine mehrfach wiederkehrende Serie von vier konstant aufeinander folgenden Symbolen erkennen und als Aufgabenlösung dasjenige Symbol angeben, mit dem die wiederkehrende Serie begann. Wie oben bereits erwähnt, ging es auch bei der auf die Leistungsrückmeldungen folgenden LPS-Aufgabe darum, in Buchstaben- bzw. Zahlenreihen eine Systematik in der Abfolge der Zeichen zu erkennen, um daraus ableiten zu können, welches Symbol in der Reihe nicht in die Systematik der Reihe passte. Insofern bestanden deutliche Parallelen in der Aufgabenstruktur der zu Beginn des Versuchs erfolgreich oder erfolglos bearbeiteten Aufgabe und der konvergenten Denkaufgabe. Die kreative Folgeaufgabe hob sich dagegen hinsichtlich der Anforderungsstruktur deutlich von den beiden anderen Aufgaben ab, da es hier nicht um das Auffinden einer vorgegeben Systematik, sondern um die Entwicklung möglichst vieler, ungewöhnlicher Ideen im Sinne eines kreativen Denkprozesses ging.

In diesem Zusammenhang lässt sich vermuten, dass der (zumeist als selbstbezogen erlebte) Ärger nach den Misserfolgsrückmeldungen unter Umständen mit selbstwertbelastenden Kognitionen einherging, die sich *aufgabenspezifisch*, also nur auf Folgeleistungen mit ähnlicher Anforderungsstruktur, auswirkten. Wiederholter Misserfolg bei der Bewältigung einer Aufgabe könnte hier also von einer Reduzierung der *aufgabenspezifischen Selbstwirksamkeitsüberzeugung* begleitet sein. Greif (1994, S.106/107) beschreibt aufgabenspezifische Selbstwirksamkeitsüberzeugung in Anlehnung an Banduras (1977) Konzept der *allgemeinen* Selbstwirksamkeitsüberzeugung („self-efficacy") als „Selbstvertrauen in die eigenen Fähigkeiten" in einem *spezifischen* Aufgabenkontext, das hilft, die „aufkommende aktivitätshemmende Angst in der Konfrontation mit unerwarteten Problemen" zu verringern. So konnte Greif (1994) in einer Untersuchung, in der Studierende drei unterschiedlich komplexe Textverarbeitungsaufgaben am Computer lösen mussten, tatsächlich hoch signifikante positive Korrelationen zwischen den

Einschätzungen der aufgabenspezifischen Selbstwirksamkeit nach den ersten beiden Aufgaben und der Leistung bei der dritten Aufgabe finden.

Diese Überlegungen bieten einen Ansatzpunkt zur Erklärung der in der vorliegenden Arbeit gefundenen Ergebnisse. Möglicherweise geht der nach den Misserfolgsrückmeldungen erlebte Ärger mit selbstwertbelastenden Kognitionen einher, die sich als reduzierte *aufgabenspezifische* Selbstwirksamkeitsüberzeugung beschreiben lassen und sich daher nur bei solchen Aufgaben leistungsbeeinträchtigend auswirken, die hinsichtlich ihrer Anforderungsstruktur der erfolglos bewältigten Aufgabe gleichen (hier: die LPS-Aufgabe). Für Leistungen bei Aufgaben aus einem anderen Anforderungskontext (hier: VKT-Aufgabe), die sich von der zuvor erfolglos bewältigenden Aufgabe deutlich unterscheiden, wären solche Beeinträchtigungen damit nicht zwingend zu erwarten, da das Misserfolgserlebnis die Probanden hinsichtlich der Einschätzung der eigenen Fähigkeiten in einem anderen Anforderungsbereich nicht gleichermaßen verunsichert. Greif veranschaulicht dies mit Hilfe eines Beispiels aus dem Alltag:

„Wer sich beispielsweise sicher fühlt, mit neuen Technologien erfolgreich umzugehen, muß keineswegs sicher sein, neue soziale Situationen erfolgreich meistern zu können" (Greif, 1994, S. 107).

Dieser Ansatz zur Erklärung der Befunde wird im folgenden Abschnitt der Diskussion (vgl. Kap. 6.2.2.) wieder aufgegriffen und weitergeführt. Es sei betont, dass diese Interpretation natürlich zunächst spekulativ bleibt. Es ist notwendig, in Folgeexperimenten zusätzlich Instrumente zur Messung von Selbstwirksamkeitsüberzeugungen einzusetzen, um Zusammenhänge zwischen Ärger nach Misserfolg, der Selbstwirksamkeitseinschätzung für unterschiedliche Folgeaufgaben und der Leistung bei den jeweiligen Folgeaufgaben zu untersuchen.

Darüber hinaus muss bei der Interpretation des gefundenen Leistungsunterschieds zwischen den beiden Gruppen berücksichtigt werden, dass sich beide Gruppen sowohl hinsichtlich des Erlebens *spezifischer positiver* (hier: Freude und Stolz) als auch hinsichtlich des Erlebens *spezifischer negativer*

Emotionen (hier: Ärger und Abneigung) signifikant unterscheiden. So gingen die experimentellen Misserfolgsrückmeldungen neben einer Erhöhung des Ärgers auch mit einer Reduzierung von Freude einher. Damit bleibt also zunächst offen, ob die schlechtere Leistung der Misserfolgsgruppe bei der Lösung der konvergenten Aufgabe auf eine mit der Reduzierung von Freude verbundene Abnahme direkt aufgabenrelevanter Gedanken oder aber auf den Störeinfluss der mit der Zunahme von Ärger verbundenen aufgabenirrelevanten, selbstwertbelastenden Kognitionen zurückzuführen ist. Diesbezüglich muss kritisch angemerkt werden, dass die Ergänzung des experimentellen Designs um eine Kontrollgruppe die Interpretierbarkeit der Befunde verbessert hätte. Hierzu hätte eine experimentelle Leistungssituation entwickelt werden müssen, die mit den beiden Experimentalbedingungen vergleichbar ist, aber weder zur Auslösung von Freude noch zur Auslösung von Ärger beiträgt. Für eine solche Kontrollgruppe wäre zu erwarten gewesen, dass sie insgesamt weniger Freude als die Erfolgsgruppe und weniger Ärger als die Misserfolgsgruppe erlebt. Ein Vergleich der kognitiven Leistung der Kontrollgruppe mit den beiden Experimentalgruppen hätte damit unter Umständen differenziertere Aussagen zu den leistungsbezogenen Wirkungen von Ärger und Freude ermöglicht.

An eine Kontrollgruppe ist die Anforderung zu stellen, dass sie mit den Experimentalgruppen – mit Ausnahme der emotionsauslösenden Leistungs-rückmeldungen – in allen wesentlichen Merkmalen vergleichbar ist (vgl. Schmitz-Atzert, 1996, S.54). Eine Kontrollgruppe hätte demnach ebenso wie die Experimentalgruppen den gesamten Versuchsablauf mit Ausnahme der fingierten Leistungsrückmeldungen absolvieren müssen. Es ist damit zu rechnen, dass allein die Dauer und die Anforderungen des Experiments (zweifache Bearbeitung der Computeraufgabe, wiederholte Befindlichkeitsbefragungen etc.) von der Mehrzahl der Probanden als eher belastend empfunden werden und somit auch in einer Kontrollgruppe ohne negative Leistungsrückmeldungen Ärgerreaktionen auftreten können. Dies bestätigte sich auch bei der Betrachtung der Befunde zur emotionalen Befindlichkeit in der hier realisierten Erfolgsbedingung: Sogar nach Erfolgsrückmeldungen war zunächst eine signifikante Erhöhung der Ärgerwerte von der Ausgangsbefindlichkeit hin zur ersten Leistungsrückmeldung zu beobachten (Vgl. Kap. 5.1.1.1. und 6.1.1.). In Anbetracht dessen erscheint die

Entwicklung adäquater Kontrollgruppen in Experimenten, die sich mit der Induktion *spezifischer* leistungsbezogener Emotionen befassen, als eine noch ungelöste, eigenständige und durchaus diffizile Forschungsaufgabe.

Das durch das Fehlen einer Kontrollgruppe bedingte Defizit in der Interpretierbarkeit des aufgetretenen Leistungsunterschieds ist allerdings insofern zu relativieren, als dass die im folgenden Abschnitt zu diskutierenden Befunde zu den Leistungsunterschieden Handlungs- und Lageorientierter zumindest dafür sprechen, dass Beeinträchtigungen von Folgeleistungen nach Misserfolgserlebnissen tatsächlich von der Effizienz bei der Regulation gerade *negativer* Emotionen und damit verbundener Kognitionen abhängig sind.

6.2.2. Hypothesengruppe II: Hypothesen 8 und 9

In Kapitel 2.5.2.1. wurde die Persönlichkeitsdisposition misserfolgsbezogene Handlungs-/Lageorientierung eingeführt. Misserfolgsbezogene Lageorientierung äußert sich in der Schwierigkeit, in Misserfolgssituationen auftretende perseverierende Gedanken und lähmende Gefühle zugunsten einer Aufrechterhaltung der Handlungsfähigkeit selbstgesteuert – also ohne Hilfe von außen – herabzuregulieren. Lageorientierte sind in Belastungssituationen also vorrangig mit der Reflexion und Analyse der momentanen Lage beschäftigt, wobei der negative Affekt als momentan stärkstes der psychischen Teilsysteme das Gesamtsystem dominiert. Diese Beeinträchtigung der Selbststeuerungseffizienz führt dazu, dass Lageorientierte ihre besonderen Stärken (vgl. Kap. 2.5.2.1.: insbesondere Selbstreflexionskompetenzen bzw. analytische Fähigkeiten) in Misserfolgssituationen nicht mehr so optimal einsetzen können, wie dies unter entspannten Bedingungen der Fall ist, in denen sich sogar Leistungsvorteile gegenüber Handlungsorientierten zeigen können (vgl. Kuhl und Kazén, 2003, S. 205). Handlungsorientierte sind dagegen auch nach Misserfolgen in ihrer Selbststeuerungseffizienz nicht beeinträchtigt. Aufbauend auf diese theoretischen Ausführungen wurde in den Hypothesen 8 und 9 angenommen, dass Lageorientierte nach Ärger auslösenden Misserfolgsrückmeldungen schlechtere kognitive Leistungen bei beiden Folgeaufgaben zeigen als nach Erfolgsrückmeldungen, weil der durch den wiederholten Misserfolg ausgelöste Ärger und die damit einhergehenden selbstwertbelastenden Kognitionen nicht effizient genug reguliert werden können. Die kognitiven Leistungen Handlungsorientierter sollten dagegen nach Ärger auslösenden Misserfolgsrückmeldungen im Vergleich zu Erfolgsrückmeldungen nicht beeinträchtigt sein.

Ein Vergleich der nach Median-Split gebildeten Gruppen misserfolgsbezogene Handlungs- vs. Lageorientierung zeigte zunächst (vgl. Kap. 5.1.2.), dass Probanden mit misserfolgsbezogener Lageorientierung im Vergleich zu den handlungsorientierten Probanden über das Defizit in der Selbststeuerungs*effizienz* hinaus auch eine geringere Ausprägung der Selbststeuerungs*kompetenzen* aufwiesen. Lageorientierte zeigten hier unter anderem signifikant geringere Kompetenzen zur Selbstmotivierung (Emotions- und Motivationskontrolle als Strategien, die dem mit unangenehmen Situationen verbundenen Verlust positiver Emotionen entgegenwirken) und zur Aktivierungskontrolle (Selbstaktivierung und Selbstberuhigung als Strategien zum Abbau von Anspannung und Nervosität sowie zur Herabregulierung negativer Emotionen). Darüber hinaus zeigten sich signifikant höhere Werte der Lageorientierten auf den Skalen Zielfixierung (Pflichtbewusstsein, Angst, Vorgenommenes zu vergessen) und Besorgtheit (Schwierigkeit, in unangenehmen Situationen handlungsblockierende Gedanken und Gefühle herabzuregulieren).

Insgesamt konnten die mit den Hypothesen 8 und 9 erwarteten Interaktionseffekte hinsichtlich der Leistung bei den Folgeaufgaben wiederum nur für die konvergente Aufgabe bestätigt werden: Während bei Vorliegen einer misserfolgsbezogenen Lageorientierung schlechtere Leistungen nach Misserfolg als nach Erfolg zu beobachten sind, geht misserfolgsbezogene Handlungsorientierung in beiden Bedingungen mit annähernd gleichen Leistungen einher. Die Betrachtung der Mittelwerte der vier Gruppen des 2x2-Designs für die Leistung bei der LPS-Aufgabe zeigt, dass misserfolgsbezogen Lageorientierte der Erfolgsbedingung im Vergleich zu den restlichen drei Gruppen die höchste Anzahl korrekt gelöster Zeilen aufweisen. Dieses hypothesenkonforme Ergebnismuster erscheint plausibel: Lageorientierte können ihre spezifischen analytischen Stärken (vgl. Kap. 2.5.2.1.) nach Erfolg, der mit dem Erleben von positiven Emotionen wie Freude und Stolz verbunden ist, besonders gut einsetzen und zeigen daher sogar bessere Leistungen als Handlungsorientierte unter gleichen Bedingungen. In belastenden Misserfolgssituationen, die mit dem Erleben von Ärger und unter Umständen (s.o.) mit einer reduzierten Selbstwirksamkeitsüberzeugung gerade für solche Aufgaben einhergehen, die analytische Fähigkeiten erfordern, zeigen Lageorientierte dagegen sogar geringfügig schlechtere Leistungen als Handlungsorientierte. Dies lässt sich schlüssig auf das oben beschriebene Defizit Lageorientierter in der Selbststeuerungseffizienz und –kompetenz zurückführen: Lageorientierten sollte es schwerer fallen als Handlungsorientierten, den aufgetretenen Ärger und seine kognitiven Begleiterscheinungen aus eigener Kraft herabzuregulieren, sodass vorhandene Fähigkeiten zur Aufgabenbewältigung nicht in vollem Ausmaß zur Geltung kommen.

Analog zu dem Ergebnismuster hinsichtlich der Haupteffekte der Art der Leistungsrückmeldung auf die Folgeleistungen, ließ sich für die Leistungen bei der Kreativitätsaufgabe allerdings wiederum kein signifikanter Interaktionseffekt zwischen den Faktoren Art der Leistungsrückmeldung und misserfolgsbezogene Handlungs- und Lageorientierung identifizieren (vgl. Kap. 5.1.2., Tabelle 37). Die Betrachtung der Mittelwerte der vier Gruppen zeigt sogar ein den Erwartungen genau entgegengesetztes Ergebnismuster: Lageorientierung geht hier nicht mit schlechteren, sondern sogar mit *besseren Leistungen nach Misserfolg* als nach Erfolg einher. Letztlich zeigen Lageorientierte in der Misserfolgsbedingung sogar bessere Leistungen als Handlungsorientierte. Damit treten die bei der konvergenten Aufgabe beobachtbaren Leistungsbeeinträchtigungen Lageorientierter bei der kreativen Aufgabe nicht auf. Zur Interpretation dieses erwartungskonträren Ergebnismusters lässt sich die im vorangegangenen Abschnitt angestellte Vermutung über die *aufgabenspezifische* Wirkung selbstwertbelastender Emotionen (hier: selbstbezogener Ärger) und Kognitionen nach Misserfolg wieder aufgreifen und mit weiteren Überlegungen zu typischen „Motivationslagen" Handlungs- und Lageorientierter verbinden.

So wurde oben bereits darauf hingewiesen, dass die hinsichtlich der Kreativitätsaufgabe ausbleibenden Leistungsunterschiede zwischen der Erfolgs- und der Misserfolgsbedingung unter Umständen darauf zurückzuführen sind, dass die Kreativitätsaufgabe – im Gegensatz zur konvergenten Aufgabe – eine ganz andere Anforderungsstruktur aufwies als die zu Beginn des Experiments zu bewältigende Aufgabe. Daraus wurde gefolgert, dass die Leistungen bei der konvergenten Aufgabe möglicherweise durch eine den Ärger nach Misserfolg begleitende reduzierte Selbstwirksamkeitserwartung im betreffenden Aufgabenbereich (analytische Suche nach der Systematik in einer Abfolge von Zeichen) beeinträchtigt wurden. Die Kreativitätsaufgabe, als Aufgabe aus einem anderen Anforderungsbereich, war davon jedoch nicht betroffen.

Die Anwendung dieser Erklärung auf das Befundmuster der Lageorientierten könnte zunächst auch erklären, warum Lageorientierte nach Misserfolg im Vergleich zu Lageorientierten nach Erfolg und auch im Vergleich zu Handlungsorientierten nach Misserfolg in ihrer Leistung bei der Kreativitätsaufgabe *keine schlechteren* Leistungen zeigen. Überraschend ist jedoch, dass Lageorientierte nach Misserfolg hinsichtlich der kreativen Leistung *sogar besser* abschneiden als die zwei genannten anderen Gruppen. Zur Interpretation dieses Ergebnisses ist es hilfreich, weitere Überlegungen in die Diskussion einzubeziehen, die typische „Motivationslagen" Handlungs- und Lageorientierter nach Misserfolg betreffen. Wie oben bereits erwähnt wurde, konzentrieren sich Lageorientierte nach Misserfolgserlebnissen insbesondere auf die Reflexion und Analyse des momentanen negativen Emotionszustands, ohne diesen unangenehmen Zustand aber wirklich selbstgesteuert regulieren zu können. Lageorientierte sind nach Misserfolgen also durch ihre negative Emotionalität dominiert. Handlungsorientierte hingegen zeichnen sich gerade dadurch aus, dass sie über Misserfolge und dabei auftretende Emotionen nicht lange reflektieren, sondern sich besonders schnell von der Misserfolgssituation ablösen, um rasch wieder handlungsfähig zu sein. Überträgt man diese Überlegung auf das vorliegende Experiment, könnte sich die kreative Folgeaufgabe für lageorientierte Probanden unter Umständen als Gelegenheit zur Bewältigung des negativen Emotionshaushalts (Reduzierung des Ärgers) besonders angeboten haben, weil die Erfolgserwartung hier nicht so pessimistisch ausfiel wie bei der konvergenten Aufgabe, für die die Selbstwirksamkeitseinschätzung durch den vorangegangenen Misserfolg bei einer ähnlichen Aufgabe reduziert war. Für Handlungsorientierte hingegen stellt eine Regulation des negativen Emotionszustands kein Motiv für eine besondere

Anstrengung bei der kreativen Folgeaufgabe dar, da die Emotionsregulation auch selbstgesteuert gelingt.

Ein mit diesem Interpretationsansatz vergleichbarer Befund aus der Stimmungsforschung zeigte sich in der in Kapitel 2.5.1. bereits kurz erwähnten Studie von Abele und Beckmann (vgl. Abele, 1999). Die Autoren hatten über fingierte Leistungsrückmeldungen in zwei Gruppen negative vs. positive Stimmungslagen induziert und zusätzlich bei jeweils der Hälfte der Probanden beider Bedingungen eine so genannte „selbstbezogene Motivationslage" (Probanden wurden nach den Leistungsrückmeldungen instruiert, sich zu entspannen) oder eine so genannte „aufgabenbezogene Motivationslage" (Probanden wurden nach den Leistungsrückmeldungen instruiert, sich mit dem Ziel eine bestmögliche Leistung zu erzielen, schon einmal auf die folgenden Anagrammaufgaben einzustellen) erzeugt. Interessanterweise zeigte sich, dass in der Bedingung „selbstbezogene Motivationslage" (Fokussierung auf den eigenen emotionalen Zustand durch Instruktion zur Entspannung) bei der anschließenden Bewältigung von Anagrammaufgaben bessere Leistungen in negativer Stimmung erzielt wurden als in positiver Stimmung, während sich in der Bedingung „aufgabenbezogene Motivationslage" (Fokussierung auf eine erfolgreiche Aufgabenbewältigung) Probanden in positiver Stimmung als überlegen überwiesen. Abele (1995, 1999) geht davon aus, dass solche Befunde darauf zurückzuführen sind, dass Personen mit selbstbezogener Motivationslage in negativer Stimmung versuchen, ihre Stimmung durch eine vermehrte Anstrengung bei Folgeaufgaben zu verbessern. Die obigen Ausführungen verdeutlichen, dass das Vorliegen einer „selbstbezogenen Motivationslage" nach Misserfolg bei Lageorientierten weitaus wahrscheinlicher ist als bei Handlungsorientierten.

Insgesamt sprechen die Ergebnisse zur Hypothesengruppe II also dafür, dass Ärger auslösende Misserfolgsrückmeldungen im Vergleich zu Erfolgsrückmeldungen zumindest bei solchen Aufgaben mit schlechteren Leistungen einhergehen, die der zuvor erfolglos bearbeiteten Aufgabe hinsichtlich ihrer Anforderungsstruktur gleichen. Vermutet wurde, dass der nach den Misserfolgsrückmeldungen erlebte Ärger von einer reduzierten *aufgabenspezifischen* Selbstwirksamkeitsüberzeugung begleitet war, sodass für Folgeleistungen aus einem anderen Anforderungsbereich – hier handelte es sich um die Bewältigung einer Kreativitätsaufgabe – keine systematischen Leistungsbeeinträchtigungen nach Misserfolg sichtbar wurden. Diese Interpretation bleibt jedoch zunächst spekulativ und ist unbedingt durch Folgeuntersuchungen zu erhärten, in denen auch die aufgabenspezifische Selbstwirksamkeitsüberzeugung für unterschiedliche Folgeaufgaben erfasst wird. Die Ergebnisse zur misserfolgsbezogenen Handlungs- und Lageorientierung geben schließlich einen Hinweis darauf, dass die beobachteten Leistungsbeeinträchtigungen nach Misserfolg bei der konvergenten Aufgabe insbesondere von der Fähigkeit beeinflusst sind, misserfolgsbezogene *negative* Emotionen und Kognitionen zu regulieren.

6.2.3. Forschungsfragen 2 bis 4

Leistungsrückmeldungen in Ausbildung oder Beruf können als emotional bewegende wichtige biographische Situationen betrachtet werden. In Kapitel 2.6. dieser Arbeit wurden Forschungsbefunde zum autobiographischen Gedächtnis vorgestellt und auf die langfristige Erinnerung an Informationen aus Rückmeldungssituationen übertragen. Die referierten Befunde sprachen dafür, dass emotional bewegende Ereignisse unabhängig von ihrer Qualität – also sowohl positive als auch negative Ereignisse – langfristig besser erinnert werden als neutrale Ereignisse. Dies sollte zumindest für solche Informationen gelten, die in der jeweiligen Situation von besonderer Bedeutung, also als thematisch zentral zu bezeichnen sind. Thematisch periphere, nebensächliche Informationen aus emotional bewegenden Situationen werden im Vergleich zu neutralen Situationen allerdings oft schlechter erinnert, was damit erklärt wird, dass die betroffenen Personen die zentralen Situationsaspekte nachträglich besonders gut elaborieren. Darüber hinaus zeigten sich erste Hinweise darauf, dass das emotionale Befinden – dies gilt insbesondere für negative Emotionen - in der jeweiligen Situation häufig retrospektiv überschätzt, also nicht sehr genau erinnert wird.

In dem durchgeführten Experiment bestand die Möglichkeit, die Güte der langfristigen Erinnerung an Informationen aus den fingierten Leistungsrückmeldungen durch eine Nachbefragung der Probanden zu erheben.

Fingierte Leistungsrückmeldungen im Experiment sind sicherlich mit geringeren emotionalen Reaktionen der Betroffenen verbunden als reale Leistungsrückmeldungen, dies wurde bereits bei der Diskussion der im Experiment aufgetretenen Freude- und Ärgerreaktionen der Probanden bemerkt. Immerhin handelt es sich hier aber – anders als in anderen Studien zum Langzeitgedächtnis, in denen sich die Probanden zum Teil an vorgelegtes Fotomaterial erinnern sollten (vgl. Kap. 2.6. – um die langfristige Erinnerung an eine Situation, in die die Probanden selbst involviert waren.

Insgesamt entsprachen die Ergebnisse zur langfristigen Erinnerung der Probanden an die Leistungsrückmeldungen den aus den oben genannten bisherigen Forschungsbefunden zum Langzeitgedächtnis ableitbaren Erwartungen recht gut. In Anbetracht der Tatsache, dass es sich nur um eine experimentelle Leistungsrückmeldung handelte und die Probanden sich gezielt an die Informationen aus der *zweiten* Rückmeldung im Experiment erinnern mussten (der Wortlaut der beiden Leistungsrückmeldungen war nicht identisch, vgl. Kap. 4.4.2.2.) zeigte sich insgesamt tatsächlich eine erstaunlich gute Erinnerungsleistung der Probanden. So erinnerten sich überraschend viele Probanden (überzufällige Häufigkeit richtiger Erinnerungen) noch zwei Wochen nach dem Experiment an zentrale Informationen aus der zweiten Rückmeldungssituation: 84% aller Probanden erinnern sich korrekt an die erzielte Note, 63.5% aller Probanden erinnerten sich korrekt an den Prozentsatz der Personen, die schlechter abgeschnitten hatten. Sogar einer der beiden peripheren Situationsaspekte (Bildschirmfarbe bei der Leistungsrückmeldung) wurde von insgesamt 77% der Probanden korrekt erinnert. Nur beim zweiten peripheren Situationsaspekt (Textfarbe auf dem Bildschirm bei der Leistungsrückmeldung) wich die Häufigkeit korrekter Erinnerungen mit 42.7% nicht von der Zufallswahrscheinlichkeit ab. Bezüglich dieser Erinnerungsleistungen unterschieden sich beide Experimentalgruppen nicht voneinander, sodass Erfolgs- und Misserfolgsrückmeldungen gleich gut erinnert wurden. Hinsichtlich der Erinnerung an die eigene Befindlichkeit zeigte sich darüber hinaus, dass die Intensität des Ärgers und anderer negativer Emotionen in der Rückmeldungssituation unabhängig von der Zugehörigkeit zur Experimentalbedingung zwei Wochen später deutlich überschätzt wurde, während die Intensität positiver Emotionen wie Freude und Stolz retrospektiv sehr genau erinnert wurde.

Diese Ergebnisse sprechen dafür, dass die Probanden die experimentellen Leistungsrückmeldungen durchaus ernst genommen und als bedeutsam erlebt haben. Zu vermuten ist, dass die Rückmeldungssituation von vielen Probanden nachträglich tatsächlich noch einmal reflektiert wurde, sodass es noch zwei Wochen später möglich war, sich an die zurückgemeldeten Informationen und sogar zum Teil an periphere Details zu erinnern.

Diese Hinweise beinhalten – trotz der eingeschränkten Übertragbarkeit auf reale Leistungssituationen – wichtige Implikationen für die Nutzbarkeit von Informationen aus emotional bewegenden Erfolgs- und Misserfolgssituationen. Eine langfristig gute Verfügbarkeit von erfolgs- und misserfolgsbezogenen Informationen aus Leistungsrückmeldungen kann gezielt genutzt werden, um Anregungen für das eigene Verhalten in vergleichbaren zukünftigen Leistungssituationen zu erhalten und ist insofern als überaus funktional zu betrachten. Greif (2000) weist allerdings darauf hin, dass solche Selbstreflexionsprozesse oft nur dann gelingen, wenn sie durch Coaching und Beratung von außen unterstützt werden. Gerade nach Misserfolgserlebnissen ist eine auf die Veränderung des eigenen Verhaltens abzielende Selbstreflexion oft unangenehm und wird daher vermieden, oder aber aus dem Misserfolg resultiert eine lageorientierte „Verstrickung" in die eigenen negativen Gefühle und Gedanken (s.o.: negative Emotionen werden nachträglich überschätzt), die ohne Handlungskonsequenzen bleibt. Um die Möglichkeiten, die ein verbessertes Gedächtnis für emotional bewegende Erfolgs- und Misserfolgsrückmeldungen für Lern- und Veränderungsprozesse bietet, voll ausschöpfen zu können, ist vermutlich in vielen Fällen Unterstützung von außen nötig, die für ein angemessenes Gleichgewicht zwischen Handeln und Reflexion sorgt.

7. Fazit und Ausblick

Ziel dieser Arbeit war es, mit den spezifischen Leistungsemotionen Ärger und Freude zwei in Leistungssituationen häufig auftretende Emotionen hinsichtlich ihrer Erscheinungsformen und leistungsbezogenen Wirkungen genauer zu analysieren. Als Vorbild diente dabei die intensive Forschung zu einer anderen Leistungsemotion – der Prüfungsangst.

Zu Beginn der Arbeit (vgl. Kap. 1.1.) wurden folgende Kernfragen formuliert:

- Sind Ärger und Freude tatsächlich als spezifische Emotionen zu betrachten, die nach Erfolgs- und Misserfolgsrückmeldungen besonders häufig auftreten?
- Lassen sich dabei qualitativ unterscheidbare Arten der Ärgerreaktion nach Misserfolgsrückmeldungen identifizieren?
- Wie wirkt sich das Erleben von Ärger und Freude nach Leistungsrückmeldungen auf die Bewältigung von Folgeleistungen aus?
- Gibt es Persönlichkeitsmerkmale, die die möglichen Wirkungen von Ärger und Freude auf Folgeleistungen moderieren?

Mit Hilfe eines Experiments konnten sowohl Hinweise zur Beantwortung dieser Fragen als auch konkrete Anhaltspunkte für die Gestaltung weiterführender Forschungsarbeiten erarbeitet werden:

Nach den experimentellen Erfolgsrückmeldungen war Freude unter allen erfassten postiven Emotionen die stärkste Emotion. Ärger und Abneigung waren demgegenüber nach den Misserfolgsrückmeldungen die am intensivsten erlebten negativen Emotionen. Insgesamt unterschieden sich beide Experimentalgruppen in erwarteter Richtung hinsichtlich der vier Emotionen Freude, Stolz, Ärger und Abneigung. Nach Misserfolgsrückmeldungen stellte sich der erlebte Ärger in der Mehrzahl der Fälle als selbstbezogener Ärger über das eigene Verhalten bei der Aufgabenbewältigung dar. Neben dem selbstbezogenen Ärger traten auch Fälle aufgabenbezogenen und sozialen Ärgers auf.

Diese Ergebnisse zur emotionalen Befindlichkeit nach Erfolgs- und Misserfolgsrückmeldungen weisen zunächst darauf hin, dass Ärger und Freude zu den wichtigsten spezifischen Emotionen nach Leistungsrückmeldungen zählen. Es erscheint daher lohnenswert, neben der Leistungsemotion Angst mit den Emotionen Ärger und Freude weitere spezifische Emotionen im Leistungskontext zu analysieren, den in dieser Arbeit beschrittenen Weg also durch künftige Forschungsarbeit weiter zu verfolgen. Dies gilt insbesondere für den leistungsbezogenen Ärger: Bisherige Ärgertheorien verstehen leistungsbezogenen Ärger als Ärger über das Verhalten anderer Personen. In dieser Arbeit konnte jedoch belegt werden, dass der nach den experimentellen Misserfolgsrückmeldungen auftretende Ärger zumeist als Ärger über das eigene Verhalten erlebt wird. Dies impliziert zunächst eine Bereicherung traditioneller Ärgerkonzepte um die Erscheinungsform des selbstbezogenen Ärgers. Darüber hinaus sollten auch Taxonomien zur Leistungsemotionalität, wie die eingangs dargestellte Taxonomie von Pekrun und Frese (1992, vgl. Kap. 2.1.1.) um weitere leistungsbezogene Ärgerarten – den Ärger über sich selbst bzw. über die zu bewältigende Aufgabe – ergänzt werden.

Aus dieser theoretischen Erweiterung bisheriger Ärgerkonzepte resultieren auch Folgerungen für die Gestaltung von Instrumenten zur Erfassung von Ärger und Ärgerdisposition. Die nach den Misserfolgsrückmeldungen aufgetretenen zumeist selbstbezogenen Ärgerreaktionen korrelierten nur sehr gering mit der Subskala Ärger-Reaktion (Disposition zum Erleben von Ärger nach Provokation aus dem sozialen Umfeld) des State-Trait-Ärgerausdrucks-Inventars (vgl. Schwenkmezger et al., 1992), das als derzeit einflussreichstes Instrument zur Messung der Ärgerdisposition betrachtet werden kann. Substantielle Korrelationen zeigten sich jedoch zwischen den aufgetretenen Ärgerreaktionen und der Subskala Ärger-Temperament, die sich nicht auf die Operationalisierung sozialer Ärgerreaktionen beschränkt. Dies zeigt zumindest für das durchgeführte Experiment, dass Mess-Skalen, die auf dem Hintergrund eines eng gefassten (also sozialen) Ärgerkonzepts entwickelt wurden, sich für die Vorhersage leistungsbezogener und damit auch häufig selbstbezogener Ärgerreaktionen unter Umständen nicht eignen. Eine Erweiterung von Ärgertheorien müsste damit langfristig auch Auswirkungen auf die Entwicklung von Instrumenten zur Messung von Ärger und Ärgerdisposition haben.

In der Diskussion wurde mehrfach darauf hingewiesen, dass die im experimentellen Kontext gewonnenen Ergebnisse zunächst nur eingeschränkt auf Befindlichkeitsreaktionen nach realen Leistungsrückmeldungen übertragen werden können. Wünschenswert wäre in diesem Zusammenhang eine Validierung der Ergebnisse im Feld durch Befragungen oder den Einsatz von Tagebuchmethoden nach Leistungsrückmeldungen im beruflichen Alltag. Zunächst bleibt aber zu vermuten, dass Freude- und Ärgerreaktionen nach Leistungsrückmeldungen im Feld eher stärker als schwächer ausfallen werden als im Experiment, weil die Betroffenen hier mit Konsequenzen des Erfolgs oder Misserfolgs für ihr weiteres berufliches Fortkommen sowie einem Gewinn oder Verlust von Anerkennung und Prestige im sozialen Umfeld rechnen müssen.

Über diese Ergebnisse zu den emotionalen Reaktionen hinaus, wurden in dieser Arbeit weiterhin Leistungsunterschiede zwischen Personen nach Ärger auslösenden Misserfolgsrückmeldungen und nach Freude auslösenden Erfolgsrückmeldungen gefunden. Bei der Lösung einer Folgaufgabe mit Anforderungen an das analytische Denken schnitt die Misserfolgsgruppe schlechter ab als die Erfolgsgruppe. Schlechtere Leistungen nach Misserfolg traten wesentlich deutlicher bei Personen mit einer Disposition zur Lageorientierung als bei Personen mit einer Disposition zur Handlungsorientierung (nur ganz geringfügig schlechtere Leistung nach Misserfolg) auf. Lageorientierten gelingt es schlecht, nach Misserfolg auftretende negative Emotionen und Kognitionen aus eigener Kraft zu regulieren. Dies kann als Hinweis darauf gewertet werden, dass die schlechteren Leistungen nach Misserfolg tatsächlich auf den Störeinfluss des Ärgers bzw. der mit Ärger einhergehenden Kognitionen zurückzuführen sind.

Da die erwarteten systematischen Leistungsunterschiede hinsichtlich einer kreativen Folgeaufgabe nicht gefunden werden konnten, kann vermutet werden, dass Ärger nach Misserfolg mit einer Reduzierung der aufgabenspezifischen Selbstwirksamkeitsüberzeugung einhergeht und sich so nur auf die Leistung bei solchen Aufgaben beeinträchtigend auswirkt, die der zunächst erfolglos bearbeiten Aufgabe hinsichtlich ihrer Anforderungsstruktur gleichen. Dieser Erklärungsansatz muss zunächst als spekulativ gewertet werden, liefert aber sehr konkrete Anhaltspunkte für die Gestaltung von Folgeexperimenten:

- In Folgeexperimenten sollten sowohl vor als auch nach fingierten Leistungsrückmeldungen Aufgaben unterschiedlicher Anforderungsstruktur zum Einsatz kommen. Nur durch eine Variation eingesetzter Aufgabentypen kann überprüft werden, ob sich mit der Auslösung von Ärger verbundene Misserfolgsrückmeldungen tatsächlich aufgabenspezifisch auf Folgeleistungen auswirken.

- Zusätzlich sollten Instrumente zur Messung der aufgabenspezifischen Selbstwirksamkeitsüberzeugung (vgl. Greif, 1994; Krieger, 1993) zum Einsatz kommen, um die vermuteten Zusammenhänge von misserfolgsbezogenem Ärger mit der aufgabenspezifischen Selbstwirksamkeitsüberzeugung für unterschiedliche Folgeaufgaben zu untersuchen.

- Insgesamt sollten geeignete Kontrollgruppenbedingungen entwickelt werden, damit überprüft werden kann, ob schlechtere Leistungen nach Misserfolg nicht nur im Vergleich zu Erfolgsbedingungen, die zusätzlich mit einer Zunahme von Freude verbunden sind, sondern auch im Vergleich zu einer Kontrollgruppe nachgewiesen werden können.

Schließlich wurde der Frage nachgegangen, wie gut sich die Probanden an die Informationen aus der Situation der Leistungsrückmeldung noch zwei Wochen später erinnern. Es zeigte sich eine – in Anbetracht der Tatsache, dass es sich nur um eine experimentelle Leistungssituation handelte – erstaunlich gute langfristige Erinnerung der Probanden vor allem an zentrale Informationen (Leistungsergebnis), zum Teil aber auch an periphere Details aus der Rückmeldungssituation. Auf dem Hintergrund existierender Befunde zum Langzeitgedächtnis für autobiographische Ereignisse wurde dies als Hinweis darauf gewertet, dass Informationen aus Leistungsrückmeldungen von den Probanden als sehr bedeutsam empfunden und daher nachträglich intensiv reflektiert werden. Eine langfristig gute Erinnerung an Leistungsrückmeldungen als emotional bewegende Ereignisse ist als funktional zu betrachten, wenn sie zur Ableitung von Verhaltensänderungen für die Zukunft genutzt werden kann (vgl. Greif, 2000).

Die in dieser Arbeit referierten Ergebnisse sind als erste Hinweise aufzufassen, die sich nicht uneingeschränkt auf die Auslösung sowie die leistungsbezogenen Wirkungen von Ärger und Freude nach Leistungsrückmeldungen im beruflichen und schulischen Alltag übertragen lassen. Dennoch erscheint es legitim, mit der gebotenen Vorsicht erste Überlegungen zu den praktischen Implikationen der dargestellten Ergebnisse anzustellen. Misserfolgserlebnisse und damit verbundene negative Emotionen von Mitarbeitern im beruflichen Alltag - z.B. im Rahmen von Leistungsbeurteilungen - lassen sich nicht vollständig vermeiden. Dies erscheint auch nicht funktional, weil gerade aus Misserfolgen Lernprozesse und Verhaltensänderungen abgeleitet werden können. Von zentraler Bedeutung ist aber, dass negative Emotionen nach Misserfolgen effizient reguliert werden können. Wegge (2003) spricht in diesem Zusammenhang auch von einem organisationalen „Emotionsmanagement", das neben Maßnahmen zur Förderung positiver Emotionen und zur Vermeidung negativer Emotionen auch Maßnahmen zur *effizienten Regulation* negativer Emotionen am Arbeitsplatz umfassen sollte. In Anbetracht der in dieser Arbeit gefundenen Ergebnisse kann empfohlen werden, die Vermittlung emotionsregulatorischer Kompetenzen als integralen Bestandteil von Personalentwicklungsmaßnahmen zu betrachten (vgl. dazu bereits Krone, 2003). Als eine in diesem Zusammenhang besonders geeignete Methode soll an dieser Stelle exemplarisch das individuelle Coaching von Mitarbeitern nach Misserfolgserlebnissen angeführt werden. Offermanns (2004) versteht unter Coaching eine...

„...zeitlich begrenzte, methodengeleitete, individuelle Beratung , die den oder die Beratene(n) darin unterstützt, berufliche Ziele zu erreichen" (Offermanns, 2004, S. 65).

Zu den Funktionen des Coachings zählen Offermanns und Steinhübel (2003) unter anderem die Förderung der Selbstreflexion sowie darauf aufbauend die Unterstützung eines Ausgleichs zwischen Selbstreflexion und Handeln auf Seiten des Coachees. So kann der betroffene Mitarbeiter innerhalb des Coachingprozesses auf dem Hintergrund einer mit positiven Emotionen besetzten, vertrauensvollen Beziehung zunächst mit Hilfe selbstreflexionsfördernder Methoden angeregt werden, sich mit einer negativen

Leistungsbeurteilung und den damit verbundenen Gedanken und Gefühlen auseinanderzusetzen. Hierbei sollte es zunächst darum gehen, eigene Anteile am negativen Leistungsergebnis zu erkennen und zu analysieren: Selbstbezogener Ärger muss zuerst einmal zusammen mit dem Coach „ausgehalten" werden, um daraus in Form berufsbezogener Verhaltensänderungen profitieren zu können. Besonders wichtig ist, dass anschließend wieder ein Ausgleich zwischen Selbstreflexion und Handlungsfähigkeit gefunden wird. Die hier dargestellten Ergebnisse verweisen darauf, dass hierbei interindividuelle Unterschiede zu berücksichtigen sind, die die Fähigkeit betreffen, negative Emotionen leistungsförderlich auszunutzen. Für lageorientierte Personen ist anzunehmen, dass sie im Coaching insbesondere von der Erarbeitung sehr konkreter Handlungsschritte profitieren, die ihnen die Ablösung von der Reflexionsphase erleichtern und mögliche Handlungsblockaden auflösen kann. Im Gegensatz dazu sollten handlungsorientierte Personen verstärkt zur Problemanalyse und Selbstreflexion angeregt werden, da sie eher dazu neigen, die nützliche Reflexionsphase zu Gunsten einer möglichst schnellen Wiederherstellung der Handlungsbereitschaft zu „überspringen". Insgesamt sollte dafür gesorgt werden, dass die im Coaching vermittelten Kompetenzen nach Abschluss des zeitlich begrenzten Coachingprozesses von den betroffenen Mitarbeitern in zukünftigen kritischen Leistungssituationen auch eigenständig und ohne Hilfe von außen eingesetzt werden können.

Die Ergebnisse der vorliegenden Arbeit sowie möglicher Folgearbeiten könnten also helfen, bei Personalverantwortlichen ein Bewusstsein für die Bedeutung spezifischer Emotionen im Leistungskontext zu entwickeln. Es erscheint wünschenswert, dass die Ergebnisse von Forschungsarbeiten zur Leistungsemotionalität sich langfristig auch im Sinne eines systematischen organisationalen Emotionsmanagements niederschlagen.

8. Literaturverzeichnis

Abele, A. (1995). *Stimmung und Leistung*. Göttingen: Hogrefe.

Abele, A. (1996). Zum Einfluß von positiver und negativer Stimmung auf die kognitive Leistung. In J. Möller & O. Köller (Hrsg.), *Emotion, Kognition und Schulleistung* (S. 91-111). Weinheim: PVU.

Abele, A. (1999). Motivationale Mediatoren von Emotionseinflüssen auf die Leistung: Ein vernachlässigtes Forschungsgebiet. In M. Jerusalem & R. Pekrun (Hrsg.), *Emotion, Motivation und Leistung* (S. 31-49). Göttingen: Hogrefe.

Abele, A. & Beckmann, J. (1992). *Zum Einfluß von Emotionen und Motivlagen auf die Leistung bei einer Anagrammaufgabe.* München und Erlangen: Unveröffentlichtes Manuskript.

Alpert, R. & Haber, R. N. (1960). Anxiety in academic achievement situations. *Journal of Abnormal and Social Psychology, 61,* 207-215.

Amelang, M. & Bartussek, D. (1970). Untersuchungen zur Validität einer neuen Lügenskala. *Diagnostica, 16,* 103-122.

Arnold, M. B. (1960). Emotion and personality. New York: Columbia University Press.

Arnold, M. B. (1970). Perennial problems in the field of emotion. In M.B. Arnold (Ed.), *Feelings and emotions* (pp. 169-185). New York: Academic Press.

Averill, J. R. (1980). A constructivist view of emotion. In R. Plutchik & H. Kellerman (Eds.), *Theories of Emotion* (pp. 305-340). New York: Academic Press.

Averill, J. R. (1982). *Anger and aggression. An essay on emotion. New York: Springer.*

Ax, A. F. (1953). The physiological differentiation between fear and anger in humans. *Psychosomatic Medicine, 15,* 433-442.

Bandura, A. (1977). Self-efficacy: Toward a unifying theory of behavioral change. *Psychological Review, 84,* 191-215.

Bard, P. (1929). The central representation of the sympathetic system: As indicated by certain physiological observations. *Archives of Neurology and Psychiatry, 22,* 230-246.

Bartlett, E. S. & Izard, C. E. (1972). A dimensional and discrete emotions investigation of the subjective experience of emotion. In C.E. Izard, *Patterns of emotions* (pp. 129-175). New York: Academic Press.

Benjamin, M., McKeachie, W. J., Lin, Y. G., Holinger, D. P. (1981). Test anxiety: Deficits in information processing. *Journal of Educational Psychology, 73,* 816-824.

Benninghaus, H. (1998). *Einführung in die sozialwissenschaftliche Datenanalyse.* München: Oldenbourg.

Berkowitz, L. (1962). *Aggression: A social psychological analysis.* New York: McGraw-Hill.

Beyer, H. G. (1986). *Zur Wirkung positiver und negativer Leistungsrückmeldung auf die Problemlöseleistung, die emotionale Befindlichkeit und die physiologische Aktivierung.* München: Weiss.

Birbaumer, N. & Öhman, A. (1993). *The structure of emotion.* Seattle: Hogrefe & Huber.

Bortz, J. (1993). *Statistik für Sozialwissenschaftler.* Berlin: Springer.

Bortz, J. & Döring, N. (2002). *Forschungsmethoden und Evaluation: für Human- und Sozialwissenschaftler.* Berlin: Springer.

Bowlby, J. (1973). *Mütterliche Zuwendung und geistige Gesundheit.* München: Kindler.

Brickenkamp, R. (1962). *Test d2, Aufmerksamkeits-Belastungs-Test.* Göttingen: Hogrefe.

Briner, R. B. (1999). The neglect and importance of emotion and work. *European Journal of Work and Organizational Psychology, 8,* 323-246.

Buss, A. H. (1961). *The psychology of aggression.* New York: Wiley.

Cannon, W. B. (1927). The James-Lange theory of emotions: A critical examination and an alternative theory. *American Journal of Psychology, 39,* 106-124.

Christianson, S.-Å. (1984). The relationship between induced emotional arousal and amnesia. *Scandinavian Journal of Psychology, 25,* 147-160.

Christianson, S.-Å. (1992). Remembering emotional events: Potential mechanisms. In S.Å. Christianson (Ed.), *The handbook of emotion and memory: Research and theory* (pp. 307-340). Hillsdale, NJ: Erlbaum.

Christianson, S.-Å. & Loftus, E.F. (1987). Memory for traumatic events. *Applied cognitive psychology, 1,* 225-239.

Christianson, S.-Å. & Loftus, E.F. (1990). Some characteristics of people´s traumatic memories. *Bulletin of the Psychonomic Society, 28,* 195-198.

Christianson, S.-Å. & Loftus, E.F. (1991). Remembering emotional events: The fate of detailed information. *Cognition and Emotion, 5,* 81-108.

Christianson, S.-Å. & Safer, M. A. (1996). Emotional events and emotions in autobiographical memories. In D. C. Rubin (Ed.), *Remembering our past: Studies in autobiographical memory.* Cambridge, UK: University Press.

Cohen, J. (1988). *Statistical power analysis for the behavioral sciences.* Hillsdale, NJ: Erlbaum.

Csikszentmihalyi, M. (1975). *Beyond boredom and anxiety.* San Francisco: Jossey-Bass.

Csikszentmihalyi, M. (1992). *Flow: The psychology of happiness.* London: Random House.

Culler, R. E. & Holahan, C. J. (1980). Test anxiety and academic performance: The effects of study-related behaviors. *Journal of Educational Psychology, 72,* 16-20.

Darwin, C. (1998). *The expression of the emotions in man and animals.* London: Harper Collins-Publishers. (Original erschienen 1872).

Davitz, J. R. (1969). *The language of emotion.* New York: Academic Press.

deCharms, R. (1968). Personal causation: The internal affective determinants of behavior. New York: Academic Press.

Diefendorff, J. M., Hall, R. J., Lord, R. G. & Strean, M.L. (2000). Action-State Orientation: Construct Validity of a Revised Measure and ist relationship to Work-Related Variables. *Journal of Applied Psychology, 85,* 250-263.

Diehl, J. M. & Staufenbiel, T. (2001). *Statistik mit SPSS, Version 10.0.* Eschborn: Klotz.

Dollard, J., Doob, L. W., Miller, N. E., Mowrer, O. H. & Sears, R. S. (1939). *Frustration and aggression.* New Haven, Conn.: Yale University Press.

Dörner, D. (1979). *Problemlösen als Informationsverarbeitung.* Stuttgart: Kohlhammer.

Dörner, D. & Stäudel, T. (1990). Emotion und Kognition. In K. R. Scherer (Hrsg.), *Enzyklopädie der Psychologie (C, IV, 3). Psychologie der Emotion* (S. 293-344). Göttingen: Hogrefe.

Duffy, E. (1941). An explanation of „emotional" phenomena without the use of the concept „emotion". *Journal of General Psychology, 25,* 283-293.

Duncker, K. (1935). *Zur Psychologie des produktiven Denkens.* Berlin: Springer.

Eilles-Matthiessen, C. (2000). *Die Interaktion mit dem Vorgesetzten aus Mitarbeiterperspektive: Selbstwertrelevantes Verhalten des Vorgesetzten und Emotionen des Mitarbeiters – Eine Tagebuchstudie.* Unveröffentlichte Dissertation am Fachbereich Psychologie der Johann Wolfgang Goethe-Universität in Frankfurt am Main.

Ekman, P. (1972). Universals and cultural differences in facial expressions of emotion. In J.K. Cole (Ed.), *Nebraska Symposium on Motivation, 1971* (pp. 207-283). Lincoln, NE: University of Nebraska Press.

Ekman, P. (1973). *Darwin and facial expression. A Century of research in review.* New York, NY: Academic Press.

Ekman, P. (1982). *Emotion in the human face.* Cambridge, England: Cambridge University Press.

Ekman, P. (1984). Expression and the nature of emotion. In K. R. Scherer & P. Ekman (Hrsg.), *Approaches to emotion* (pp. 319-344). Hillsdale, N.J.: Lawrence Erlbaum Associates.

Ekman, P. (1988). *Gesichtausdruck und Gefühl. 20 Jahre Forschung von Paul Ekman.* Paderborn: Jungfermann

Ekman, P. (1992). Are there basic emotions? *Psychological Review, 99,* 550-553.

Ekman, P. (1993). Facial expression and emotion. *American Psychologist, 48,* 384-392.

Ekman, P., Friesen, W. V., O'Sullivan, M., Chan, A., Diacoyanni-Tarlatzis, I., Heider, K., Krause, R., LeCompte, W. A., Pitcairn, T., Ricci-Bitti, P. E., Scherer, K. & Tomita, M. (1987). Universals and cultural differences in the judgments of facial expressions of emotions. *Journal of Personality and Social psychology, 53,* 712-717.

Ekman, P. & Friesen, W. V. (1971). Constants across cultures in the face and emotion. *Journal of Personality and Social Psychology, 58,* 342-353.

Ekman, P., Friesen, W. V., Tomkins, S. S. (1971). Facial Affect Scoring Technique: A first validity study. *Semiotika, 3,* 37-58.

Ellis, H. C. & Ashbrook, P.W. (1988). Resource allocation model of the effects of depressed mood states on memory. In K. Fiedler & J. Forgas (Eds.), *Affect, cognition and social behavior* (pp. 25-43). Toronto: Hogrefe & Huber.

Eysenck, H. J. & Rachman, S. (1965). The causes and cures of neurosis. London: Routledge & Kegan.

Fiedler, K. (1988). Emotional mood, cognitive style, and behavior regulation. In K. Fiedler & J. Forgas (Eds.). *Affect, Cognition and social behavior.* (pp. 100-119). Toronto: Hogrefe & Huber.

Frijda, N. H. (1986). *The emotions.* Cambridge: Cambridge University Press.

Frijda, N. H. (1987). Emotion, Cognitive Structure, and Action Tendency. *Cognition and Emotion, 1,* 115-143.

Frijda, N.H., Kuipers, P. & ter Schure, E. (1989). Relations among emotion, appraisal, and emotional action readiness. *Journal of Personality and Social Psychology, 57,* 212-228.

Fröhlich, S. M. & Kuhl, J. (2003). Das Selbststeuerungsinventar: Dekomponierung volitionaler Funktionen. In J. Stiensmeier-Pelster & F. Rheinberg, *Diagnostik von Motivation und Selbstkonzept* (S. 221-257). Göttingen: Hogrefe.

Funkenstein, D. H. (1955). The physiology of fear and anger. *Scientific American, 192,* 74-80.

Goschke, T. (1996). Gedächtnis und Emotion: Affektive Bedingungen des Einprägens, Erinnerns und Vergessens. In D. Albert (Hrsg.), *Enzyklopädie der Psychologie (C, II, 4). Gedächtnis* (S. 603-692).

Greif, S. (1972). *Gruppenintelligenztests – Untersuchungen am WIT, IST, LPS und AIT.* Bern: Lang.

Greif, S. (1994). Handlungstheorie und Selbsttheorie und Selbstorganisationstheorien – Kontroversen und Gemeinsamkeiten. In P. Richter & B. Bergmann (Hrsg.), *Die Handlungsregulationstheorie. Von der Praxis einer Theorie* (S. 89-114). Göttingen: Hogrefe.

Greif, S. (2000). Neuropsychologische Aspekte des selbstgesteuerten Lernens. Referat auf der 59. AEPF-Frühjahrstagung (Arbeitsgruppe für Empirische Pädagogische Forschung in Bremen (März 2000). *Forschungsberichte der Forschungsgruppe „Lernen", Nr. 5.* Universität Bremen.

Greif, S. & Kluge, A. (in Druck). Lernen in Organisationen. In H. Schuler (Hrsg.), *Enzyklopädie der Psychologie (D, III, 3). Organisationspsychologie – Grundlagen und Personalpsychologie.* Göttingen: Hogrefe.

Guilford, J.P. (1967). *The nature of human intelligence.* New York: McGraw-Hill.

Häcker, H. O. & Stapf, K. H. (Hrsg.). (2004). *Dorsch Psychologisches Wörterbuch.* Bern: Huber.

Harré, R. (1986). *The social construction of emotions.* Oxford: Basil Blackwell.

Harré, R. & Parrot, W. G. (Eds.). (1996). *The emotions. Social, cultural and biological dimensions.* London: Sage.

Heckhausen, H. (1980). *Motivation und Handeln. Lehrbuch der Motivationspsychologie.* Berlin: Springer.

Heckhausen, H. (1982). Task-Irrelevant Cognitions during an Exam. Incidence and Effects. In H. W. Krohne & L. Laux (Eds.), *Achievement, Stress, and Anxiety* (pp. 247-274). New York: McGraw-Hill.

Heider, F. (1958). *The psychology of interpersonal relations.* New York: Wiley.

Helm, J. (1954). Über den Einfluß affektiver Spannungen auf das Denkhandeln. *Zeitschrift für Psychologie, 157,* 23-105.

Helm, J. (1958). *Über die Wirkung von Erfolgsserien auf das Denkhandeln und die Leistung.* Zeitschrift für Psychologie, 162, 3-114.

Hembrée, R. (1988). Correlates, causes, effects, and treatment of test anxiety. *Review of Educational Research, 58,* 47-77.

Henry, J. P. (1986). Neuroendocrine patterns of emotional response. In R. Plutchik & H. Kellerman (Eds.), *Emotion. Theory, research, and experience* (Vol. 3, pp. 37-60). Orlando: Academic Press.

Hill, K. T. (1984). Debilitating motivation and testing: A major educational problem, possible solutions and policy applications. In P. Ames & C. Ames (Eds.), *Research on motivation in education: Student motivation* (pp. 245-274). New York: Academic Press.

Hill, K.T. & Wigfield, A. (1984). Test anxiety: A major educational problem and what can be done about it. *Elementary School Journal, 85,* 105-126.

Hodapp, V., Bongard, S., Heinrichs, A. & Oltmanns, K. (1993). Theorie und Messung der Ärgeremotion: Ein experimenteller Ansatz. In V. Hodapp & P. Schwenkmezger (Hrsg.), *Ärger und Ärgerausdruck* (S. 11-33). Bern: Huber.

Hofmann, H. (1997). *Emotionen in Lern- und Leistungssituationen: Eine idiographisch-nomothetische Tagebuchstudie an Lehramtsstudenten im Examen.* Unveröffentlichte Dissertation, Universität Regensburg.

Holzwarth, A. (1997). *Prüfungsemotionen bei Schülern: Eine explorative Interviewstudie.* Unveröffentlichte Diplomarbeit, Universität Regensburg.

Horn, W. (1962). *Leistungsprüfsystem.* Göttingen: Hogrefe.

Hussy, W. (1986). *Denkpsychologie. Ein Lehrbuch. Band 2: Schlußfolgern, Urteilen, Kreativität, Sprache, Entwicklung. Aufmerksamkeit.* Stuttgart: Kohlhammer.

Hussy. W. (1993). *Denken und Problemlösen.* Stuttgart: Kohlhammer.

Isen, A. M. (1984). Toward understanding the role of affect in cognition. In R. Wyer & T. Srull (Eds.), *Handbook of Social Cognition* (Vol. I, pp. 174-236).Hillsdale: Erlbaum.

Isen, A. M. (1987). Positive affect, cognitive processes and social behavior. *Advances in Experimental Social Psychology, 20,* 203-253.

Isen, A. M., Daubmann, K. & Nowicki, G. (1987). Positive Affect facilitates creative problem solving. *Journal of Personality and Social Psychology, 52,* 1122-1131.

Izard, C. E. (1971). *The face of emotion.* New York, NY: Appleton-Century-Crofts.

Izard, C. E. (1977). *Human emotions.* New York, NY: Plenum Press.

Izard, C. E. (1991). *The psychology of emotions.* New York: Plenum.

Jäger, A. O. (1967). *Dimensionen der Intelligenz.* Göttingen: Hogrefe.

James, W. (1890). *The principles of psychology.* New York: Holt.

Janke, W. & Debus, G. (1978). *Die Eigenschaftswörterliste EWL*. Göttingen: Hogrefe

Keenan, A. & Newton, T.J. (1985). Stressful events, stressors and psychological strains in young professional engineers. *Journal of Occupational Psychology, 6,* 151-156.

Kernberg, O.F. (1985). *Objektbeziehungen und Praxis der Psychoanalyse.* Stuttgart: Klett-Cotta.

Kernberg, O.F. (1996). Hass als zentraler Affekt der Aggression. *Zeitschrift für Psychosomatische Medizin und Psychoanalyse,* 42, 281-305.

Keuler, D. & Safer, M. A. (1993). *Memory bias in the recall of anxiety.* Manuscript: Catholic University of America, Washington, DC.

Kirchhoff, R. (1965). Zur Geschichte des Ausdrucksbegriffs. In R. Kirchhoff (Hrsg.), *Handbuch der Psychologie (Bd. 5). Ausdruckspsychologie* (S. 9-38). Göttingen: Hogrefe.

Kirkland, K. & Hollandsworth Jr., J. G. (1980). Effective test taking: Skills-acquisition versus anxiety-reduction techniques. *Journal of Consulting and Clinical psychology, 48,* 431-439.

Klages, L. (1950). *Grundlegung der Wissenschaft vom Ausdruck.* Leipzig: Barth.

Klauer, K., Siemer, M. & Stöber, J. (1991). Stimmung und Leistungsniveau bei einfachen Aufgaben. *Zeitschrift für Experimentelle und Angewandte Psychologie, 38,* 379-393.

Kleinginna, P. R. & Kleinginna, A. M. (1981). A categorized list of emotion definitions, with suggestions for a consensual definition. *Motivation and Emotion, 5,* 345-379.

Kramer, K (1995). *Erleben von Prüfungssituationen: Emotion, Kognition und Cortisolsekretion – eine explorative Analyse.* Unveröffentlichte Diplomarbeit, Universität Regensburg.

Krieger, R. (1993). *Zusammenhänge zwischen Selbstbeschreibungen und Leistungsunterschieden bei Textverarbeitungsaufgaben.* Unveröffentlichte Diplomarbeit, Universität Osnabrück.

Krone, A. (2003). Spezifische Emotionen im Leistungskontext: Freude und Ärger bei Leistungsrückmeldungen. In K. C. Hamborg & H. Holling (Hrsg.), *Innovative Personal- und Organisationsentwicklung* (S. 249-265). Göttingen: Hogrefe.

Kuhl, J. (1981). Motivational and functional helplessness: The moderating effect of action vs. state orientation. *Journal of Personality and Social Psychology*, *40*, 155-170.

Kuhl, J. (1983). Emotion, Kognition und Motivation II. Die funktionale Bedeutung der Emotionen für das problemlösende Denken und für das konkrete Handeln. *Sprache und Kognition, 4*, 228-253.

Kuhl, J. (1994a). A theory of action and state orientations. In J. Kuhl & J. Beckmann (Hrsg.), *Volition and Personality* (pp. 9-46). Toronto: Hogrefe & Huber.

Kuhl, J. (1994b). Action versus state orientation: Psychometric properties of the Action Control Scale (ACS-90). In J. Kuhl & J. Beckmann (Hrsg.), *Volition and Personality* (pp. 47-59). Toronto: Hogrefe & Huber.

Kuhl, J. (1995). Handlungs- und Lageorientierung. In W. Sarges (Hrsg.) Management-Diagnostik (S. 303-315). Göttingen: Hogrefe.

Kuhl, J. (1996). Wille und Freiheitserleben: Formen der Selbststeuerung. In J. Kuhl & H. Heckhausen (Hrsg.), *Enzyklopädie der Psychologie (C, IV, 4). Motivation, Volition und Handlung* (S. 665-765). Göttingen: Hogrefe.

Kuhl, J. (1998). Wille und Persönlichkeit: Funktionsanalyse der Selbststeuerung. *Psychologische Rundschau, 49*, 61-77.

Kuhl, J. (2000). *Kurzanweisung zum Fragebogen HAKEMP-K 2000.* Universität Osnabrück.

Kuhl, J. (2001). *Motivation und Persönlichkeit. Interaktionen psychischer Systeme.* Göttingen: Hogrefe.

Kuhl, J. & Fuhrmann, A. (1997). *Selbststeuerungs-Inventar: SSI-K (Kurzversion).* Universität Osnabrück.

Kuhl, J. & Fuhrmann, A. (1998). Decomposing self-regulation and self-control: The volitional components inventory. In J. Heckhausen & C. Dweck (Eds.), *Motivation and self-regulation across the life span* (pp. 15-49). Cambridge: Cambridge University Press.

Kuhl, J. & Kazén, M. (2003). Handlungs- und Lageorientierung: Wie lernt man seine Gefühle zu steuern? In J. Stiensmeier-Pelster & F. Rheinberg, *Diagnostik von Motivation und Selbstkonzept* (S. 201-219). Göttingen: Hogrefe.

Kuhl, J. & Weiß, M. (1994). Performance deficits following uncontrollable failure: Impaired action control or global attributions and generalized expectancy deficits? In J. Kuhl & J. Beckmann (Hrsg.), *Volition and Personality* (pp. 317-328). Toronto: Hogrefe & Huber.

Lakoff, G. & Kövecses, Z. (1987). The cognitive model of anger inherent in American English. In D. Holland & N. Quinn (Eds.), *Cultural models in language and thought* (pp. 195-221). Cambridge: Cambridge University Press.

Landis, J. R. & Koch, G. G. (1977). The measurement of observer agreement for categorial data. *Biometrics, 33,* 159-174.

Laux, L., Glanzmann, P., Schaffner, P. & Spielberger, C. D. (1981). *Das State-Trait-Angst-Inventar. Theoretische Grundlagen und Handanweisung.* Weinheim: Beltz.

Lazarus, R. S. (1982). Thoughts on the relations between emotion and cognition. *American Psychologist, 37,* 1019-1024.

Lazarus, R. S. (1984). On the primacy of cognition. *American Psychologist, 39,* 124-129.

Lazarus, R. S. (1991). *Emotion and adaption.* New York: Oxford University Press.

Lazarus, R.S. (1993). From psychological stress to the emotions: A history of changing outlooks. *Annual Review of Psychology, 44,* 1-21.

Lazarus, R. S. (1999). The cognition-emotion-debate: A bit of history. In T. Dalgleish & M. J. Power (Eds.), *Handbook of cognition and emotion* (pp. 3-19). Chichester: Wiley & Sons.

Lazarus, R. S. & Folkman, S. (1984). *Stress, appraisal, and coping.* New York: Springer.

Lazarus, R. S. & Smith, C. A. (1988). Knowledge and appraisal in the cognition-emotion relationship. *Cognition and Emotion, 2,* 281-300.

LeDoux, J. (1996). The emotional brain. The mytserious underpinnings of emotional life. New York: Simon & Schuster.

Leonhard, K. (1968). *Der menschliche Ausdruck*. Leipzig: Barth.

Lepper, M. R., Greene, D. & Nisbett, R.E. (1973). Undermining children's intrinsic interest with extrinsic rewards: A test of the overjustification hypothesis. *Journal of Personality and Social Psychology, 28*, 129-137.

Lersch, P. (1943). *Gesicht und Seele: Grundlinien einer mimischen Diagnostik.* München: Reinhardt.

Levine, M. (1971). Hypothesis Theory and nonlearning despite ideal S-R reinforcement contingencies. *Psychological Review, 78*, 130-140.

Liebert, R. M. & Morris, L. W. (1967). Cognitive and emotional components of test anxiety: A distinction and some initial data. *Psychological Reports, 20*, 975-978.

Mandler, G. (1979). *Denken und Fühlen*. Paderborn: Junfermann.

Mandler, G. & Sarason, S. B. (1952). A study of anxiety and learning. *Journal of Abnormal and Social Psychology, 47*, 166-173.

Mandler, G. & Watson, D.L. (1966). Anxiety and the interruption of behavior. In C. D. Spielberger (Hrsg.), *Anxiety and behavior* (S. 263-288). New York: Academic Press.

Marlett, N. J. & Watson, D. L. (1968). Test anxiety and immediate or delayed feedback in a test-like avoidance task. *Journal of Personality and Social Psychology, 8*, 200-203.

Mayring, P. (2003). *Qualitative Inhaltsanalyse. Grundlagen und Techniken.* Weinheim: Beltz.

McDougall, W. (1960). *An introduction to social psychology*. London: Methuen. (Original erschienen 1908).

McGaugh, J. L. (1992). Affect, Neuromodulatory Systems, and Memory Storage. In S.Å. Christianson (Ed.), *The handbook of emotion and memory: Research and theory* (pp. 245-268). Hillsdale, NJ: Erlbaum.

McGaugh, J. L. (2000). Memory – a Century of Consolidation. *Science, 287*, 248-251.

McReynolds, P. (1971). The nature and assessment of intrinsic motivation. In P. McReynolds (Hrsg.), *Advances in psychological assessment* (Vol. 2). Palo Alto: Science and Behavior Books.

Mees, U. (1985). Was meinen wir, wenn wir von Gefühlen reden? Zur psychologischen Textur von Emotionswörtern. *Sprache und Kognition, 4,* 1-20.

Mees, U. (1991). *Die Struktur der Emotionen.* Göttingen: Hogrefe.

Mees, U. (1992). *Die Psychologie des Ärgers.* Göttingen: Hogrefe.

Meichenbaum, D. (1985). *Stress inoculation training.* New York: Pergamon Press.

Meyer, W. U., Schützwohl, A. & Reisenzein, R. (1999). *Einführung in die Emotionspsychologie. Evolutionspsychologische Emotionstheorien (Bd. II).* Bern: Huber.

Mitscherlich, A., Richards, A., & Strachy, J. (Hrsg.). (1989). *Freud-Studienausgabe.* Frankfurt: Fischer.

Oatley, K. (1993). Social construction in emotion. In M. Lewis & J. Haviland (Eds.), *Handbook of emotions* (pp. 341-352). New York: Guilford Press.

Offermanns, M. (2004). *Braucht Coaching einen Coach? Eine evaluative Pilotstudie.* Stuttgart: Ibidem-Verlag.

Offermanns, M. & Steinhübel, A. (2003). Coaching als ergänzendes Instrument der Personalentwicklung. In K. C. Hamborg & H. Holling (Hrsg.), *Innovative Personal- und Organisationsentwicklung* (S. 211-235). Göttingen: Hogrefe.

Ortony, A., Clore, G.L., Collins, A. (1988). *The cognitive structure of emotions.* Cambridge: Cambridge University Press.

Otto, J. H., Euler, H. A. & Mandl, H. (Hrsg.). (2000). *Emotionspsychologie. Ein Handbuch.* Weinheim: PVU.

Panksepp, J. (1982). Toward a general psychobiological theory of emotions. The *Behavioral and Brain Science*, 5, 407-467.

Panksepp, J. (1989). The Neurobiology of Emotions: Of Animal Brains and Human Feelings. In T. Manstead & H. Wagner (Eds.), *Handbook of Social Psychophysiology* (pp. 5-26). Chichester: Wiley & Sons.

Pekrun, R. (1991). Emotionen in Lern- und Leistungssituationen. In D. Frey (Hrsg.), *Bericht über den 37. Kongreß der Deutschen Gesellschaft für Psychologie in Kiel 1990* (Vol. 2, S. 375-381).

Pekrun, R. (1992a). Kognition und Emotion in studienbezogenen Lern- und Leistungssituationen: Explorative Analysen. *Unterrichtswissenschaft, 20,* 308-324.

Pekrun, R. (1992b). *The impact of emotions on learning and achievement: Towards a theory of cognitive/motivational mediators.* Applied Psychology: An International Review, 41, 359-376.

Pekrun, R. (1998). Schüleremotionen und ihre Förderung: Ein blinder Fleck der Unterrichtsforschung. *Psychologie in Erziehung und Unterricht, 45,* 230-248.

Pekrun, R. & Frese, M. (1992). Emotions in work and achievement. In C. L. Cooper & I. T. Robertson (Eds.), *International Review of Industrial and Organizational Psychology* (Vol. 7, pp. 153-200). New York: Wiley.

Pekrun, R., Goetz, T., Titz, W. & Perry, R. P. (2002). Academic Emotions in Students' Self-Regulated Learning and Achievement: A Program of Qualitative and Quantitative Research. *Educational Psychologist, 37,* 91-105.

Pekrun, R., Hochstadt, M. & Kramer, K. (1996). Prüfungsemotionen, Lernen und Leistung. In C. Spiel, U. Kastner-Koller & P. Deimann (Hrsg.), *Motivation und Lernen aus der Perspektive lebenslanger Entwicklung* (S. 151-161). Münster: Waxmann.

Pekrun, R. & Hofmann, H. (1999). Lern- und Leistungsemotionen: Erste Befunde eines Forschungsprogramms. In M. Jerusalem & R. Pekrun (Hrsg.), *Emotion, Motivation und Leistung* (S. 247-267). Göttingen: Hogrefe.

Pekrun, R. & Jerusalem, M. (1996). Leistungsbezogenes Denken und Fühlen: Eine Übersicht zur psychologischen Forschung. In J. Möller & O. Köller (Hrsg.), *Emotionen, Kognitionen und Schulleistung* (S. 3-22). Weinheim: PVU.

Plutchik, R. (1962). *The emotions: Facts, theories and a new model.* New York, NY: Random House.

Plutchik, R. (1980). A general psychoevolutionary theory of emotion. In R. Plutchik & H. Kellerman (Eds.), *Emotion. Theory, research, and experience. Vol 1. Theories of emotion* (pp. 3-33). New York: Academic Press.

Plutchik, R. (1984). Emotions: A general psychoevolutionary theory. In K. R. Scherer & P. Ekman (Hrsg.), *Approaches to emotion* (pp. 197-219). Hillsdale, N.J.: Lawrence Erlbaum Associates.

Plutchik, R. (1994). *The psychology and biology of emotion.* New York, NY: Harper Collins College Publishers.

Rapp, A. (1997). *Lern- und Unterrichtsemotionen bei Schülern: Eine explorative Interviewstudie.* Unveröffentlichte Diplomarbeit, Universität Regensburg.

Reisenzein, R., Meyer, W. U. & Schützwohl, A. (2003). *Einführung in die Emotionspsychologie. Kognitive Emotionstheorien (Bd. III).* Bern: Huber.

Rheinberg, F. (1995). *Motivation.* Stuttgart: Kohlhammer.

Roseman, I. J. (1984). Cognitive determinants of emotion: A structural theory. In P. Shaver (Ed.), *Review of personality and social psychology* (Vol. 5, pp. 11-36). Beverly Hills: Sage.

Russell, J. A. (1980). A circumplex model of affect. *Journal of Personality and Social Psychology, 39,* 1161-1178.

Sarason, I. G. (1972). Experimental approaches to test anxiety: Attention and the uses of information. In C. D. Spielberger (Hrsg.), *Anxiety: Current trends in theory and research* (Vol. II, S. 383-403). New York: Academic Press.

Schachter, J. (1957). Pain, fear, and anger in hypertensives and normotensives. *Psychosomatic medicine, 19,* 17-29.

Schachter, J. & Singer, J. E. (1962). Cognitive, social, and physiological determinants of emotional state. *Psychological Review, 69,* 379-399.

Scherer, K. R. (1984). On the nature and function of emotion: A component process approach. In K. R. Scherer & P. Ekman (Hrsg.), *Approaches to emotion* (pp. 293-318). Hillsdale, N.J.: Lawrence Erlbaum Associates.

Scherer, K. R. (1990). Theorien und aktuelle Probleme der Emotionspsychologie. In K. R. Scherer (Hrsg.), *Enzyklopädie der Psychologie (C, IV, 3). Psychologie der Emotion* (S. 2-38). Göttingen: Hogrefe

Scherer, K. R. (1993). Studying the emotion-antecedent appraisal process: An expert system approach. *Cognition and Emotion, 7,* 325-355.

Scherer, K. R. & Wallbott, H. G. (1990). Ausdruck von Emotionen. In K. R. Scherer (Hrsg.), *Enzyklopädie der Psychologie (C, IV, 3). Psychologie der Emotion* (S. 345-422). Göttingen: Hogrefe.

Schlosberg, H. A. (1952). The description of facial expressions in terms of two dimensions. *Journal of Experimental Psychology, 44,* 229-237.

Schmitt, M., Hoser, K. & Schwenkmezger, P. (1991). Schadensverantwortlichkeit und Ärger. *Zeitschrift für Experimentelle und Angewandte Psychologie, 38,* 634-647.

Schmitz-Atzert, L. (1980). *Die verbale Kommunikation von Emotionen: Eine Bedingungsanalyse unter besonderer Berücksichtigung physiologischer Prozesse.* Unveröffentlichte Dissertation, Justus-Liebig-Universität Gießen.

Schmitz-Atzert, L. (1987). Zur umgangssprachlichen Ähnlichkeit von Emotionswörtern. *Psychologische Beiträge, 29,* 140-163.

Schmitz-Atzert, L. (1996). *Lehrbuch der Emotionspsychologie.* Stuttgart: Kohlhammer.

Schmitz-Atzert, L. & Hüppe, M. (1996). Emotionsskalen EMO 16. Ein Fragebogen zur Selbstbeschreibung des aktuellen emotionalen Gefühlszustandes. *Diagnostica, 42,* 242-267.

Schmitz-Atzert, L. & Ströhm, W. (1983). Ein Beitrag zur Taxonomie der Emotionswörter. *Psychologische Beiträge, 29,* 140-163.

Schneider, K. & Scherer, K. R. (1988). Motivation und Emotion. In K. Immelmann, K. R. Scherer, C. Vogel & P. Schmoock (Hrsg.), *Psychobiologie. Grundlagen des Verhaltens.* Stuttgart: Fischer & PVU.

Schoppe, K. (1975). *Verbaler Kreativitätstest.* Göttingen: Hogrefe.

Schwarzer, R. (1993). *Streß, Angst und Handlungsregulation.* Stuttgart: Kohlhammer.

Schwenkmezger, P. & Hodapp, V. (1993). Theorie und Messung von Ärgerausdruck. In V. Hodapp & P. Schwenkmezger (Hrsg.), *Ärger und Ärgerausdruck* (S. 35-69). Bern: Huber.

Schwenkmezger, P. & Hodapp, V. & Spielberger, C. D. (1992). *Das State-Trait-Ärgerausdrucks-Inventar STAXI.* Bern: Huber.

Seipp, B. (1991). Anxiety and academic performance: A meta-analysis of findings. *Anxiety Research, 4,* 27-41.

Seipp, B. & Schwarzer, C. (1991). Angst und Leistung – Eine Meta-Analyse empirischer Befunde. *Zeitschrift für Pädagogische Psychologie, 5,* 85-97.

Selg, H., Mees, U. & Berg, D. (1997). *Psychologie der Aggressivität.* Göttingen: Hogrefe

Smith, C. A. (1989). Dimensions of appraisal and physiological response in emotion. *Journal of Personality and Social Psychology, 56,* 339-353.

Smith, C. A. & Ellsworth, P. C. (1985). Patterns of cognitive appraisal in emotion. *Journal of Personality and Social Psychology, 48*, 813-838.

Smith, C. A. & Ellsworth, P. C. (1987). Patterns of appraisal and emotions related to taking an exam. *Journal of Personality and Social Psychology, 52*, 475-488.

Smith, C. A. & Lazarus, R. S. (1990). Emotion and adaption. In L. A. Pervin (Ed.), *Handbook of personality: Theory and research* (pp. 609-637). New York: Guilford.

Spielberger, C. D. (1966). The theory and research on anxiety. In C. D. Spielberger (Ed.), *Anxiety and behavior* (pp. 3-20). New York: Academic Press.

Spielberger, C. D. (1972). Anxiety as an emotional state. In C. D. Spielberger (Ed.), *Anxiety: Current trends in theory and research* (pp. 23-49). New York: Academic Press.

Spielberger, C. D. (1980). *Test Anxiety Inventory: Preliminary professional manual.* Palo Alto, CA: Consulting Psychologist Press.

Spielberger, C. D. (1983). *Manual for the State-Trait-Anxiety Inventory.* Palo Alto, CA: Consulting Psychologist Press.

Spielberger, C. D. (1988). *State-Trait-Anger-Expression-Inventory (STAXI). Research Edition.* Odessa, FL: Psychological Assessment Resources.

Spielberger, C. D., Anton, W. & Bedell, J. (1976). The nature and treatment of test anxiety. In M. Zuckerman & C. D. Spielberger (Eds.), *Emotion and anxiety: New concepts, methods, and applications* (pp. 317-345). Hillsdale, N.J.: Lawrence Erlbaum Associates.

Spielberger, C. D., Gorsuch, A. L. & Lushene, R. (1970). *Manual for the State-Trait-Anxiety-Inventory: STAI.* Palo Alto, CA: Consulting Psychologist Press.

Spielberger, C. D., Jacobs, G. A., Russell, S. F. & Crane, R. J. (1983). Assessment of anger: The State-Trait-Anger-Scale. In J. N. Butcher & C. D. Spielberger (Eds.), *Advances in personality assessment* (Vol. 2, pp. 159-187). Hillsdale, N.J.: Lawrence Erlbaum Associates.

Spielberger, C. D. & Vagg, P. R. (Eds.). (1995). *Test anxiety: Theory, assessment, and treatment.* Washington, DC: Taylor & Francis.

Spitz, R. (1967). The first year of life: *A psychoanalytic study of normal and deviant development of object relations.* New York: International Universities Press.

Stemmler, G. (1989). The autonomic differentiation of emotions revisited: Convergent and discriminant validation. *Psychophysiology, 26,* 617-632.

Stemmler, G. (1998). Emotionen. In F. Rösler (Hrsg.), *Enzyklopädie der Psychologie (C, I, 5). Ergebnisse und Anwendungen der Psychophysiologie* (S. 95-163). Göttingen: Hogrefe.

Stemmler, G. (2000). Emotionsspezifische physiologische Aktivität. In J. H. Otto, H. A. Euler & H. Mandl, *Emotionspsychologie. Ein Handbuch* (S. 479-490). Weinheim: PVU.

Temme, G. & Tränkle, U. (1996). Arbeitsemotionen. Ein vernachlässigter Aspekt in der Arbeitszufriedenheitsforschung. *Arbeit, 5,* 275-297.

Thurstone, L. L. (1938). *Primary mental abilities.* Chicago: Chicago University Press.

Titz, W. (2001). *Emotionen von Studierenden in Lernsituationen.* Münster: Waxmann.

Tomkins, S. S. (1962). *Affect, imagery, consciousness. Vol 1. The positive affects.* New York, NY: Springer.

Tomkins, S. S. (1963). *Affect, imagery, consciousness. Vol 2. The negative affects.* New York, NY: Springer.

Tomkins, S. S. (1982). Affect theory. In P. Ekman (Ed.), *Emotions in the human face* (pp. 318-352). Cambridge: Cambridge University Press.

Tomkins, S. S. (1991). *Affect, imagery, consciousness. Vol 3. The negative affects: Anger and fear.* New York, NY: Springer.

Traxel, W. & Heide, H. J. (1961). Dimensionen der Gefühle. *Psychologische Forschung, 26,* 179-204.

Troche, S., Rammstedt, B & Rammsayer, T. (2002). Vergleich einer Papier-Bleistift- und einer computergestützten Version des Leistungsprüfsystems (LPS). *Diagnostica, 48,* 115-120.

Van Brakel, J. (1994). Emotions: A cross-cultural perspective on forms of life. In W. M. Wentworth & J. Ryan (Eds.), *Social perspectives on emotion* (Vol. 2, pp. 179-237). Greenwich, CT: JAI Press.

Velten, E. (1968). A laboratory task for induction of mood states. *Behavior Research and Therapy, 6*, 473-482.

Wagner, U. & Born, J. (2000). Neurochemische Emotionssysteme. In J. H. Otto, H. A. Euler & H. Mandl, *Emotionspsychologie. Ein Handbuch* (S. 498-517). Weinheim: PVU.

Watson, J. B. (1930). *Behaviorism. New York: Norton.*

Weber, H. (1994). *Ärger: Psychologie einer alltäglichen Emotion.* Weinheim: Juventa.

Wegge, J. (in Druck). Emotionen in Organisationen. In H. Schuler (Hrsg.), *Enzyklopädie der Psychologie (D, III, 3). Organisationspsychologie – Grundlagen und Personalpsychologie.* Göttingen: Hogrefe.

Weiner, B. (1986). *An attributional theory of motivation and emotion.* New York: Springer

Weiner, B. (1995). Judgments of responsibility. A foundation for a theory of social conduct. New York: Guilford.

Weiner, B., Russell, D. & Lerman, D. (1979). The Cognition-Emotion Process in Achievement-Related Contexts. *Journal of Personality and Social Psychology, 37*, 1211-1220.

Weiss, H. M. & Cropanzano, R. (1996). Affective events theory: A theoretical discussion of the structure, causes and consequences of affective experiences at work. *Research in Organizational Behavior, 18*, 1-74.

Wine, J. (1971). Test anxiety and direction of attention. *Psychological Bulletin, 76*, 92-104.

Wundt, W. (1902). *Grundzüge der physiologischen Psychologie: Bd 2.* Leipzig: Wilhelm Engelmann.

Wundt, W. (1911). *Vorlesungen über die Menschen- und Tierseele.* Hamburg: Voss.

Zajonc, R. B. (1980). Feeling and thinking. *American Psychologist, 35*, 151-175.

Zajonc, R. B. (1984). On the primacy of affect. *American Psychologist, 39*, 117-123.

Zeidner, M. (1998). *Test anxiety.* New York: Plenum.

9. Anhang

Anhang I: Ärger-Zustandsskala (State-Ärger, STAXI)

Fragebogen zur Selbstbeschreibung   STAXI

Name oder Code	Datum	
Geschlecht	Alter	Jahre
Beruf		

Teil 1

Anleitung: Im folgenden Teil finden Sie eine Reihe von Feststellungen, mit denen man sich selbst beschreiben kann. Bitte lesen Sie jede Feststellung durch und wählen Sie aus den vier Antworten diejenige aus, die angibt, wie Sie sich jetzt, d.h. *in diesem Moment,* fühlen. Kreuzen Sie bitte bei jeder Feststellung die Zahl unter der von Ihnen gewählten Antwort an.
Es gibt keine richtigen oder falschen Antworten. Überlegen Sie bitte nicht lange und denken Sie daran, diejenige Antwort auszuwählen, die Ihren *augenblicklichen* Gefühlszustand am besten beschreibt.

	überhaupt nicht	ein wenig	ziemlich	sehr
1. Ich bin ungehalten	1	2	3	4
2. Ich bin wütend	1	2	3	4
3. Ich bin sauer	1	2	3	4
4. Ich bin enttäuscht	1	2	3	4
5. Ich bin zornig	1	2	3	4
6. Ich bin aufgebracht	1	2	3	4
7. Ich bin schlecht gelaunt	1	2	3	4
8. Ich könnte vor Wut in die Luft gehen	1	2	3	4
9. Ich bin ärgerlich	1	2	3	4
10. Ich könnte laut schimpfen	1	2	3	4

Anhang II: Ärger-Dispositionsskala (Trait-Ärger, STAXI)

Teil 2

Anleitung: Im folgenden Teil finden Sie eine Reihe von Feststellungen, mit denen man sich selbst beschreiben kann. Bitte lesen Sie jede Feststellung durch und wählen Sie aus den vier Antworten diejenige aus, die angibt, wie Sie sich *im allgemeinen* fühlen. Kreuzen Sie bitte bei jeder Feststellung die Zahl unter der von Ihnen gewählten Antwort an.

Es gibt keine richtigen oder falschen Antworten. Überlegen Sie bitte nicht lange und denken Sie daran, diejenige Antwort auszuwählen, die am besten beschreibt, wie Sie sich *im allgemeinen* fühlen.

	fast nie	manchmal	oft	fast immer
11. Ich werde schnell ärgerlich	1	2	3	4
12. Ich rege mich leicht auf	1	2	3	4
13. Ich bin ein Hitzkopf	1	2	3	4
14. Es macht mich zornig, wenn ich vor anderen kritisiert werde	1	2	3	4
15. Ich bin aufgebracht, wenn ich etwas gut mache und ich schlecht beurteilt werde	1	2	3	4
16. Wenn ich etwas vergeblich mache, werde ich böse	1	2	3	4
17. Ich koche innerlich, wenn ich unter Druck gesetzt werde	1	2	3	4
18. Wenn ich gereizt werde, könnte ich losschlagen	1	2	3	4
19. Wenn ich wütend werde, sage ich häßliche Dinge	1	2	3	4
20. Es ärgert mich, wenn ausgerechnet ich korrigiert werde	1	2	3	4

Anhang III: Fragebogen EMO 16

EMO 16
Vp.-Kennung:

Wie fühlen Sie sich jetzt ?

Beschreiben Sie bitte Ihren Gefühlszustand mit Hilfe der vorgegebenen Wörter. Jedes Wort steht für einen Bereich von Gefühlen. Es schließt also ähnliche Gefühle ein, für die man auch ein anderes Wort verwenden könnte.
Kreuzen Sie nun an (-- O --), wie intensiv Sie gerade jedes Gefühl erleben ! Je stärker das Gefühl ist, desto weiter rechts machen Sie das Kreuz.

	Nicht vorhanden	sehr schwach	eher schwach	mittel	eher stark	sehr stark
Abneigung	O	O	O	O	O	O
Ärger	O	O	O	O	O	O
Neid	O	O	O	O	O	O
Langeweile	O	O	O	O	O	O
Angst	O	O	O	O	O	O
Unruhe	O	O	O	O	O	O
Traurigkeit	O	O	O	O	O	O
Sehnsucht	O	O	O	O	O	O
Scham	O	O	O	O	O	O
Schuldgefühl	O	O	O	O	O	O
Freude	O	O	O	O	O	O
Stolz	O	O	O	O	O	O
Mitgefühl	O	O	O	O	O	O
Zuneigung	O	O	O	O	O	O
Überraschung	O	O	O	O	O	O

Sonstige Gefühle:

.... O -------------- O -------------- O -------------- O -------------- O -------------- O

Anhang IV: Fragebogen HAKEMP-K 2000

HAKEMP-K 2000

Fragebogen-Nr.: _____   Datum: _____

Alter: _____ Jahre   Geschlecht: [ ] w   [ ] m

> Bitte kreuzen Sie zu jeder Frage immer diejenige der beiden Antwortmöglichkeiten (a oder b) auf
> dem Antwortbogen an, die für Sie eher zutrifft.

(1)   Wenn ich weiß, daß etwas bald erledigt werden muß, dann

    a) muß ich mir oft einen Ruck eben, um den Anfang zu kriegen.
    b) fällt es mir leicht, es schnell hinter mich zu bringen.

(2)   Wenn ich vier Wochen lang an einer Sache gearbeitet habe und
        dann doch alles mißlungen ist, dann

    a) dauert es lange, bis ich mich damit abfinde.
    b) denke ich nicht mehr lange darüber nach.

(3)   Wenn mir ein neues Gerät versehentlich auf den Boden gefallen und
        nicht mehr zu reparieren ist, dann

    a) finde ich mich rasch mit der Sache ab.
    b) komme ich nicht so schnell darüber hinweg.

(4)   Wenn ich ein schwieriges Problem lösen muß, dann

    a) lege ich meist sofort los.
    b) gehen mir zuerst andere Dinge durch den Kopf, bevor ich
       mich richtig an die Aufgabe heranmache.

(5)   Wenn meine Arbeit als völlig unzureichend bezeichnet wird, dann

    a) lasse ich mich davon nicht lange beirren.
    b) bin ich zuerst wie gelähmt.

(6)   Wenn ich sehr viele wichtige Dinge zu erledigen habe, dann

    a) überlege ich oft, wo ich anfangen soll.
    b) fällt es mir leicht, einen Plan zu machen und ihn auszuführen.

(7)   Wenn ich mich verfahre (z.B. mit dem Auto, mit dem Bus usw.)
        und eine wichtige Verabredung verpasse, dann

    a) kann ich mich zuerst schlecht aufraffen, irgendetwas
       anderes anzupacken.
    b) lasse ich die Sache erst mal auf sich beruhen und wende
       mich ohne Schwierigkeiten anderen Dingen zu.

(8)   Wenn ich etwas Wichtiges, aber Unangenehmes zu erledigen habe, dann

    a) lege ich meist sofort los.
    b) kann es eine Weile dauern, bis ich mich dazu aufraffe.

(9) Wenn ich vorhabe, eine umfassende Arbeit zu erledigen, dann

    a) denke ich manchmal zu lange nach, womit ich anfangen soll.
    b) habe ich keine Probleme loszulegen.

(10) Wenn einmal sehr viele Dinge am selben Tag mißlingen, dann

    a) weiß ich manchmal nichts mit mir anzufangen.
    b) bleibe ich fast gehauso tatkräftig, als wäre nichts passiert.

(11) Wenn ich meinen ganzen Ehrgeiz daringesetzt habe, eine bestimmte
Arbeit gut zu verrichten, und es geht schief, dann

    a) kann ich die Sache auf sich beruhen lassen und mich anderen
       Dingen zuwenden.
    b) fällt es mir schwer, überhaupt noch etwas zu tun.

(12) Wenn ich unbedingt einer lästigen Pflicht nachgehen muß, dann

    a) bringe ich die Sachen ohne Schwierigkeiten hinter mich.
    b) fällt es mir schwer, damit anzufangen.

Anhang V: Fragebogen SSI-K

⇨SSI-K⇦

VP-Nr:_____   Alter:_____   Geschlecht: _____

Bitte geben Sie in folgendem Fragebogen an, inwieweit die hier aufgelisteten
Aussagen auf Ihre momentane Situation zutreffen:

	Trifft auf mich zu:			
	gar nicht	etwas	über-wiegend	ausge-sprochen
1) Meist handle ich in dem Bewußtsein, das, was ich tue, selbst zu wollen.	(1)	(2)	(3)	(4)
2) Ich kann meine Anspannung lockern, wenn sie störend wird.	(1)	(2)	(3)	(4)
3) Meine Gedanken treiben oft von der Sache weg, auf die ich mich eigentlich konzentrieren möchte.	(1)	(2)	(3)	(4)
4) Ich erlebe vieles in meinem Leben als bedrohlich.	(1)	(2)	(3)	(4)
5) Beruf bzw. Ausbildung sind zur-Zeit sehr belastend für mich.	(1)	(2)	(3)	(4)
6) Ich kann ganz gezielt an heitere Dinge denken, um lockerer voranzukommen.	(1)	(2)	(3)	(4)
7) Ich erlebe viele Konflikte zwischen unvereinbaren Ansprüchen an meine Lebensgestaltung.	(1)	(2)	(3)	(4)
8) In der letzten Zeit erlebe ich häufig Streß in meiner Beziehung.	(1)	(2)	(3)	(4)
9) Ich vergegenwärtige mir öfters am Tag, was ich noch alles tun will.	(1)	(2)	(3)	(4)
10) Meine momentanen Lebensumstände sind schon recht hart.	(1)	(2)	(3)	(4)
11) Nach unangenehmen Erlebnissen kann ich Gedanken nicht los werden, die mir die Energie nehmen.	(1)	(2)	(3)	(4)

	Trifft auf mich zu:			
	gar nicht	etwas	über-wiegend	ausge-sprochen
12) Wenn etwas getan werden muß, beginne ich damit, ohne zu zögern.	(1)	(2)	(3)	(4)
13) Ich kann meine Fähigkeiten und Interessen gut entfalten.	(1)	(2)	(3)	(4)
14) Ich kann es schaffen, einer anfangs unangenehmen Tätigkeit zunehmend angenehme Seiten abzugewinnen.	(1)	(2)	(3)	(4)
15) Ich schiebe viele Dinge vor mir her.	(1)	(2)	(3)	(4)
16) Es passiert mir öfters, daß ich ein plötzliches Verlangen nicht aufschieben kann.	(1)	(2)	(3)	(4)
17) Nach einem Mißerfolg muß ich lange darüber nachdenken, wie es dazu kommen konnte, bevor ich mich auf etwas anderes konzentrieren kann.	(1)	(2)	(3)	(4)
18) Unangenehmes erledige ich oft erst in letzter Minute.	(1)	(2)	(3)	(4)
19) Ich habe viele unerreichte Ideale.	(1)	(2)	(3)	(4)
20) Um mich zu motivieren, stelle ich mir oft vor, was passiert, wenn ich eine Sache nicht rechtzeitig erledige.	(1)	(2)	(3)	(4)
21) Ich muß mit viel Unsicherheit leben.	(1)	(2)	(3)	(4)
22) Auch wenn Probleme auftauchen, bin ich mir meist sicher, daß es irgendwie klappt.	(1)	(2)	(3)	(4)
23) Die meisten Dinge, die ich mir vornehme, setze ich auch um.	(1)	(2)	(3)	(4)
24) Ich fühle mich in der letzten Zeit nicht richtig wohl unter Menschen.	(1)	(2)	(3)	(4)
25) Wenn eine Aufgabe erledigt werden muß, packe ich sie am liebsten sofort an.	(1)	(2)	(3)	(4)
26) Ich habe mehr Belastungen zu ertragen als die meisten anderen Leute.	(1)	(2)	(3)	(4)

	Trifft auf mich zu:			
	gar nicht	etwas	über- wiegend	ausge- sprochen
27) Ich setze mich oft selbst unter Druck.	(1)	(2)	(3)	(4)
28) In meinem Leben hat sich vieles verändert, mit dem ich klar kommen muß.	(1)	(2)	(3)	(4)
29) Ich muß mit einer Menge Schwierigkeiten fertig werden.	(1)	(2)	(3)	(4)
30) Dinge, die ich noch nicht erledigt habe, mache ich mir immer wieder bewußt.	(1)	(2)	(3)	(4)
31) Oft stelle ich mir vor, was wohl andere denken, wenn ich etwas nicht machen würde, das von mir erwartet wird.	(1)	(2)	(3)	(4)
32) Ich kann meine Stimmung so verändern, daß mir dann alles leichter von der Hand geht.	(1)	(2)	(3)	(4)
33) Oft warte ich mit der Erledigung einer Aufgabe, bis andere ungeduldig werden.	(1)	(2)	(3)	(4)
34) Oft komme ich erst dadurch in Gang, daß ich mir vorstelle, wie schlecht ich mich fühle, wenn ich eine Sache nicht tue.	(1)	(2)	(3)	(4)
35) Ich erreiche meine beste Form erst dann, wenn Schwierigkeiten auftauchen.	(1)	(2)	(3)	(4)
36) Ich fühle mich oft ziemlich lustlos.	(1)	(2)	(3)	(4)
37) Wenn etwas Schlimmes passiert ist, dauert es sehr lange, bis ich mich auf etwas anderes konzentrieren kann.	(1)	(2)	(3)	(4)
38) Ich bin in einer recht entspannten Lebensphase.	(1)	(2)	(3)	(4)
39) Ich gehe oft ziemlich streng mit mir um.	(1)	(2)	(3)	(4)
40) Auch in schwierigen Situationen vertraue ich darauf, daß ich die Probleme irgendwie bewältigen werde.	(1)	(2)	(3)	(4)
41) Wenn eine Sache langweilig wird, weiß ich meist, wie ich wieder Spaß daran finden kann.	(1)	(2)	(3)	(4)

	Trifft auf mich zu:			
	gar nicht	etwas	überwiegend	ausgesprochen
42) Ich habe oft zu wenig Energie.	(1)	(2)	(3)	(4)
43) Sobald Hindernisse auftauchen, spüre ich, wie ich aktiver werde.	(1)	(2)	(3)	(4)
44) Ich habe mehr Leidvolles zu ertragen als andere Menschen.	(1)	(2)	(3)	(4)
45) Wenn ich ein Ziel nicht erreiche, verliere ich oft jeden Schwung.	(1)	(2)	(3)	(4)
46) Ich bin zur Zeit mit vielen Schwierigkeiten in meinem Leben konfrontiert.	(1)	(2)	(3)	(4)
47) Oft muß ich an Dinge denken, die mit dem, was ich gerade tue, gar nichts zu tun haben.	(1)	(2)	(3)	(4)
48) Ich kann mich auch in einem Zustand starker innerer Anspannung schnell wieder entspannen.	(1)	(2)	(3)	(4)
49) Ich habe einige schmerzliche Erlebnisse zu verkraften.	(1)	(2)	(3)	(4)
50) Ich muß mit großen Veränderungen in meinem Leben fertig werden.	(1)	(2)	(3)	(4)
51) Ich hatte in der letzten Zeit eine Menge Ärger.	(1)	(2)	(3)	(4)
52) Bei meinen Handlungen spüre ich meist, daß ich es bin, der so handeln will.	(1)	(2)	(3)	(4)
53) Wenn eine Versuchung auftaucht, fühle ich mich oft wehrlos.	(1)	(2)	(3)	(4)
54) Ich muß mich auf eine ganz neue Situation in meinem Leben einstellen.	(1)	(2)	(3)	(4)
55) Ich befürchte oft, daß ich die Sympathie anderer verliere, wenn ich nicht tue, was sie von mir erwarten.	(1)	(2)	(3)	(4)
56) Ich schiebe unangenehme Dinge oft auf.	(1)	(2)	(3)	(4)

Anhang VI: LPS-Aufgabe

Aufgabeninstruktion

Die folgende Aufgabe besteht aus 40 Zeilen, die jeweils neun Zeichen enthalten. In jeder Zeile ist ein „Druckfehler" enthalten, der nicht in die Gesetzmäßigkeit der Zeile passt. Die Druckfehler sollen hierbei entdeckt und dann durchgestrichen werden.

Bsp.:	a b a b a b a a a
Lösung:	Das vorletzte Zeichen bricht die Gesetzmäßigkeit der Zeile und ist durchzustreichen.

Tipp:

Es ist auf die Unterschiede zwischen den einzelnen Zahlen/Buchstaben zu achten, dann fällt einem am ehesten ein, was in eine Zeile nicht hineinpasst.

Zum Ende hin werden die Aufgaben zunehmend komplizierter.
Zur Aufgabenbewältigung stehen insgesamt **8 Minuten** zur Verfügung.

2	2	2	2	3	2	2	2
a	b	a	b	a	b	a	a
v	o	v	o	v	o	v	a	o
3	4	5	6	7	8	8	10	11
12	11	10	9	9	7	9	5	4
a	b	a	b	a	b	a	b	b
1	2	1	2	1	1	1	2	1
bb	b	bb	b	bb	b	bb	b	b
a	B	a	B	a	B	a	b	a
1	2	3	1	2	3	2	2	3
4	6	8	10	11	14	16	18	20
o	v	v	o	v	v	o	o	v
10	4	20	4	30	4	40	5	50
a	b	c	a	b	c	d	b	c
r	s	t	u	v	W	x	y	z
10	9	8	6	5	5	4	3	2
19	17	14	13	11	9	7	6	3
b	c	d	E	f	g	h	i	j
a	B	c	D	e	F	G	H	i
2	3	6	9	12	15	18	21	24
a	a	aa	a	aa	a	aa	a	aa
i	h	G	f	e	d	c	b	a
a	bb	c	d	e	ff	g	hh	i
c	b	d	c	b	a	c	b	a
a	c	a	d	a	e	a	f	g
A	b	C	d	E	f	G	H	I
1	3	4	5	6	7	8	9	10
2	5	3	4	4	3	5	2	1
b	d	f	g	j	l	n	p	r
1	2	3	4	5	6	3	2	1
b	6	5	c	4	5	d	2	1
g	aa	h	bb	g	cc	f	dd	e
a	4	c	3	d	2	e	1	f
Q	o	M	j	I	g	E	c	A
bb	j	cc	k	dd	h	ee	g	ff
a	cc	e	gg	h	kk	m	oo	q
1	1	2	4	3	9	4	16	6
d	b	h	f	i	j	p	n	s
a	b	c	b	d	b	e	b	f
c	b	f	e	i	h	j	k	o
1	2	2	3	3	4	5	5	6
a	A	b	C	d	E	g	G	h

Anhang VII: VKT-Aufgabe

„Ungewöhnliche Verwendungsarten"

Zu einem alltäglichen Gegenstand, der Ihnen genannt wird, sollen Sie sich möglichst viele *ungewöhnliche* Verwendungsarten einfallen lassen.

Falsch: Schreiben Sie nicht auf, was man normalerweise damit tut. Notieren Sie auch nicht, was ein praktischer Mensch damit alles anfangen würde. Solche Antworten werden nicht bewertet.

Richtig: Denken Sie vielmehr an ganz neue, ungewöhnliche, originelle Verwendungsarten, die zumindest im Prinzip möglich sein müssen. Sie sollen dabei keine Hemmungen haben und alle Einfälle aufschreiben.

Verzichten Sie auf Begründungen und umständliche Erklärungen. Schreiben Sie Ihre Einfälle im Telegrammstil einzeilig untereinander auf.

Haben Sie noch Fragen?

Testzeit für die linke Spalte: 120 Sekunden

Testzeit für die rechte Spalte: 120 Sekunden

Warten Sie bitte auf das Zeichen

zum Umblättern und Testbeginn!

-7-
U V

	leere Konservendose	einfache Schnur
1		
2		
3		
4		
5		
6		
7		
8		
9		
10		
11		
12		
13		
14		
15		
16		
17		
18		
19		
20		
21		
22		
23		
24		
25		
Summe der UV:		
Gesamt-Summe:		

Anhang VIII: Aufgabeninstruktion (Computer-Aufgabe)

Aufgabeninstruktion

Sie werden im Folgenden 5 Aufgaben erhalten. Bei jeder Aufgabe wird auf dem Bildschirm jeweils etwa 4 Minuten lang eine Reihe von Symbolen ablaufen. Innerhalb der Symbolreihe verbirgt sich eine mehrfach wiederkehrende Serie von 4 konstant aufeinanderfolgenden Symbolen.

Ihre Aufgabe besteht darin, **dasjenige Symbol herauszufinden, mit dem die wiederkehrende Viererserie beginnt.**

Bei den Symbolen handelt es sich um eingerahmte Buchstaben,
Hier zwei Beispielsymbole:

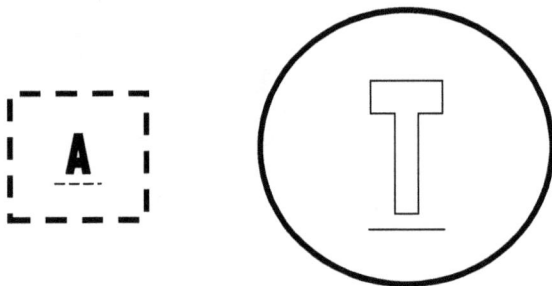

Die Symbole unterscheiden sich nach 6 Merkmalen:

- Der Buchstabe ist ein **T** oder ein **A**.
- Der Buchstabe ist **klein** oder **groß**.
- Der Buchstabe ist **weiß** oder **schwarz**.
- Der Buchstabe wird von einem Kreis oder einem Quadrat umrandet.
- Die Umrandung des Buchstabens ist **durchgehend** oder **gestrichelt**.
- Der Strich unter dem Buchstaben ist **durchgehend** oder **gestrichelt**.

Zum besseren Verständnis der Aufgabeninstruktion erhalten Sie jetzt eine Testaufgabe.

Anhang IX: Fragebogen zur Nachbefragung

Liebe Untersuchungsteilnehmerin, lieber Untersuchungsteilnehmer,

Untersuchungstermin erhielten Sie nach der Bewältigung der Computeraufgabe per Bildschirm eine Rückmeldung über die von Ihnen erzielte Leistung. Die Computeraufgabe wurde von Ihnen in zwei Durchgängen bearbeitet. Bitte denken Sie jetzt an die Situation zurück, in der sie nach Beendigung des zweiten Durchgangs das von Ihnen erzielte Ergebnis am Bildschirm abgelesen haben. Bitte beantworten Sie dann **möglichst genau** folgende Fragen:

1. Wieviele Personen hatten bei der Computeraufgabe schlechter abgeschnitten als Sie?

2. Welche Note haben Sie erhalten?

3. Welche Farbe hatte die Bildschirmoberfläche, auf der Sie ihr Ergebnis abgelesen haben?

4. Welche Schriftfarbe hatte der Text auf der Bildschirmoberfläche?

Anhang X: Leitfaden zur Kategorisierung der Freude- und Ärgerbeschreibungen

Informationen zur Kategorisierung der Freude- und Ärger-beschreibungen

I. Beschreibung des Untersuchungsablaufs -
Wie wurden die vorliegenden Daten erhoben?

Der **Ablauf** gestaltete sich für die ProbandInnen folgendermaßen:

Grobskizze Untersuchungsdesign

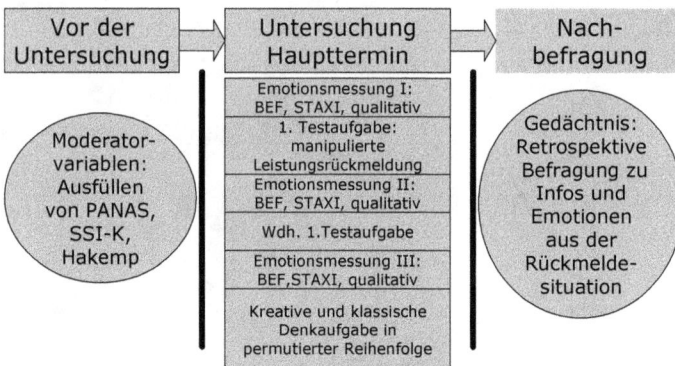

Vor der Untersuchung	Untersuchung Haupttermin	Nach-befragung
Moderator-variablen: Ausfüllen von PANAS, SSI-K, Hakemp	Emotionsmessung I: BEF, STAXI, qualitativ / 1. Testaufgabe: manipulierte Leistungsrückmeldung / Emotionsmessung II: BEF, STAXI, qualitativ / Wdh. 1.Testaufgabe / Emotionsmessung III: BEF,STAXI, qualitativ / Kreative und klassische Denkaufgabe in permutierter Reihenfolge	Gedächtnis: Retrospektive Befragung zu Infos und Emotionen aus der Rückmelde-situation

Im Haupttermin der Untersuchung erhielten die ProbandInnen nach der zweimaligen Bewältigung einer Aufgabe (Erkennen einer Systematik in Symbolreihen am Rechner) wiederholt jeweils eine fiktive (also manipulierte) Leistungsrückmeldung (je 50 % der ProbandInnen wurde eine sehr gute bzw. eine mangelhafte Leistung rückgemeldet). Zu drei Messzeitpunkten wurden die ProbandInnen dabei mit Hilfe des EMO16 (Frage: „Wie fühlen Sie sich jetzt?") auf 16 Emotionsskalen (Abneigung, Ärger, Neid, Langeweile, Angst, Unruhe, Traurigkeit, Sehnsucht, Scham, Schuldgefühl, Freude, Stolz, Mitgefühl, Zuneigung, Überraschung) hinsichtlich ihres aktuellen emotionalen Befindens befragt. Der EMO16 wurde also zu den folgenden Zeitpunkten eingesetzt:
1. zu Anfang des Haupttermins
2. nach der ersten Leistungsrückmeldung am Rechner
3. nach der zweiten Leistungsrückmeldung am Rechner.

Nur solche ProbandInnen, die im EMO16 das Erleben von Freude oder Ärger angaben, wurden anschließend mit Hilfe der folgenden Fragen eingehender befragt:

Fragen zur berichteten Freude:

1. Sie haben zu Anfang der Untersuchung im Fragebogen angegeben, Freude zu erleben. Worüber oder worauf haben Sie sich gefreut, d.h. auf was bezog sich Ihre Freude? (=Messzeitpunkt I)
2. Sie haben im Anschluss an die Bewältigung der Aufgabe 1 im Fragebogen angegeben, Freude zu erleben. Worüber oder worauf haben Sie sich gefreut, d.h. auf was bezog sich Ihre Freude? (=Messzeitpunkt II)
3. Sie haben im Anschluss an die Bewältigung von Aufgabe 2 im Fragebogen angegeben, Freude zu erleben. Worüber oder worauf haben Sie sich gefreut, d.h. auf was bezog sich Ihre Freude? (=Messzeitpunkt III)

Fragen zum berichteten Ärger:

1. Sie haben zu Anfang der Untersuchung im Fragebogen angegeben, Ärger zu erleben. Worüber haben Sie sich geärgert, d.h. auf was bezog sich Ihr Ärger? (=Messzeitpunkt I)
2. Sie haben im Anschluss an die Bewältigung von Aufgabe 1 im Fragebogen angegeben, Ärger zu erleben. Worüber haben Sie sich geärgert, d.h. auf was bezog sich Ihr Ärger? (=Messzeitpunkt II)
3. Sie haben im Anschluss an die Bewältigung von Aufgabe 2 im Fragebogen angegeben, Ärger zu erleben. Worüber haben Sie sich geärgert, d.h. auf was bezog sich Ihr Ärger? (=Messzeitpunkt III)

Die so befragten ProbandInnen beantworteten die obigen Fragen jeweils mittels freier Beschreibungen. Diese Beschreibungen des Freude- und Ärgererlebens sollen jetzt im nächsten Schritt mit Hilfe eines Kategoriensystems differenzierter betrachtet werden. Ziel der Kategorisierung der Beschreibungen ist die Identifizierung qualitativ unterscheidbarer Arten von Freude und Ärger im Leistungskontext. Das Vorgehen bei der Kategorisierung wird im Folgenden genauer beschrieben.

II. Erläuterung des Kategoriensystems

Im Folgenden ist es Ihre Aufgabe, die Ihnen vorliegenden Beschreibungen des jeweiligen Freude- und Ärgererlebens zu kategorisieren. Dabei sollten die Beschreibungen den folgenden Ärger- bzw Freudearten zugeordnet werden.

Ärgerarten:

1. Leistungsexterner Ärger:

Der vom Probanden erlebte Ärger hat keinen Bezug zur Aufgabenbewältigung oder Leistungsrückmeldung, sondern bezieht sich auf Alltagsgeschehnisse (Bsp.: Streit mit der Freundin vor der Untersuchung)

2. Leistungsbezogener Ärger in drei möglichen Ausprägungen:

a) selbstbezogener Ärger:

Der Proband ärgert sich über das eigene Verhalten, mangelnde eigene Fähigkeiten und Anstrengungen und betrachtet diese als Ursache für das erzielte Leistungsergebnis. Er schreibt sich selbst die Verantwortlichkeit für das erreichte Ergebnis zu (Bsp.: Ärger über die mangelhafte eigene Konzentration bei der Aufgabe).

b) aufgaben-/tätigkeitsbezogener Ärger:

Der Proband ärgert sich über die Aufgabe bzw. Aufgabenstruktur (Bsp.: Ärger über langweilige oder aus subjektiver Sicht „sinnlose" Aufgaben).

c) sozialer Ärger im Leistungskontext:

Der Proband ärgert sich über Personen, die in den jeweiligen Leistungs-/ Aufgabenkontext involviert sind, also die Aufgabe entwickelt haben, die Aufgabenstellung erklären bzw. den Leistungsprozess durch ihr Verhalten aus subjektiver Sicht erschweren oder behindern (Bsp.: Ärger über die unzureichende Erklärung der Aufgabenstellung durch die Versuchsleiter)

3. Zuordnung nicht möglich:

Die Ärgerbeschreibung kann den bisher genannten Kategorien nicht eindeutig zugeordnet werden.

Freudearten:

---

1. Leistungsexterne Freude:

Die vom Probanden erlebte Freude hat keinen Bezug zur Aufgabenbewältigung oder Leistungsrückmeldung, sondern bezieht sich auf Alltagsgeschehnisse (Bsp.: Freude über das schöne Wetter).

2. Leistungsbezogene Freude in drei möglichen Ausprägungen:

a) Vorfreude

Der Proband freut sich auf die bevorstehende (und subjektiv relativ sicher erfolgreiche) Aufgabenbewältigung und betrachtet sie als positive Herausforderung bzw. als Möglichkeit, etwas Neues zu erfahren/zu lernen.

b) aufgaben-/tätigkeitsbezogene Freude:

Der Proband erlebt Freude und Spaß während der Aufgabenbewältigung. Er freut sich unabhängig vom Ergebnis über die Aufgabe/Tätigkeit selbst.

c) ergebnisbezogene Freude:

Der Proband freut sich über einen Erfolg bzw. ein gutes Abschneiden bei der gestellten Aufgabe.

3.Zuordnung nicht möglich:

Die Freudebeschreibung kann den bisher genannten Kategorien nicht eindeutig zugeordnet werden.

III. Konkrete Anweisungen zur Kategorisierung durch die Rater

Die freien Beschreibungen aus der Untersuchung liegen Ihnen in folgender Form vor:

- die Beschreibungen eines Probanden/einer Probandin (Freude und Ärger) zu den drei Messzeitpunkten sind jeweils zusammengeheftet
- alle **Ärgerbeschreibungen** sind über die ProbandInnen und Messzeitpunkte hinweg in **roter Farbe** laufend durchnumeriert
- alle **Freudebeschreibungen** sind über die ProbandInnen und Messzeitpunkte hinweg in **blauer Farbe** laufend durchnumeriert

Ihre Aufgabe besteht darin, ein Rating der laufend durchnummerierten Beschreibungen mit Hilfe des oben erläuterten Kategoriensystems vorzunehmen.
Benutzen Sie bei der Kategorisierung bitte jeweils die folgenden Ziffern:

1. Kategorisierung von Ärger

Kategorie	Ziffer
Leistungsexterner Ärger	1
Selbstbezogener Ärger	2
Aufgaben-/Tätigkeitsbezogener Ärger	3
Sozialer Ärger im Leistungskontext	4
Zuordnung nicht möglich	5

2. Kategorisierung von Freude

Kategorie	Ziffer
Leistungsexterne Freude	1
Vorfreude	2
Aufgaben-/Tätigkeitsbezogene Freude	3
Ergebnisbezogene Freude	4
Zuordnung nicht möglich	5

IV. Tabelle: Rating Freudebeschreibungen[32]

Freudebeschreibung Nr.	Rating: Ziffer
1	
2	
3	
4	
5	
6	
7	
8	
9	
10	
11	
12	
13	
14	
15	
16	
17	
18	
19	
20	
21	
22	
23	
24	
25	
26	
27	
28	
29	
30	
31	
32	
33	
34	
35	

---

[32] Die Tabelle bestand ursprünglich aus 230 Zeilen für alle Freudebeschreibungen. Anhang X enthält zur Veranschaulichung nur die erste Seite des Abschnitts „IV. Tabelle: Rating Freudebeschreibungen".

V. Tabelle: Rating Ärgerbeschreibungen[33]

Ärgerbeschreibung Nr.	Rating: Ziffer
1	
2	
3	
4	
5	
6	
7	
8	
9	
10	
11	
12	
13	
14	
15	
16	
17	
18	
19	
20	
21	
22	
23	
24	
25	
26	
27	
28	
29	
30	
31	
32	
33	
34	
35	
36	

---

[33] Die Tabelle bestand ursprünglich aus 124 Zeilen für alle Ärgerbeschreibungen. Anhang X enthält zur Veranschaulichung nur die erste Seite des Abschnitts „V. Tabelle: Rating Ärgerbeschreibungen".

Anhang XI: Exemplarische Ärgerbeschreibungen für die einzelnen Ärgerkategorien (Bedingung Misserfolgsrückmeldung)

Die Antworten bezogen sich auf die folgende Frage innerhalb der qualitativen Nachbefragung (je nach Messzeitpunkt in der entsprechenden Version): *„Sie haben zu Anfang der Untersuchung / im Anschluss an die Bewältigung von Aufgabe 1 / im Anschluss an die Bewältigung von Aufgabe 2 im Fragebogen angegeben, Ärger zu erleben. Worüber haben Sie sich geärgert, das heißt, worauf bezog sich ihr Ärger?"*

Bei den aufgeführten Ärgerbeschreibungen handelt es sich um wörtliche Zitate der schriftlichen Antworten, die auch hinsichtlich Rechtschreibung, Grammatik und Satzbau nicht korrigiert wurden:

Kategorie „leistungsexterner Ärger"

Nr. 5, MZP1: *„auf mich – weil ich den Termin fast vergessen hätte und mich nicht so richtig eingestellt habe darauf"* und *„darauf, daß es nochmal einen Termin geben wird, von dem ich nichts wußte (zumindest konnte ich mich nicht erinnern, daß davon die Rede war)"*

Nr. 17, MZP1: *„absoluter Termindruck"* und *„zu viele Termine den ganzen Tag hintereinander weg"*

Nr. 3, MZP2: *„nicht bestandene Klausur"*

Nr. 99, MZP2: *„Ich hatte Streit mit meinem Freund, der hat sich jetzt etwas gelegt."*

Nr. 97, MZP3: *„Ich habe mich über eine Freundin geärgert, die sich über mich lustig gemacht hat."*

Nr. 102, MZP3: *„Der Ärger hatte nichts mit dem Test zu tun, andere (private) Dinge haben mich etwas verärgert."*

Kategorie „selbstbezogener Ärger"

Nr. 1, MZP2: *„über die Probleme, die ich beim Lösen der Aufgabe hatte"* und *„die mangelhafte strategische Herangehensweise an das Problem"*

Nr. 8, MZP2: *„Ich habe mich über mich selbst geärgert, da ich ein schlechtes (!) Testergebnis erhalten habe. Viel zu spät habe ich eine bessere Strategie gefunden, nach der ich bzw. mit deren Hilfe ich die Aufgabe besser lösen kann."*

Nr. 87, MZP2: *„Ich habe mich geärgert, weil ich merkte, nicht genügend meine Konzentration aufrechterhalten zu können."*

Nr. 15, MZP3: *„das der 2. Durchgang vom Ergebnis kein Stück besser war"*

Nr. 27, MZP3: *„über meine schlechte Leistung"*

Nr. 37, MZP3: *„Ärger darüber, dass ich anscheinend nicht in der Lage bin mich genügend zu konzentrieren"*

Kategorie „aufgaben-/tätigkeitsbezogener Ärger"

Nr. 41, MZP1: *„hatte nicht die «alten Konzepte» (Intelligenztests) erwartet."*

Nr. 6, MZP2: *„das ging alles zu schnell, ist das denn notwendig?"*

Nr. 7, MZP3: *„scheiß Aufgaben, das kann doch kein normaler Mensch!"*

Nr. 74, MZP2: *„Habe mich über die langweilige Aufgabe geärgert und dann auch mit Ablehnung reagiert."*

Nr. 43, MZP3: *„über uninteressante Aufgaben...Langeweile dürfte sich gesteigert haben!"*

Nr. 116, MZP3: *„vielleicht etwas ungehalten über Langeweile, Kopfschmerzen"*

Kategorie „sozialer Ärger im Leistungskontext"

Nr. 50, MZP2: *„Darauf, das ich die Note Mangelhaft bekam und angeblich nur 5 Leute schlechter waren als ich."*

Nr. 35, MZP3: *„geärgert habe ich mich, als ich das Wort „Freude" las"* [Anmerkung: gemeint sind die Fragen zur Emotion Freude in der qualitativen Nachbefragung]

Kategorie „nicht zuzuordnen"

Nr. 14, MZP2: *„über das negative Testergebnis"*

Nr. 22, MZP2: *„schlechtes Ergebnis"*

Nr. 82, MZP2: *„Daß sich meine Erwartungen bestätigt zeigten."*

Nr. 13, MZP3: *„Unverständnis"*

Nr. 67, MZP3: *„über das Ergebnis"*

Anhang XII: Schriftliche Antworten (qualitative Nachbefragung) der Probanden aus der Bedingung Misserfolgsrückmeldung, bei denen sich der Ärgerwert auf der EMO 16-Skala von Messzeitpunkt 2 hin zu Messzeitpunkt 3 verringerte

Die Antworten bezogen sich auf die folgende Aufforderung innerhalb der qualitativen Nachbefragung: *„Ihre Angaben in den Fragebögen zeigen, dass Sie sich im Anschluss an Aufgabe 2 weniger ärgerten als nach der Aufgabe 1. Bitte beschreiben Sie, woran es gelegen hat, dass Sie sich nach der Aufgabe 2 weniger ärgerten!"*

Bei den aufgeführten Antworten handelt es sich um wörtliche Zitate der schriftlichen Antworten, die auch hinsichtlich Rechtschreibung, Grammatik und Satzbau nicht korrigiert wurden:

Proband Nr. 1:
„ich habe diesmal etwas konzentrierter gearbeitet und mir daher nichts vorzuwerfen" und *„ich kann mich über andere Dinge definieren als bloß über Testergebnisse"*

Proband Nr. 7:
„Mein Ärger über mich hat sich verringert, da ich mit mir nach dem 2. Test zufriedener bin."

Proband Nr. 13:
„Bin jetzt eher überrascht als verärgert."

Proband Nr. 17:
„Ärger bei 2. Aufgabe abgeklungen"

Proband Nr. 27:
„Thema abgehakt" und *„Ergebnis des Tests für mich vollkommen unrelevant"* und *„zur Feststellung gekommen, daß das nicht mein Ding war"*

Proband Nr. 39:
„Ich bin mit der Aufgabe – subjektiv – deutlich besser zurechtgekommen."

Proband Nr. 43:
„Der Ärger ist trotz d. zweiten schlechten Ergebnisses verflogen. Das zweite Ergebnis ärgert mich nicht mehr bzw. erzeugt keinen Ärger."

Proband Nr. 49:

„Ärger = Erwartungsenttäuschung. Nunmehr: Erwartungen klar (niedrig) ➔ *Ärger gesunken!"*

Proband Nr. 59:

„Ärger nicht besonders groß, da Strategie geändert u. trotzdem erfolglos; eher Resignation."

Proband Nr. 63:

„Einsicht, dass Aufgabe ziemlich schwer war (vermutlich)"

Proband Nr. 67:

„eigentlich war's klar, dass sich das Ergebnis nicht groß verbessern wird (bessere Einschätzung schon vor & während des 2. Tests ➔ *kein Überraschungseffekt mehr, mit Ärger vom 1.Mal abgefunden"*

Proband Nr. 72:

„Ich habe mich damit abgefunden, diese Art von Aufgaben nicht so gut lösen zu können."

Proband Nr. 74:

„eine gewisse Gleichgültigkeit löst den Ärger ab"

Proband Nr. 78:

„...es ist nicht mehr neu gewesen."

Proband Nr. 80:

„Resignation!"

Proband Nr. 90:

„Da ich auf das Ergebnis der zweiten Leistungsrückmeldung eher vorbereitet war."

Proband Nr. 96:

„Weil ich die Kleinigkeit nicht mehr wichtig finde und ich sowieso nichts mehr ändern kann."

Proband Nr. 126:

„Das erste Ergebnis war ein Schock. Das 2. war zu erwarten. Und ich bin mit mir zufrieden."

Anhang XIII: Exemplarische Ärgerbeschreibungen für die einzelnen Ärgerkategorien (Bedingung Erfolgsrückmeldung)

Die Antworten bezogen sich auf die folgende Frage innerhalb der qualitativen Nachbefragung (je nach Messzeitpunkt in der entsprechenden Version): *„Sie haben zu Anfang der Untersuchung / im Anschluss an die Bewältigung von Aufgabe 1 / im Anschluss an die Bewältigung von Aufgabe 2 im Fragebogen angegeben, Ärger zu erleben. Worüber haben Sie sich geärgert, das heißt, worauf bezog sich ihr Ärger?"*

Bei den aufgeführten Ärgerbeschreibungen handelt es sich um wörtliche Zitate der schriftlichen Antworten, die auch hinsichtlich Rechtschreibung, Grammatik und Satzbau nicht korrigiert wurden:

Kategorie „leistungsexterner Ärger"

Nr. 19, MZP1: *„Telefonat, das ich vor 15 Minuten geführt habe"*

Nr.124, MZP1: *„Es ist noch zu früh für mich."*

Nr. 47, MZP1: *„wenn einfach alles schief läuft und ich das als ungerecht empfinde"*

Nr. 123, MZP2: *„Der Ärger ist irgendwie grundsätzlicher Art, habe ich oft und weiß nicht genau warum. Vielleicht habe ich an Informatik gedacht."*

Kategorie „selbstbezogener Ärger"

Nr. 11, MZP2: *„Leichter Ärger über die nichtgefundene Reihe am PC"*

Nr. 39, MZP2: *„Ärger, ein Ergebnis falsch eingetragen zu haben"*

Nr. 59, MZP2: *„der Ärger bezog sich auf meine Leistung, da ich, wenn ich mich mehr konzentriert hätte, zufriedener sein könnte"*

Nr. 34, MZP3: *„Darauf, dass ich glaube, ein wichtiges System des Tests nicht erkannt zu haben und mir viel zu viel Arbeit gemacht zu haben."*

Nr. 40, MZP3: *„Ich habe erneut das Ergebnis von Aufgabe 2* [Anmerkung: gemeint ist eine der fünf Teilaufgaben innerhalb des zweiten Durchgangs] *nicht eingetragen. Es ist ärgerlich die Messung durch Formfehler zu verzerren."*

Nr. 53, MZP3: *„Konzentration ließ nach"* und *„hätte im Erkennen schneller sein können"*

Kategorie „aufgaben-/tätigkeitsbezogener Ärger"

Nr. 16, MZP2: *„über die Komplexität der Aufgaben"*

Nr. 24, MZP2: *„Ärger bezieht sich auf den meiner Meinung nach unrealistischen Test"*

Nr. 65, MZP2: *„Darüber, dass die Aufgaben nach einiger Zeit langweilig werden!"*

Nr. 66, MZP3: *„Es wird langweilig, ich hab Hunger und bin müde!"*

Nr. 85, MZP3: *„wg. blöder Aufgabe"*

Nr. 103, MZP3: *„Na ja, ich ärgere mich einfach, dass es am PC so lange dauerte."*

Kategorie „sozialer Ärger im Leistungskontext"

Nr. 28, MZP2: *„darauf dass man ungeduldig war mir die Aufgabe zu erklären"*

Nr. 72, MZP2: *„ich fühlte mich ein wenig auf den Arm genommen, da meiner Ansicht nach die Symbolkette einmal aus mehr als vier Symbolen zu bestehen schien und einmal zwei Lösungen möglich waren, man diese aber nicht beide angeben konnte. Vielleicht habe ich die jedoch falsch wahrgenommen"*

Nr. 29, MZP3: *„ich verstehe diese Aufgabe noch immer nicht!"* [Anmerkung: Hierbei handelte es sich um dieselbe Probandin, von der auch Ärgerfall Nr.28 stammt.]

Anhang XIV: Exemplarische Freudebeschreibungen für die einzelnen Freudekategorien (Bedingung Erfolgsrückmeldung)

Die Antworten bezogen sich auf die folgende Frage innerhalb der qualitativen Nachbefragung (je nach Messzeitpunkt in der entsprechenden Version): *„Sie haben zu Anfang der Untersuchung / im Anschluss an die Bewältigung von Aufgabe 1 / im Anschluss an die Bewältigung von Aufgabe 2 im Fragebogen angegeben, Freude zu erleben. Worüber oder worauf haben Sie sich gefreut, das heißt, worauf bezog sich ihre Freude?"*

Bei den aufgeführten Freudebeschreibungen handelt es sich um wörtliche Zitate der schriftlichen Antworten, die auch hinsichtlich Rechtschreibung, Grammatik und Satzbau nicht korrigiert wurden:

Kategorie „leistungsexterne Freude"

Nr. 37, MZP1: *„Freude: Im Anschluß an diesen Termin habe ich eine Verabredung mit einer Mitstudentin"*

Nr. 80, MZP1: *„auf den heutigen Abend meine Freunde wiederzusehen und mit ihnen zu plaudern und die schönen Erlebnisse der Ruderwanderfahrt auszutauschen."*

Nr. 94, MZP1: *„Freude: auf meine Nachmittagsvorlesung"*

Nr. 164, MZP3: *„Wochenende" und „Telefonat" und „PC-Test vorüber"*

Nr. 205, MZP3: *„es ist die «alte» Lebensfreude, wie am Anfang"*

Nr. 238, MZP3: *„Ich freue mich darauf, dass ich bald nach Hause kann."*

Kategorie „Vorfreude"

Nr. 20, MZP1: *„Es war ein gewisses Interesse vorhanden, was da auf mich zukommt. Ausserdem interessiert mich das Fachgebiet Psychologie einigermassen. Ich freue mich somit auf den Test als eine interessante Erfahrung."*

Nr. 61, MZP1: *„Ich freue mich auf den Test, den ich als eine Herausforderung verstehe und von dem ich mir ein Bild über meinen Leistungsstand verspreche."*

Nr. 91, MZP1: *„Freude: Vorfreude, bin gespannt und lass alles auf mich locker zukommen."*

Nr. 121, MZP1: *„Ich habe Vorfreude auf die Aufgaben, die Sie mir stellen wollen. "*

Nr. 208, MZP1: *„Vorfreude auf die Untersuchung, da so etwas völlig neu für mich ist"*

Nr. 189, MZP2: *„generelle Vorfreude auf IQ „artige"-Tests + Knobeleien machen mir gewöhnlich Spaß"*

Nr. 63, MZP3: *„Ich habe mich darauf gefreut, meine guten Testergebnisse wiederholen zu können. "*

Kategorie „aufgaben-/tätigkeitsbezogene Freude"

Nr. 33, MZP2: *„Der Test hat Spaß gemacht, weil man solche Aufgaben nicht jeden Tag macht und sich mal richtig anstrengen muß. "*

Nr. 38, MZP2: *„Freude, daß der erste Teil geschafft ist. "*

Nr. 39, MZP3: *„Ich freue mich, daß die Aufgabe abgeschlossen ist. "*

Nr. 155, MZP3: *„Freude über zunehmendes Interesse bei der Bearbeitung und «eigene» Betrachtung zur Entwicklung in der Bearbeitung"*

Kategorie „ergebnisbezogene Freude"

Nr. 7, MZP2: *„gutes Ergebnis, gut mit Aufgabe klargekommen"*

Nr. 15, MZP2: *„Ich habe nicht erwartet, ein solch gutes Ergebnis zu erreichen"*

Nr. 25, MZP2: *„Freude über das gute Ergebnis bei der Computeraufgabe"*

Nr. 34, MZP3: *„Jetzt freue ich mich, daß ich besser abgeschnitten habe, als ich es je erwartet hätte. "*

Nr. 87, MZP3: *„Ich habe mich gefreut, daß das gute Ergebnis des ersten Durchgangs bestätigt wurde. "*

Nr. 105, MZP3: *„Ich bin nicht schlechter als beim ersten Mal gewesen. "*

Kategorie „nicht zuzuordnen"

Nr. 64, MZP1: *„nichts konkretes"*

Nr. 199, MZP2: *„Ich hab es hinter mir!"*

Nr. 209, MZP2: *„Freude, den ersten Teil des Tests überstanden zu haben. "*

Nr. 66, MZP3: *„darauf, dass es bald vorbei ist. "*

Nr. 200, MZP3: *„Ich bin mit den doofen Aufgaben am PC fertig!!!"*

Nr. 221, MZP3: „*s. letzter Zettel*" [Anmerkung: Der Proband beantwortet die Frage nicht, sondern verweist auf einen anderes Blatt innerhalb des Fragebogens. Es bleibt dabei unklar, worauf sich der Verweis genau bezieht.]

Anhang XV: Exemplarische Freudebeschreibungen für die einzelnen Freudekategorien (Bedingung Misserfolgsrückmeldung)

Die Antworten bezogen sich auf die folgende Frage innerhalb der qualitativen Nachbefragung (je nach Messzeitpunkt in der entsprechenden Version): *„Sie haben zu Anfang der Untersuchung / im Anschluss an die Bewältigung von Aufgabe 1 / im Anschluss an die Bewältigung von Aufgabe 2 im Fragebogen angegeben, Freude zu erleben. Worüber oder worauf haben Sie sich gefreut, das heißt, worauf bezog sich ihre Freude?"*
Bei den aufgeführten Freudebeschreibungen handelt es sich um wörtliche Zitate der schriftlichen Antworten, die auch hinsichtlich Rechtschreibung, Grammatik und Satzbau nicht korrigiert wurden:

Kategorie „leistungsexterne Freude"
Nr. 2, MZP1: *„Vorfreude auf den heutigen Abend (Besuch von meiner Schwester)"*
Nr. 97, MZP1: *„Freude, da wir heute Besuch von Austauschstudenten aus Frankreich bekommen"*
Nr. 119, MZP2: *„eine Freundin wiederzusehen, die lange weg war"*
Nr. 157, MZP2: *„sicher nicht auf meine Leistung, aber auf den Rest des Abends"*
Nr. 158, MZP3: *„Abendessen"*
Nr. 224, MZP3: *„Verabredung nach Ende des Versuchs"*

Kategorie „Vorfreude"
Nr. 8, MZP1: *„freudig gespannt/neugierig auf die Aufgaben, ob ich wohl «gut» abschneide, ob ich etwas «interessantes» über mich erfahre*
Nr. 28, MZP1: *„auf die Bewertung der Ergebnisse"* und *„auf den Durchlauf des Tests"* und *„interessiert, was kommt da auf mich zu"*
Nr. 35, MZP1: *„Vorfreude auf bevorstehenden Test, Vorfreude auf neue (hoffentlich) Aufgaben und mglw. das Gefühl sie lösen zu können."*
Nr. 182, MZP2: *„Auf die nachfolgenden Aufgaben und die Möglichkeit durch die Nachbesprechung herauszufinden was an der Arbeitsweise suboptimal war."*

Nr. 218, MZP2: *„Interesse an den weiteren Anforderungen"*
Nr. 114, MZP3: *„Auf die anderen Tests."*

Kategorie „aufgaben-/tätigkeitsbezogene Freude"
Nr. 9, MZP2: *„ich hab mich den Aufgaben gestellt u. sie so gut wie mir möglich bearbeitet"*
Nr. 18, MZP2: *„über die Art der Aufgabe"*
Nr. 60, MZP2: *„Freude mal ungewohnte Aufgaben gestellt zu bekommen und auszuprobieren"*
Nr. 19, MZP3: *„Aufgabe"*
Nr. 54, MZP3: *„macht immer noch Spaß"* und *„diese Art Tests kennen gelernt"* und *„mitmachen ist alles"*
Nr. 69, MZP3: *„Obwohl das Ergebnis schlechter war, freue ich mich, dass ich ein System entwickelt habe, um mit der Aufgabe fertig zu werden."*

Kategorie „nicht zuzuordnen"
Nr.48, MZP2: *„einen Teil des Tests bewältigt zu haben"* und *„über das Wetter"*
Nr. 84, MZP2: *„Habe mir selber etwas klar machen können, dass es nicht so schlimm ist, wenn man bei dem Test schlecht abschneidet."*
Nr. 74, MZP2: *„ca. 2x20 Min. Intelligenztestaufgaben sind zu Ende"*
Nr. 49, MZP3: *„den zweiten Teil hinter mich gebracht zu haben"* und *„auf mein Zimmer zu Hause"*
Nr. 167, MZP3: *„Ich strebte merklich dem Ende des Versuchs entgegen; d.h. ein Ende der Anstrengung ist abzusehen."*
Nr. 197, MZP3: *„Freude darüber, dass ich mein Bestes gegeben habe"* und *„Freude über andere Dinge, die mit dem Test nix zu tun haben."*

Anhang XVI: Deskriptive Statistik für die elf SSI-K-Subskalen (differenziert nach den Faktoren „Art der Leistungsrückmeldung" und „Handlungs-/Lageorientierung")

Abhängige Variable	HOM/LOM	Art der Leistungsrückmeldung	M	SD
SSI-K I: Selbstmotivierung:				
Motivations- und Emotionskontrolle	LOM	Erfolgsrückmeldung	8.95	2.68
		Misserfolgsrückmeldung	9.32	2.34
	HOM	Erfolgsrückmeldung	10.00	2.09
		Misserfolgsrückmeldung	10.59	2.24
SSI-K I: Aktivierungskontrolle:				
Selbstaktivierung und Selbstberuhigung	LOM	Erfolgsrückmeldung	8.77	2.25
		Misserfolgsrückmeldung	8.27	2.43
	HOM	Erfolgsrückmeldung	9.87	1.74
		Misserfolgsrückmeldung	9.44	2.21
SSI-K I: Selbstbestimmung:				
Selbstkongruenz und Optimismus	LOM	Erfolgsrückmeldung	11.91	2.35
		Misserfolgsrückmeldung	11.36	2.70
	HOM	Erfolgsrückmeldung	12.83	2.31
		Misserfolgsrückmeldung	13.37	1.96
SSI-K II: Besonnenheit:				
Initiativmangel und Energiedefizit	LOM	Erfolgsrückmeldung	7.59	2.13
		Misserfolgsrückmeldung	7.18	3.08
	HOM	Erfolgsrückmeldung	7.22	2.00
		Misserfolgsrückmeldung	6.37	2.78
SSI-K II: Abwägen:				
Aufschieben und Fremdbestimmtheit	LOM	Erfolgsrückmeldung	9.18	3.26
		Misserfolgsrückmeldung	7.68	3.08
	HOM	Erfolgsrückmeldung	9.30	2.75
		Misserfolgsrückmeldung	8.37	2.90
SSI-K II: Selbstkritik:				
Intrusionsneigung und niedrige Impulskontrolle	LOM	Erfolgsrückmeldung	9.09	2.54
		Misserfolgsrückmeldung	8.64	2.84
	HOM	Erfolgsrückmeldung	8.26	2.05
		Misserfolgsrückmeldung	8.11	2.21
SSI-K III: Zielfixierung:				
Vorsatzauffrischung und Pflichtbewusstsein	LOM	Erfolgsrückmeldung	11.59	2.26
		Misserfolgsrückmeldung	12.09	2.00
	HOM	Erfolgsrückmeldung	10.22	1.88
		Misserfolgsrückmeldung	10.78	2.19
SSI-K III: Konformität:				
Introjektionsneigung und negative Selbstmotivierung	LOM	Erfolgsrückmeldung	8.18	3.19
		Misserfolgsrückmeldung	8.59	2.28
	HOM	Erfolgsrückmeldung	6.87	2.01
		Misserfolgsrückmeldung	7.74	2.40

Abhängige Variable	HOM/LOM	Art der Leistungsrückmeldung	M	SD
SSI-K III: Besorgtheit:				
Grübeln und Lähmung nach Misserfolg	LOM	Erfolgsrückmeldung	10.23	1.80
		Misserfolgsrückmeldung	11.00	1.83
	HOM	Erfolgsrückmeldung	8.17	1.85
		Misserfolgsrückmeldung	7.56	1.78
SSIK4: Allgemeine Stressbelastung: Belastung	LOM	Erfolgsrückmeldung	17.23	4.73
		Misserfolgsrückmeldung	20.14	6.08
	HOM	Erfolgsrückmeldung	16.61	4.80
		Misserfolgsrückmeldung	16.07	5.97
SSIK5: Allgemeine Stressbelastung: Bedrohung	LOM	Erfolgsrückmeldung	17.05	3.67
		Misserfolgsrückmeldung	19.23	5.47
	HOM	Erfolgsrückmeldung	18.17	5.51
		Misserfolgsrückmeldung	17.78	6.08

Anhang XVII: Deskriptive Statistik für die 15 EMO 16-Skalen (Bedingungen Erfolgs- und Misserfolgsrückmeldung zu den Messzeitpunkten 3 und 4)

Abhängige Variable	Art der Leistungsrückmeldung	Messzeitpunkt	M	SD
Abneigung	Erfolgsrückmeldung (N=40)	3	.65	1.14
		4	.65	1.14
	Misserfolgsrückmeldung (N=48)	3	1.46	1.52
		4	1.40	1.33
Ärger	Erfolgsrückmeldung (N=40)	3	.40	.78
		4	.78	1.07
	Misserfolgsrückmeldung (N=48)	3	1.21	1.22
		4	1.60	1.47
Neid	Erfolgsrückmeldung (N=40)	3	.18	.64
		4	.20	.61
	Misserfolgsrückmeldung (N=48)	3	.27	.61
		4	.40	.76
Langeweile	Erfolgsrückmeldung (N=40)	3	.86	1.20
		4	.80	1.02
	Misserfolgsrückmeldung (N=48)	3	1.10	1.40
		4	1.08	1.47
Angst	Erfolgsrückmeldung (N=40)	3	.23	.62
		4	.25	.63
	Misserfolgsrückmeldung (N=48)	3	.23	.56
		4	.33	.81
Unruhe	Erfolgsrückmeldung (N=40)	3	.98	1.23
		4	.68	.97
	Misserfolgsrückmeldung (N=48)	3	1.04	1.22
		4	.85	1.09
Traurigkeit	Erfolgsrückmeldung (N=40)	3	.15	.48
		4	.18	.59
	Misserfolgsrückmeldung (N=48)	3	.38	.63
		4	.92	1.12
Sehnsucht	Erfolgsrückmeldung (N=40)	3	.40	.87
		4	.33	.73
	Misserfolgsrückmeldung (N=48)	3	.58	1.15
		4	.44	.94

Abhängige Variable	Art der Leistungsrückmeldung	Messzeitpunkt	M	SD
Scham	Erfolgsrückmeldung (N=40)	3	.08	.27
		4	.15	.58
	Misserfolgsrückmeldung (N=48)	3	.23	.59
		4	.56	.87
Schuld	Erfolgsrückmeldung (N=40)	3	.10	.38
		4	.15	.70
	Misserfolgsrückmeldung (N=48)	3	.15	.55
		4	.21	.50
Freude	Erfolgsrückmeldung (N=40)	3	2.40	1.13
		4	2.60	1.17
	Misserfolgsrückmeldung (N=48)	3	1.21	1.24
		4	1.15	1.22
Stolz	Erfolgsrückmeldung (N=40)	3	1.68	1.47
		4	2.00	1.30
	Misserfolgsrückmeldung (N=48)	3	.69	1.15
		4	.58	1.07
Mitgefühl	Erfolgsrückmeldung (N=40)	3	.50	1.13
		4	.40	.90
	Misserfolgsrückmeldung (N=48)	3	.25	.64
		4	.19	.71
Zuneigung	Erfolgsrückmeldung (N=40)	3	.85	1.25
		4	.60	1.03
	Misserfolgsrückmeldung (N=48)	3	.42	.79
		4	.29	.65
Überraschung	Erfolgsrückmeldung (N=40)	3	1.75	1.45
		4	2.38	1.51
	Misserfolgsrückmeldung (N=48)	3	1.33	1.34
		4	1.69	1.49

ibidem-Verlag

Melchiorstr. 15

D-70439 Stuttgart

info@ibidem-verlag.de

www.ibidem-verlag.de
www.edition-noema.de
www.autorenbetreuung.de